Les contempo

Première série

Études et portraits littéraires

Jules Lemaître

Alpha Editions

This edition published in 2024

ISBN : 9789357969376

Design and Setting By
Alpha Editions
www.alphaedis.com
Email - info@alphaedis.com

Contents

THÉODORE DE BANVILLE[1]

[Note 1: Les *Cariatides*; les *Exilés*; *Odes funambulesques*; *Nous tous*; *Comédies*; *Riquet à la Houppe*; *Esquisses parisiennes*; *Contes pour des femmes*; *Contes féeriques*; *Contes héroïques*; *Mes souvenirs*; la *Lanterne magique*; *Paris vécu*; *Petit traité de poésie française*.—G. Charpentier.]

M. Théodore de Banville est un poète lyrique hypnotisé par la rime, le dernier venu, le plus amusé et dans ses bons jours le plus amusant des romantiques, un clown en poésie qui a eu dans sa vie plusieurs idées, dont la plus persistante a été de n'exprimer aucune idée dans ses vers.

I

Son meilleur titre de gloire, c'est d'avoir repris, perfectionné et baptisé «l'ode funambulesque». C'était, assurément une idée: et l'on peut dire que toutes les autres idées de M. de Banville dérivent de celle-là ou s'y rattachent.

Lui-même a défini l'ode funambulesque «un poème rigoureusement écrit en forme d'ode, dans lequel l'élément bouffon est étroitement uni à l'élément lyrique et où, comme dans le genre lyrique pur, l'impression comique ou autre que l'ouvrier a voulu produire est toujours obtenue par des combinaisons de rimes, par des effets harmoniques et par des sonorités particulières.»

Notons dès maintenant que toute la poétique de M. de Banville est implicitement contenue dans cette définition. Pour lui, même dans la poésie sérieuse, c'est uniquement par des arrangements de mots que «l'impression est obtenue», non par la qualité des idées ou des sentiments, ni même par le mouvement de la phrase ou par le choix des mots considérés en dehors de «l'effet harmonique». Ou, s'il repousse peut-être ces conséquences extrêmes, tout au moins la rime, ses pompes et ses oeuvres, ses éclats, ses entrelacements et ses surprises, c'est-à-dire la forme du vers dans ce qu'elle a de plus spécial, dans ce qui la distingue expressément de la prose, est bien pour lui l'essentiel de la poésie, et la poésie même. Théorie louche qui fuit et se dérobe quand on essaie de la préciser. Mais, si la théorie est obscure, la tendance est assez claire.

Il n'est pas étonnant que, après quelques essais de beaucoup d'éclat et de beaucoup de jeunesse (les *Cariatides*, les *Stalactites*), cette façon de concevoir la poésie ait conduit M. de Banville tout droit au genre funambulesque; car c'est là seulement que sa théorie est vraie et qu'elle peut être appliquée tout entière. Seulement il me paraît se méprendre un peu sur sa part d'invention. Il prétend être le premier qui ait «cherché à traduire le comique non par l'idée (comme il nous le dit dans une langue un peu douteuse), mais par des harmonies, par la virtualité des mots, par la magie toute-puissante de la rime». Il a voulu montrer que «la musique du vers peut éveiller tout ce qu'elle veut dans notre esprit et créer même cette chose surnaturelle et divine, le rire», et que «d'emploi d'un même procédé peut exciter la joie comme l'émotion *dans les mêmes conditions* d'enthousiasme et de beauté».

Ces derniers mots, qui sont d'un assez mauvais style (et, si je le remarque, c'est que l'impuissance à exprimer les idées abstraites fait partie de l'originalité de M. de Banville), ces derniers mots sont peut-être excessifs; mais le reste revient à dire qu'il a voulu tirer de la rime et du rythme des effets comiques et réjouissants. Or cela est évidemment possible; mais aussi cela avait été fait bien avant lui. D'autres avaient soupçonné que la rime n'est point seulement capable d'être grave ou tragique et que, prise en soi et cultivée pour elle-même, elle est surtout divertissante. Villon (pour ne pas remonter plus haut) a connu la rime opulente et comique par son opulence même. Et Régnier non plus ne l'a point ignorée, ni les poètes du temps de Louis XIII, ni Scarron ou Saint-Amant, ni Racine dans les *Plaideurs* (c'est, du reste, M. de Banville qui nous en avertit), ni J.-B. Rousseau dans ses détestables *Allégories*, ni Piron dans les couplets de ses pièces de la *Foire*, ni même Voltaire! Ce rimeur, le plus indigent des rimeurs, dans ses *Poésies fugitives* ou dans ses lettres mêlées de vers, a parfois de longues suites de rimes difficiles et produit par l'accumulation des assonances un effet assez semblable à celui qu'obtient M. de Banville par leur qualité.

Le genre «funambulesque» est donc en grande partie ce qu'était autrefois le «burlesque». La richesse amusante de la rime est un de leurs éléments communs. M. de Banville n'a fait qu'y joindre les procédés de versification et le vocabulaire particulier de la poésie contemporaine: encore avait-il déjà pour modèles certaines bouffonneries lyriques de Victor Hugo et surtout le quatrième acte de *Ruy Blas*. Le genre funambulesque, tel qu'il l'a pratiqué, c'est simplement le «burlesque» romantique, comme le burlesque serait le «funambulesque» classique.

Mais enfin, si d'autres ont aimé la rime, si d'autres l'ont rentée et lui ont appris des tours, nul n'a plus fait pour elle que M. de Banville. Il a été son amant de coeur et son protecteur en titre. Il l'a mise en valeur et magnifiquement lancée. Il en a fait une *lionne* riche à faire pâlir Rothschild, une gymnaste agile à décourager les Hanlon-Lee.—Sans doute il n'a point créé le genre funambulesque et ne l'a même pas renouvelé tout seul; mais il l'a cultivé avec prédilection et bonheur; il l'a enrichi, amplifié, élevé, autant qu'il se pouvait, jusqu'au grand art; il en a fait sa chose et son bien et, s'il va à la postérité, comme je l'espère, c'est de ce tremplin que son bond partira.

On sait que les *Odes funambulesques* et les *Occidentales* sont d'inoffensives satires des hommes et des ridicules du jour dans les dernières années du règne de Louis-Philippe et pendant le second Empire. Je remarque en passant que les *Odes* et le *Commentaire* donnent l'idée d'un Paris autrement agréable que celui d'à présent. C'était un Paris plus parisien. Il y avait encore des «coins» où tout le monde se rencontrait. Aujourd'hui il n'y a plus de coins, les distances sont démesurées, Paris devient une immense ville américaine. Il faudrait le rapetisser, résolument; mais je suis sûr que le conseil municipal n'aura pas cette pensée si simple.

Si maintenant l'on recherche les procédés de ce genre spécial, on verra qu'ils consistent presque tous dans des contrastes et des surprises. L'ode funambulesque est la parodie d'une ode connue (Voyez le *Mirecourt*, *Véron le baigneur*, l'*Odéon*, *Nommons Couture*, *Nadar*, etc.), ou c'est une parodie de l'ode en général (Voyez la *Tristesse d'Oscar*, le *Critique en mal d'enfant*, la *Pauvreté de Rothschild*, *Molière chez Sardou*, etc.); et dans les deux cas le comique naît, très clair et très gros, d'une disproportion prodigieuse entre le fond et la forme. Voici une constatation qui fera peut-être de la peine à M. de Banville; mais c'est, en somme, transporté de l'épopée dans l'ode et beaucoup plus accentué, le comique du *Lutrin*. Si Boileau a qualifié son poème d'«héroï-comique», l'épithète de «lyrico-comiques» ne conviendrait pas mal aux *Odes funambulesques*.

L'effet est donc produit d'abord par ce sentiment de disproportion et de disconvenance générale; mais il est vrai que, chez M. de Banville, il tient peut-être encore plus à la forme même, au rythme, à la rime, aux mots.

Il provient souvent d'hyperboles démesurées (comique élémentaire que goûtent et pratiquent même les petits enfants):

Le mur lui-même semble enrhumé du cerveau.
Bocage a passé là[2]. L'Odéon, noir caveau,
   Dans ses vastes dodécaèdres
Voit verdoyer la mousse. Aux fentes des pignons
Pourrissent les lichens et les grands champignons,
   Bien plus robustes que des cèdres…

[Note 2: «Les Turcs ont passé là.» (V. Hugo).]

—ou d'une macédoine d'idées, d'images, de noms propres étonnés de se voir ensemble:

Tobolsk, la rue aux Ours qui n'a pas de Philistes,
L'enfer où pleureront les matérialistes,
La Thrace aux vents glacés, les monts Himalaïa,
L'hôtel des Haricots, Saint-Cloud, Batavia,
Mourzouk où l'on rôtit l'homme comme une dinde,
Les mines de Norvège et les grands puits de l'Inde,
Asile du serpent et du caméléon,
L'Etna, Botany-Bay, l'Islande et l'Odéon

Sont des Edens charmants et des pays de Tendre
À côté de l'endroit où nous allons nous rendre...

—ou du mélange audacieux de toutes les langues, de celle des poètes lyriques, de celle des bourgeois, de celle des boulevardiers et de beaucoup d'autres:

Ami, n'emporte plus ton coeur dans une orgie;
Ne bois que du vin rouge, et surtout lis Balzac.
Il fut supérieur en physiologie
Pour avoir bien connu le fond de notre sac...

—ou de bouffonneries aboutissant à un vers grave et d'allure pédantesque (à moins que ce ne soit le contraire):

Oui, je parle à présent. Je fume des londrès.
Tout comme Bossuet et comme Gil-Pérès,
J'ai des transitions plus grosses que des câbles,
Et je dis ma pensée au moyen des vocables...

—ou de la dignité d'une périphrase déguisant une locution triviale:

Ah! pour te voir tordu par ce rire usité
Chez les hommes qu'afflige une gibbosité,
   Parle, que veux-tu? Dis-le vite!...

—ou bien enfin de tous ces artifices réunis, sans compter ceux que j'oublie.

Mais ce qui soutient, double et triple tous ces effets comiques, c'est la rime, somptueuse, imprévue, retentissante, fantastique.

J'en vois de deux sortes. D'abord la rime millionnaire, la rime-calembour, qui fait toujours plaisir et par sa richesse harmonique, et par la petite surprise qu'elle cause, et par le sentiment de la difficulté heureusement vaincue, de l'effort dissimulé et tourné en grâce. Ainsi *marionnettes* et *les filles qu'on marie honnêtes*; *Belmontet* et *Babel montait*; *la Madeleine* et *damas de laine*; *l'Himalaya* et *les pièces que lima Laya*; *poliment* et *Paul y ment*, etc. Ajoutez d'autres rimes qui ne vont pas jusqu'au calembour, mais qui ont aussi leur charme parce qu'elles sont excessivement rares: par exemple, *absurde* et *Kurde*.

L'autre espèce de rime que M. de Banville affectionne, c'est celle qui tombe sur des prépositions, des pronoms relatifs ou des adjectifs possessifs. Cette rime est comique parce qu'elle impose au lecteur une prononciation anormale, parce qu'elle le contraint à mettre un accent très fort sur des syllabes non accentuées et à donner, dans la phrase mélodique, une grande importance à des mots qui n'en ont aucune dans la phrase grammaticale:

Danser toujours, pareil à madame Saqui!
Sachez-le donc, ô Lune, ô Muses, c'est ça *qui*
   Me fait verdir comme de l'herbe.

Tous ces rapprochements singuliers d'idées ou de mots, non seulement l'opulence ou la bizarrerie de la rime en double l'effet, mais c'est presque toujours la rime qui les suggère. Voici les premiers vers de la *Ballade des célébrités du temps jadis*, parodie de la ballade de Villon:

Dites-moi sur quel *Sinaï*
Ou dans quelle *manufacture*
Est le critique Dufaï.

Sinaï, manufacture, cet accouplement est drôle; mais visiblement *Sinaï* a été suggéré par *Dufaï*, et *manufacture* par *la Caricature*, qui est plus loin. Lisez la pièce, qui est charmante: vous reconnaîtrez qu'elle a été faite tout entière pour et par ces trois rimes: *Dufaï, la Caricature* (ou peut-être *Couture*) et *les neiges d'antan*. On pourrait en suivre pas à pas la genèse, montrer quels vers ont dû être faits les premiers, quels les derniers, et pourquoi. Si donc M. de Banville a enrichi la rime, elle n'a pas été ingrate. Tandis qu'il lui donnait de la sonorité, elle lui apportait des idées, et même il n'en a jamais eu d'autres que celles qui lui sont venues ainsi. Dans les *Odes funambulesques*, les *Occidentales* et *Nous tous*, l'invention du fond n'est rien: ce ne sont que des lieux communs de satire facile, et la rime est vraiment tout—puisque le reste en dépend ou en provient.

II

La seconde «idée» de M. de Banville, ç'a été de ressusciter les anciens petits poèmes à forme fixe, le triolet, le rondeau (déjà repris par Musset), le rondel, la ballade, le dizain marotique, même la double ballade, la villanelle, le virelai et le chant royal. Du moment qu'il était né ou qu'il s'était fait servant de la rime et son homme-lige, il était inévitable qu'il nous rendît ces bagatelles compliquées, d'une symétrie difficile, minutieuse et quelque peu enfantine et barbare, où la rime est en effet reine, maîtresse et génératrice.

Pour moi, je ne m'en plains pas; mais il est certain que ces tentatives peuvent être appréciées fort diversement. La rime a un charme propre et qui se suffit: on le voit par certaines chansons populaires et par ces rondes d'enfants où il n'y a que des assonances et aucune idée suivie. (Ainsi la poésie savante rejoint la plus élémentaire.) Ceux qui sentent profondément ce charme aimeront ces bijoux poétiques où un goût raffiné, une grâce moderne peut se mêler aux complications sauvages de la forme. Mais les honnêtes gens nés prosateurs n'y comprendront jamais rien et il se trouvera même, je crois, des poètes authentiques qui, tout en s'expliquant la prédilection de M. de Banville, ne la partageront point.

—La rime, diront-ils, est chose adorable, mais non peut-être en soi. Il faut que les divers arrangements de rimes vaillent ce qu'ils ont coûté. Il faut que la rime ne soit là que pour ajouter à la force du sentiment ou de la pensée, non pour les éliminer ou, à tout mettre au mieux, pour les susciter au hasard. Le plaisir que donnent l'entrelacement des belles consonances et la difficulté vaincue ne saurait compenser tout seul ni l'absence d'idée ou d'émotion, ni le manque de dessein, d'ordre et d'enchaînement.

Il faut aussi que les combinaisons de rimes aient une raison d'être. On comprend pourquoi les rimes se croisent ou s'embrassent dans le quatrain ou le sixain; on comprend la constitution du sonnet: il y a là des symétries fort simples. Mais pourquoi le rondeau a-t-il treize vers? Pourquoi le second couplet du rondeau n'en a-t-il que trois? Pourquoi, à la fin du rondel, ne répétez-vous que le premier vers du refrain? On avait réponse à cela autrefois, s'il est vrai que ces petites pièces se chantaient: elles étaient calquées sur une mélodie, sur un air de danse. Mais, maintenant qu'on ne les chante plus, ces combinaisons nous semblent absolument arbitraires. Ce sont tours de force gratuits.

Et ces tours de force sont tels qu'on ne peut presque jamais les exécuter avec assez de perfection pour exciter l'applaudissement. La petite ballade a quatorze, six et cinq rimes semblables; la double ballade en a vingt-quatre, douze et sept; la grande ballade, onze, neuf, six et cinq; le chant royal, dix-huit, douze, dix et sept; le rondeau, huit et cinq; le rondel, cinq et cinq. Qu'en résulte-t-il? Dans la plupart des ballades il n'y a de vers «nécessaires», de vers dictés, imposés par une idée ou un sentiment initial, que celui du refrain et un vers, au plus, pour chacune des autres rimes, en tout trois ou quatre vers. (Et que dire de la villanelle ou du rondeau?) Les autres vers, étant commandés par la rime, sont ce qu'ils peuvent, se rattachent tant bien que mal à l'idée principale. Et ainsi la tâche, à force d'être difficile, redevient facile. Ces cadres bizarres sont tellement malaisés à remplir qu'on permet au rimeur d'y mettre n'importe quoi; et dès lors c'est la cheville légitimée, glorifiée, triomphante. Il n'y a pas là de quoi être si fier. Prenez une ballade de M. de Banville, une ballade sonore, à rimes éclatantes, mais où tous les vers, sauf deux ou trois, pourraient être changés; prenez d'autre part une «tirade» de Racine avec ses rimes banales, effacées, aux sonorités modestes (*aimer, charmer, maîtresse, tristesse*), mais où tous les vers sont «nécessaires», où il semble qu'on n'en pourrait enlever ni modifier un seul: même à ne considérer les deux morceaux que comme des «réussites», quelle est, à votre avis, la plus étonnante, la plus incroyable, la plus merveilleuse?

Mais le philistin qui parlerait ainsi prouverait simplement qu'il a du bon sens et qu'il préfère à tout la raison. Que de choses M. de Banville aurait à répondre! Quand, il y a dans un morceau trop de «vers nécessaires», c'est donc que toute fantaisie en est absente. Ce n'est plus de la poésie, c'est de l'éloquence, c'est ce que Buffon appelait des vers beaux comme de belle prose. Il faut en effet de l'imprévu et du hasard dans la poésie lyrique; il y faut de l'inutile, du surabondant, une floraison de détails aventureux. Et justement c'est la détermination rigoureuse de la forme prosodique qui permet l'imprévu des pensées et des images: et de là un double plaisir. Le poète qui commence sa ballade ne sait pas trop ce qu'il y mettra: la rime, et la rime toute seule, lui suggérera des choses inattendues et charmantes, auxquelles il n'aurait pas songé sans elle, des choses unies par des rapports lointains et secrets, et qui s'enchaîneront avec un peu du désordre d'un rêve. En somme, rien de plus suggestif que ces obligations étroites des petits poèmes difficiles: ils contraignent l'imagination à se mettre en campagne et, tandis qu'elle cherche dans tout l'univers le pied qui peut seul chausser l'invraisemblable pantoufle de Cendrillon, elle fait, chemin faisant, de délicieuses découvertes.

III

Nous arrivons ainsi à la troisième «idée» de M. de Banville, à sa théorie de la rime, si spirituellement exposée dans son *Petit traité de versification française*. En voici les axiomes essentiels:

> La rime est l'unique harmonie des vers et elle est tout le vers… On n'entend dans un vers que le mot qui est à la rime… Si vous êtes poète, vous commencerez par voir distinctement dans la chambre noire de votre cerveau tout ce que vous voudrez montrer à votre auditeur et, *en même temps* que les visions, se présenteront spontanément à votre esprit les mots qui, placés à la fin du vers, auront le don d'évoquer ces mêmes visions pour vos auditeurs… Si vous êtes poète, le mot type se présentera à votre esprit tout armé, c'est-à-dire accompagné de sa rime… Ceci est une loi absolue, comme les lois physiques: tant que le poète exprime véritablement sa pensée, il rime bien; dès que sa pensée s'embarrasse, sa rime aussi s'embarrasse, traînante et vulgaire, et cela se comprend du reste, puisque pour lui pensée et rime ne sont qu'un… Le reste, ce qui n'a pas été révélé, trouvé ainsi, les soudures, ce que le poète doit rajouter, pour boucher les trous avec sa main d'artiste et d'ouvrier, est ce qu'on appelle les *chevilles*… Il y a toujours des chevilles dans tous les poèmes.

Voilà qui est explicite et radical. La poésie est un exercice de bouts-rimés, mais de bouts-rimés *choisis* par le poète au moment de l'inspiration—et reliés par des chevilles, mais par des chevilles *intelligentes*.

La rime est si bien, pour M. de Banville, «tout le vers», qu'il abolit, afin qu'elle reste toute seule sur les décombres de l'alexandrin, les antiques et vénérables règles du rythme, et qu'il supprime le repos même de l'hémistiche, si normal, si légitime, si nécessaire (à de certaines conditions qu'il serait trop long de déterminer). Et cela lui permet d'écrire avec une liberté tout olympienne:

.... Et je les vis, | assises
Dans leur gloi | re, sur leurs trônes d'or | ou debout, |
Reines de clarté | dans la clarté. | Mais surtout, etc...

ou bien:

.... Et, triomphant sans *vaines*
Entra | ves, ses beaux seins aigus montraient leurs veines
D'un pâle azur...

ou encore:

Et, secouant ses lourds cheveux épars, | aux *fines*
Lueurs d'or, | elle dit ces paroles divines.

Et il ne s'aperçoit pas qu'à moins d'une accentuation iroquoise, qui amuse dans des vers burlesques mais qui serait déplaisante ici, la rime, à laquelle il a tout sacrifié, disparaît elle-même par cette suppression du rythme traditionnel.

Il y a pourtant, dans cette paradoxale théorie sur la rime, sur son rôle, sur la manière dont elle nous vient, une assez grande part de vérité. Ou plutôt cette théorie est vraie pour M. de Banville: c'est sa propre pratique érigée en précepte. Mais aussi je conçois très bien une marche de composition absolument inverse: la rime trouvée la plupart du temps à la fin, non au commencement; les «vers nécessaires» surgissant d'abord en grand nombre et presque sans préoccupation de la rime, puis accouplés ou reliés par un travail de patience et d'adresse. La rime alors ne joue qu'un rôle subordonné. Tous les mots éclatants ne sont pas à la fin du vers. Même les classiques y plaçaient volontiers des mots effacés, estimant que la poésie est dans le vers *tout entier* et dans le rythme aussi bien que dans la rime, et craignant sans doute que la rime ne tirât tout le vers à elle, ne le dévorât, et aussi que son opulence ne sentît trop le tour de force. Quand La Harpe condamnait chez Roucher, comme rimes trop voyantes, *flèche* et *brèche*, *je foule* et *en foule*, il était en plein dans la tradition classique. On laissait ces amusettes au genre burlesque: Racine ne se les permettait que dans la farce des *Plaideurs*. La rime, pour ces patriarches, ne servait qu'à marquer la mesure: M. de Banville leur ferait l'effet d'un musicien qui, pour la marquer plus fortement, mettrait à chaque fois un point d'orgue et un coup de grosse caisse, et qui, dans les intervalles, soignerait médiocrement sa phrase mélodique.

Ces anciens hommes auraient tort. La vérité, c'est qu'il y a au moins deux manières de faire les vers (et qui se peuvent combiner): une à l'usage des poètes dramatiques, élégiaques, philosophes, et, en général, des poètes qui analysent et qui pensent: et une autre pour les poètes qui n'ont que des yeux, pour les lyrico-descriptifs. Et c'est celle-là que M. de Banville a merveilleusement définie.

IV

Et voyez comme tout se tient. Il n'y a que le lyrisme descriptif où soient applicables les procédés de composition que M. de Banville croit universels; où la rime soit, en effet, l'*alpha* de l'inspiration poétique, les belles chevilles en étant l'*oméga*. L'exclusive adoration de la rime le condamnait donc à ce genre et, comme il n'avait d'ailleurs pour toute idée et pour toute philosophie qu'un grand amour de la beauté plastique, les sujets s'imposaient d'eux-mêmes.

Quelles sont les plus belles choses et les plus dignes d'être rajeunies et «illustrées»? Ce sont évidemment les adorables histoires de la mythologie grecque; ce sont les dieux et les déesses antiques. Mais l'art grec vaut surtout par la pureté des lignes: la Renaissance a mieux connu la magie des couleurs. M. de Banville fera donc passer la procession des dieux par l'atelier de Titien et par le vestiaire de Rubens. Et quelle est la façon la plus pittoresque de comprendre et de mener la vie? N'est-ce pas celle des comédiens ambulants, des poètes aventuriers et, par delà, des gymnastes étincelants de paillons, vainqueurs des lois de la pesanteur? Et quelle est la plus reluisante image d'un poète? N'est-ce pas celle d'un beau jeune homme en pourpoint, couronné de roses, armé d'une vraie lyre, entouré de belles femmes, et en qui réside un dieu? La comédie italienne aussi est une fort jolie chose. Et les contes et les féeries sont de délicieux divertissements. Paris enfin et ses Champs-Élysées offrent, certains soirs, des spectacles glorieux, et la vie moderne et les «hétaïres» d'aujourd'hui ne sont point dépourvues d'élégance. M. de Banville *devait* donc écrire les *Cariatides*, les *Stalactites*, les *Exilés*, les *Princesses*, *Florise*, *Riquet à la Houppe* et la *Malédiction de Cypris*.

Il n'a pas inventé tous les cultes qu'il célèbre. Si pourtant on cherchait quelles sont ses prédilections les plus originales au moins par le degré, on trouverait que c'est l'adoration de Ronsard transfiguré, une profonde estime pour Tabarin, beaucoup de considération pour les poètes inconnus du temps de Louis XIII, et l'admiration des comédiens errants, des clowns et des danseuses de corde. Il déplore aussi que le théâtre moderne n'ait point gardé la *parabase* et qu'il admette des personnages en habit noir; il pense que la comédie sera lyrique ou ne sera pas; il compose des odes dialoguées en rimes riches qu'il prend pour du théâtre; et un beau jour il écrit une féerie pour le plaisir de mettre dans la bouche de Riquet à la Houppe et de la princesse Rose des stances imitées de celles du *Cid* et de *Polyeucte*. Enfin, pour noter en passant ses antipathies essentielles, il a manifesté toute sa vie, à l'endroit de «monsieur Scribe» et des «normaliens», un mépris souverain et qui vous désarme à force d'être sincère et naturel, un mépris de poète lyrique.

Ses poésies sont donc des suites d'apothéoses, de «gloires», comme on disait autrefois. Sa vocation de «décorateur» éclate dès son premier volume: voyez, dans la *Voie lactée*, l'apothéose des poètes, et, dans le *Songe d'hiver*, celle des don Juan et des Vénus. Et dans les *Exilés*, son meilleur recueil, ce sont encore les mêmes procédés et les mêmes effets, avec plus de sûreté et de maîtrise. Des tableaux éclatants et monotones; une façon de décrire qui ne ramasse que les tons et les traits généraux, mais qui les met en pleine lumière, avec une insistance, une surabondance, une magnificence hyperboliques. Cela est souvent très beau et donne vraiment l'impression d'un monde surhumain, d'un Olympe ou d'un Éden nageant dans la gloire et dans la clarté. Ces deux mots reviennent souvent, et aussi les ors, les pourpres, les lis, les roses, le lait, le sang, la flamme, la neige, les diamants, les perles, les étoiles. Je ne parle pas des «seins», généralement «aigus» ou «fleuris» ou «étincelants»: il en a de quoi meubler tous les harems de l'Orient et de l'Occident. Il fait certainement de tous ces mots ce que d'autres n'en feraient pas: il y fait passer, comme dit Joubert, «le phosphore que les grands poètes ont au bout des doigts». Il a eu même la puissance d'imposer à certains mots un sens nouveau et splendide. Ainsi: *extasié* (dont il abuse), *vermeil, sanglant, farouche*, etc. Par cette magie des mots on peut dire qu'il a «polychromé» les dieux grecs, qu'il a animé la noblesse de leurs contours de la vie ardente des couleurs et qu'il leur a soufflé une ivresse.

Des pièces comme l'*Exil des Dieux* et le *Banquet des Dieux* sont peut-être ce qui dans notre poésie rappelle le mieux les grandes et somptueuses compositions de Véronèse. Hercule «effrayant d'un sourire vermeil» le sanglier d'Erymanthe et le traînant de force à la lumière (le *Sanglier*); l'Amour malade à qui Psyché souffle son âme dans un long baiser et qui, tandis qu'elle en meurt, s'élance dans le bois sans se soucier d'elle (la *Mort de l'Amour*):

. . . . Et, touchant
Les flèches dont Zeus même adore la brûlure,
Il marchait dans son sang et dans sa chevelure;

l'Amour encore, le chasseur impitoyable, demandant au poète: «Veux-tu m'adorer, vil esclave? Par moi tu souffriras, par moi tu seras lâche et déshonoré», et le poète répondant: «Je t'adore» (la *Fleur de sang*); et la rose naissant du désir d'Eros devant la grande Cythérée endormie (la *Rose*):

Eros la vit. Il vit ces bras que tout adore,
Et ces rongeurs de braise et ces clartés d'aurore.
Il contempla Cypris endormie, à loisir.
Alors de son désir, faite de son désir,
Toute pareille à son désir, naquit dans l'herbe
Une fleur tendre, émue, ineffable, superbe,
Rougissante, splendide, et sous son fier dessin
Flamboyante, et gardant la fraîcheur d'un beau sein;

tous ces tableaux, et bien d'autres, forment une galerie flamboyante, une galerie de Médicis, et peut-être la plus haute en couleur qu'un poète ait jamais brossée.

V

Ainsi se précise l'originalité de M. de Banville. L'idolâtrie de la rime implique une âme uniquement sensible au beau extérieur et s'accorde exactement avec la théorie de «l'art pour l'art»; et le plus singulier mérite de M. de Banville est peut-être d'avoir, entre tous les poètes, appliqué cette étroite théorie avec une rigueur absolue.

Essayons de voir clair dans cette fameuse formule. Comme elle est quelque peu équivoque, je n'ose dire inintelligible, on l'a réduite à cette autre: «L'art pour le beau.» Mais celle-ci à son tour est trop simple et trop large: il n'est presque point d'oeuvre à laquelle elle ne convienne; car il y a le beau de l'idée, celui du sentiment, celui de la sensation, et le beau de la forme, qui est intimement mêlé aux autres et qui n'en est séparable que par un difficile effort d'analyse. «L'art pour l'art», ce sera donc «l'art pour le beau plastique», sans plus. Et cette formule ainsi interprétée, il me paraît qu'aucun poète n'y a été plus fidèle que l'auteur des *Exilés*, non pas même le ciseleur d'*Émaux et Camées*.

On voit maintenant dans quel sens je disais que l'idée la plus persistante de M. de Banville a été de n'exprimer aucune idée dans ses vers. Je voulais dire qu'il n'en a jamais exprimé que de fort simples et de celles qui revêtent naturellement et qui appellent une forme toute concrète; et c'est à multiplier et à embellir ces images, à les traduire elles-mêmes par des arrangements harmonieux de mots brillants, qu'a tendu tout son effort. Et l'on pourrait presque dire aussi qu'il n'a jamais exprimé de sentiments, sinon le sentiment de joie, d'allégresse, de vie divine qui répond à la perception abondante et aisée des belles lignes et des belles couleurs.

J'ai tenu bien haut dans ma main
Le glaive éclatant de la rime…

Et j'ai trouvé des mots vermeils
Pour peindre la couleur des roses.

C'est fort bien dit; et c'est parce qu'il n'a jamais aspiré à peindre autre chose qu'il a été l'esclave à la fois et le dompteur de la rime et qu'il n'a guère été que cela. Cherchez un poète qui ait plus purement, plus exclusivement aimé et rendu le beau plastique, qui par conséquent ait pratiqué «l'art pour l'art» avec plus d'intransigeance et une conscience plus farouche: vous n'en trouverez point.

Prenez Théophile Gautier; outre qu'il est un peintre beaucoup plus exact et minutieux que M. de Banville, il se mêle d'autres sentiments à son adoration de la beauté physique. Au fond, les deux Muses d'*Émaux et Camées* sont la Mort et la Volupté, tout simplement.

D'un   linceul   de   point   d'Angleterre
Que l'on recouvre sa beauté.

Beauté, linceul, point d'Angleterre; ivresse des sens, peur de la mort et fanfreluches, il y a au moins cela dans Gautier. Prenez même Armand Silvestre: vous découvrirez, dans ses grands vers mélodieux, monotones et tout blancs, un panthéisme bouddhique et le désir et la terreur du *par-delà*. Mais M. Théodore de Banville célèbre uniquement, sans arrière-pensée—et même sans pensée—la gloire et la beauté des choses dans des rythmes magnifiques et joyeux. Cela est fort remarquable, et surtout cela l'est devenu, par ce temps de morosité, d'inquiétude et de complication intellectuelle. Vraiment il plane et n'effleure que la surface brillante de l'univers, comme un dieu innocent et ignorant de ce qui est au-dessous ou plutôt comme un être paradoxal et fantasque, un porte-lauriers pour de bon qui se promène dans la vie comme dans un rêve magnifique, et à qui la réalité, même contemporaine, n'apparaît qu'à travers des souvenirs de mythologie, des voiles éclatants et transparents qui la colorent, et l'agrandissent. Sa poésie est somptueuse et bienfaisante. Et, comme le sentiment de la beauté extérieure et le divin jeu des rimes, s'ils ne sont pas toute la poésie, en sont du moins une partie essentielle, M. de Banville a été à certaines heures un grand poète et a plusieurs fois, comme il le dit volontiers, heurté les astres du front.

Il nous offre, dans un siècle pratique et triste, l'exemple extravagant d'un homme qui n'a vécu que de mots, comme les divines cigales se nourrissent de leur chant. Mais la vertu du Verbe, célébrée par Victor Hugo dans une pièce fameuse, est telle que, pour l'avoir adoré, même sans grand souci du reste, on peut être grand. Le clown sans passions humaines, sans pensées, sans cerveau, évoque des idées de grand art rien que par la grâce ineffable des mouvements et par l'envolement sur les fronts de la foule:

Enfin, de son vil échafaud
Le clown sauta si haut, si haut,
Qu'il creva le plafond de toiles
Au son du cor et du tambour,
Et, le coeur dévoré d'amour,
Alla rouler dans les étoiles.

P.-S.—J'ai omis à dessein, parmi les «idées» de M. de Banville, celle qui lui est venue un jour de mêler la vie et la mythologie grecques à la vie moderne (la *Malédiction de Cypris*). Mais cette idée, c'est surtout dans ses *Contes* qu'il a tenté de la réaliser, et Banville prosateur voudrait peut-être une étude à part.

SULLY-PRUDHOMME

Une tête extraordinairement pensive, des yeux voilés—presque des yeux de femme—dont le regard est comme tourné vers le dedans et semble, quand il vous arrive, sortir «du songe obscur des livres» ou des limbes de la méditation. On devine un homme qu'un continuel repliement sur soi, l'habitude envahissante et incurable de la recherche et de l'analyse à outrance (et dans les choses qui nous touchent le plus, et où la conscience prend le plus d'intérêt) a fait singulièrement doux, indulgent et résigné, mais triste à jamais, impropre à l'action extérieure par l'excès du travail cérébral, inhabile au repos par le développement douloureux de la sensibilité, défiant de la vie pour l'avoir trop méditée. *Spe lentus, timidus futuri*. Il est certain qu'il a plus pâti de sa pensée que de la fortune. Il nous dit quelque part que, tout enfant, il perdit son père, et il nous parle d'un amour trahi: ce sont misères assez communes et il ne paraîtrait pas que sa vie eut été exceptionnellement malheureuse si les chagrins n'étaient à la mesure du coeur qui les sent. S'il a pu souffrir plus qu'un autre de la nécessité de faire un métier pour vivre et du souci du lendemain, une aisance subite est venue l'en délivrer d'assez bonne heure. Mais cette délivrance n'était point le salut. La pensée solitaire et continue le prit alors dans son engrenage. Vint la maladie par l'excessive tension de l'esprit; et la nervosité croissante, féconde en douleurs intimes; et le tourment de la perfection, qui stérilise. Au reste, il aurait le droit de se reposer s'il le pouvait: son oeuvre est dès maintenant complète et plus rien ne saurait augmenter l'admiration de ses «amis inconnus».

I

Je crois que M. Sully-Prudhomme fût devenu ce qu'il est, de quelque façon qu'eussent été conduites ses premières études. Pourtant il est bon de constater que le poète, qui représente dans ce qu'il a de meilleur l'esprit de ce siècle finissant, a reçu une éducation plus scientifique que littéraire par la grâce de la fameuse «bifurcation», médiocre système pour la masse, mais qui fut bon pour lui parce qu'il avait en lui-même de quoi le corriger. Il quitta les lettres, dès la troisième, pour se préparer à l'École polytechnique, passa son baccalauréat ès sciences et fit une partie des mathématiques spéciales; une ophtalmie assez grave interrompit ses études scientifiques. Il revint à la littérature librement, la goûta mieux et en reçut des impressions plus personnelles et plus profondes, n'ayant pas à rajeunir et à vivifier des admirations imposées et n'étant pas gêné par le souvenir de sa rhétorique. Il passa son baccalauréat ès lettres pour entrer ensuite à l'École de droit. En même temps il se donnait avec passion à l'étude de la philosophie. Sa curiosité d'esprit était dès lors universelle.

Préparé comme il l'était, il ne pouvait débuter par de vagues élégies ni par des chansons en l'air: sa première oeuvre fut une série de poèmes philosophiques. Je dis sa première oeuvre; car, bien que publiés avec ou après les *Stances*, les *Poèmes* ont été composés avant. C'est ce que notre poète a écrit de plus généreux, de plus confiant, de plus «enlevé». Un souffle de jeunesse circule sous la précoce maturité d'une science précise et d'une forme souvent parfaite. Dès ce moment il trace son programme poétique et l'embrasse avec orgueil, étant dans l'âge des longs espoirs:

> Vous n'avez pas sondé tout l'océan de l'âme,
> Ô vous qui prétendez en dénombrer les flots...
> Qui de vous a tâté tous les coins de l'abîme
> Pour dire: «C'en est fait, l'homme nous est connu;
> Nous savons sa douleur et sa pensée intime
> Et pour nous, les blasés, tout son être est à nu?»
> Ah! ne vous flattez pas, il pourrait vous surprendre[3]...

[Note 3: *Encore.*]

Voyez-vous poindre les *Stances*, les *Épreuves*, les *Solitudes*, les *Vaines tendresses* et toutes ces merveilles de psychologie qui durent surprendre,—car la poésie ne nous y avait pas habitués, et un certain degré de subtilité dans l'analyse semblait hors de son atteinte?

> Le pinceau n'est trempé qu'aux sept couleurs du prisme.
> Sept notes seulement composent le clavier...
> Faut-il plus au poète? Et ses chants, pour matière,
> N'ont-ils pas la science aux sévères beautés,
> Toute l'histoire humaine et la nature entière[4]?

[Note 4: *Encore.*]

N'est-ce pas l'annonce de plusieurs sonnets des *Épreuves*, des *Destins*, du *Zénith* et de la *Justice*?

En attendant, le poète jette sur la vie un regard sérieux et superbe. Il voit le mal, il voit la souffrance, il s'insurge contre les injustices et les gênes de l'état social (le *Joug*); mais il ne désespère point de l'avenir et il attend la cité définitive des jours meilleurs (*Dans la rue*, la *Parole*). Même le poème grandiose et sombre de l'*Amérique*, cette histoire du mal envahissant, avec la science, le nouveau monde après l'ancien et ne laissant plus aucun refuge au juste, finit par une parole confiante. Le poète salue et bénit les Voluptés, «reines des jeunes hommes», sans lesquelles rien de grand ne se fait, révélatrices du beau, provocatrices des actes héroïques et instigatrices des chefs-d'oeuvre. Lui-même sent au coeur leur morsure féconde; il se sait poète, il désire la gloire et l'avoue noblement, comme faisaient les poètes anciens (l'*Ambition*). Enfin, dans une pièce célèbre, vraiment jeune et vibrante et d'une remarquable beauté de forme, il gourmande Alfred de Musset sur ses désespoirs égoïstes et pour s'être désintéressé de la chose publique; il exalte le travail humain, il prêche l'action, il veut que la poésie soit croyante à l'homme et qu'elle le fortifie au lieu d'aviver ses chères plaies cachées. «L'action! l'action!» c'est le cri qui sonne dans ces poèmes marqués d'une sorte de positivisme religieux.

Une réflexion vous vient: était-ce bien la peine de tant reprocher à Musset sa tristesse et son inertie? Y a-t-il donc tant de joie dans l'oeuvre de Sully-Prudhomme? Et qu'a-t-il fait, cet apôtre de l'action, que ronger son coeur et écrire d'admirables vers? Il est vrai que ce travail en vaut un autre. Et puis, s'il n'est pas arrivé à une vue des choses beaucoup plus consolante que l'auteur de *Rolla*, au moins est-ce par des voies très différentes; sa mélancolie est d'une autre nature, moins vague et moins lâche, plus consciente de ses causes, plus digne d'un homme.

La forme des *Poèmes* n'est pas plus romantique que le fond. Les autres poètes de ces vingt dernières années tiennent, au moins par leurs débuts, à l'école parnassienne, qui se rattache elle-même au romantisme. M. Sully-Prudhomme semble inaugurer une époque. Si on lui cherche des ascendants, on pourra trouver que, poète psychologue, il fait songer un peu à Sainte-Beuve, et, poète philosophe, à Vigny vieillissant. Mais on dirait tout aussi justement que son inspiration ne se réclame de rien d'antérieur, nul poète n'ayant tant analysé ni tant pensé, ni rendu plus complètement les délicatesses de son coeur et les tourments de son intelligence, ni mieux exprimé, en montrant son âme, ce qu'il y a de plus original et de meilleur dans celle de sa génération. Il y fallait une langue précise: celle de Sully-Prudhomme l'est merveilleusement. Elle semble procéder de l'antiquité classique, qu'il a beaucoup pratiquée. On trouve souvent dans les *Poèmes* le vers d'André Chénier, celui de l'*Invention* et de l'*Hermès*.—Mais le style des *Poèmes*, quoique fort travaillé, a un élan, une allure oratoire que réprimeront bientôt le goût croissant de la concision et l'enthousiasme décroissant. Le poète, très jeune, au sortir de beaux rêves philosophiques, crédule aux constructions d'Hegel (l'*Art*) et, d'autre part, induit par la compression du second Empire aux songes humanitaires et aux professions de foi qui sont des protestations, se laisse aller à plus d'espoir et d'illusion qu'il ne s'en permettra dans la suite et, conséquence naturelle, verse çà et là dans l'éloquence.

J'avais tort de dire qu'il ne doit rien aux parnassiens. C'est à cette époque qu'il fréquenta leur cénacle et qu'il y eut (si on veut croire la modestie de ses souvenirs) la révélation du vers plastique, de la puissance de l'épithète, de la rime parfaite et rare. Si donc le *Parnasse* n'eut jamais aucune influence sur son inspiration, il put en avoir sur la forme de son vers. Il accrut son goût de la justesse recherchée et frappante. Ce soin curieux et précieux qu'apportaient les «impassibles» à rendre soit les objets extérieurs, soit des sentiments archaïques ou fictifs, M. Sully-Prudhomme crut qu'il ne serait pas de trop pour traduire les plus chers de ses propres sentiments; que l'âme méritait bien cet effort pour être peinte dans ses replis; que c'est spéculer lâchement sur l'intérêt qui s'attache d'ordinaire aux choses du coeur que de se contenter d'à peu près pour les exprimer. Et c'est ainsi que, par respect de sa pensée et par souci de la livrer tout entière, il appliqua en quelque façon la forme rigoureuse et choisie du vers parnassien à des sujets de psychologie intime et écrivit les stances de la *Vie intérieure*.

II

On pourrait dire: Ici commencent les poésies de M. Sully-Prudhomme. J'avoue que j'ai de particulières tendresses pour ce petit recueil de la *Vie intérieure*, peut-être parce qu'il est le premier et d'une âme plus jeune, quoique douloureuse déjà. Par je ne sais quelle grâce de nouveauté, il me semble que la *Vie intérieure* est à peu près, à l'oeuvre de notre poète, ce que les *Premières Méditations* sont à celle de Lamartine. Et le rapprochement de ces deux noms n'est point si arbitraire, en somme. À la grande voix qui disait la mélancolie vague et flottante du siècle naissant répond, après cinquante années, une voix moins harmonieuse, plus tourmentée, plus pénétrante aussi, qui précise ce que chantait la première, qui dit dans une langue plus serrée des tristesses plus réfléchies et des impressions plus subtiles. Trois ou quatre sentiments, à qui va au fond, défrayaient la lyre romantique. L'aspiration de nos âmes vers l'infini, l'écrasement de l'homme éphémère et borné sous l'immensité et l'éternité de l'univers, l'angoisse du doute, la communion de l'âme avec la nature, où elle cherche le repos et l'oubli: tels sont les grands thèmes et qui reviennent toujours. M. Sully-Prudhomme n'en invente pas de nouveaux, car il n'y en a point, mais il approfondit les anciens. Ces vieux sentiments affectent mille formes: il saisit et fixe quelques-unes des plus délicates ou des plus détournées. La *Vie intérieure*, ce n'est plus le livre d'un inspiré qui, les cheveux au vent, module les beaux lieux communs de la tristesse humaine, mais le livre d'un solitaire qui vit replié, qui guette en soi et note ses impressions les moins banales, dont la mélancolie est armée de sens critique, dont toutes les douleurs viennent de l'intelligence ou y montent.—«Pourquoi n'est-il plus possible de chanter le printemps?—J'ai voulu tout aimer et je suis malheureux...—Une petite blessure peut lentement briser un coeur.—C'est parfois une caresse qui fait pleurer: pourquoi?—Je voudrais oublier et renaître pour retrouver des impressions neuves, et que la terre ne soit pas ronde, mais s'étende toujours, toujours...—Je bégayais étant enfant et je tendais les bras. Aujourd'hui encore; on n'a fait que changer mon bégayement...» Voilà les sujets de quelques-unes de ces petites pièces «qu'on a faites petites pour les faire avec soin».

Lamartine s'extasiait en trois cents vers sur les étoiles, sur leur nombre et leur magnificence, et priait la plus proche de descendre sur la terre pour y consoler quelque génie souffrant. M. Sully-Prudhomme, en trois quatrains, songe à la plus lointaine, qu'on ne voit pas encore, dont la lumière voyage et n'arrivera qu'aux derniers de notre race; il les supplie de dire à cette étoile qu'il l'a aimée; et il donne à la pièce ce titre qui en fait un symbole: l'*Idéal*. On voit combien le sentiment est plus cherché, plus intense (et notez qu'il implique une donnée scientifique).—De même, tandis que le poète des *Méditations* s'épanche noblement sur l'immortalité de l'âme et déploie à larges nappes les vieux arguments spiritualistes, le philosophe de la *Vie intérieure* écrit ces petits vers:

J'ai dans mon coeur, j'ai sous mon front
Une âme invisible et présente…..

Partout scintillent les couleurs.
Mais d'où vient cette force en elles?

Il existe un bleu dont je meurs
Parce qu'il est dans les prunelles.

Tous les corps offrent des contours.
Mais d'où vient la forme qui touche?
Comment fais-tu les grands amours,
Petite ligne de la bouche?…

Déjà tombent l'enthousiasme et la foi des premiers poèmes. Toutes ces petites «méditations» sont tristes, et d'une tristesse qui ne berce pas, mais qui pénètre, qui n'est pas compensée par le charme matériel d'une forme musicale, mais plutôt par le plaisir intellectuel que nous donne la révélation de ce que nous avons de plus rare au coeur. Sans doute les souffrances ainsi analysées se ramènent, ici tout comme chez les lyriques qui pensent peu, à une souffrance unique, celle de nous sentir finis, de n'être que nous; mais, comme j'ai dit, M. Sully-Prudhomme n'exprime que des cas choisis de cette maladie, ceux qui ne sauraient affecter que des âmes raffinées. Il vous définit tel désir, tel regret, tel malaise aristocratique plus clairement que vous ne le sentiez; nul poète ne nous fait plus souvent la délicieuse surprise de nous dévoiler à nous-mêmes ce que nous éprouvions obscurément.

Je voudrais pouvoir dire qu'il tire au clair la vague mélancolie romantique: il décompose en ses éléments les plus cachés «cette tendresse qu'on a dans l'âme et où tremblent toutes les douleurs» (*Rosées*). De là le charme très puissant de cette poésie si discrète et si concise: c'est comme si chacun de ces petits vers nous faisait faire en nous des découvertes dont nous nous savons bon gré et nous enrichissait le coeur de délicatesses nouvelles. Jamais la poésie n'a plus pensé et jamais elle n'a été plus tendre: loin d'émousser le sentiment, l'effort de la réflexion le rend plus aigu. On éprouve la vérité de ces remarques de Pascal (je rappelle que Pascal emploie une langue qui n'est plus tout à fait la nôtre): «À mesure que l'on a plus d'esprit, les passions sont plus grandes…—La netteté d'esprit cause aussi la netteté de la passion,» etc.

Ajoutez à ce charme celui de la forme la plus savante qui soit, d'une simplicité infiniment méditée, qui joint étroitement, dans sa trame, à la précision la plus serrée la grâce et l'éclat d'images nombreuses et courtes et qui ravissent par leur justesse: forme si travaillée que souvent la lecture, invinciblement ralentie, devient elle-même un travail:

Si quelqu'un s'en est plaint, certes ce n'est pas moi.

III

M. Sully-Prudhomme me semble avoir apporté à l'expression de l'amour le même renouvellement qu'à celle des autres sentiments poétiques. *Jeunes filles* et *Femmes* sont aussi loin du *Lac* ou du *Premier regret* que la *Vie intérieure* l'était de l'*Épître à Byron*. Elvire a pu être une personne réelle; mais dans les *Méditations* Elvire idéalisée est une vision, une fort belle image, mais une image en l'air, comme Laure ou Béatrix. Qui a vu Elvire? Demande-t-on sa main? L'épouse-t-on? Elvire a «des accents inconnus à la terre». Elvire n'apparaît que sur les lacs et sous les clairs de lune. Mais, quelque discrétion que le poète y ait mise et quoique des pièces d'un caractère impersonnel se mêlent à celles qui peuvent passer pour des confessions, on sent à n'en pouvoir douter que les vers de *Jeunes filles* et *Femmes* nous content par fragments une histoire vraie, très ordinaire et très douloureuse, l'histoire d'un premier amour à demi entendu, puis repoussé. Et la femme, que font entrevoir ces fines élégies, n'est plus l'amante idéale que les poètes se repassent l'un à l'autre: c'est bien une jeune fille de nos jours, apparemment une petite bourgeoise (*Ma fiancée*, *Je ne dois plus*), et l'on sent qu'elle a vécu, qu'elle vit encore peut-être. Sans doute Sainte-Beuve, dans ses poésies, avait déjà particularisé l'amour général et lyrique et raconté ses sentiments au lieu de les chanter; mais sa «note» n'est que familière à la façon de Wordsworth et son style est souvent entaché des pires affectations romantiques. L'analyse est autrement pénétrante chez M. Sully-Prudhomme. On n'avait jamais dit avec cette tendresse et cette subtilité l'aventure des coeurs de dix-huit ans, et d'abord l'éveil de l'amour chez l'enfant, son tressaillement sous les caresses d'une grande fille, «des baisers fuyants risqués aux chatons des bagues» (*Jours lointains*), et plus tard, quand l'enfant a grandi, ses multiples et secrètes amours (*Un sérail*), puis la première passion et ses délicieux commencements (le *Meilleur moment des amours*), et la grâce et la pureté de la vraie jeune fille, puis la grande douleur quand la bien-aimée est aux bras d'un autre (*Je ne dois plus*), et l'obsession du cher souvenir:

… Et je la perds toute ma vie
En d'inépuisables adieux.
Ô morte mal ensevelie,
Ils ne t'ont pas fermé les yeux.

Le poète, à l'affût de ses impressions, les aiguise et les affine par la curiosité créatrice de ce regard intérieur et parvient à de telles profondeurs de tendresse, imagine des façons d'aimer où il y a tant de tristesse, des façons de se plaindre où il y a tant d'amour, et trouve pour le dire des expressions si exactes et si douces à la fois, que le mieux est de céder au charme sans tenter de le définir. N'y a-t-il pas une merveilleuse «invention» de sentiment dans les stances de *Jalousie* et dans celles-ci, plus exquises encore:

Si je pouvais aller lui dire:
«Elle est à vous et ne m'inspire
Plus rien, même plus d'amitié;
Je n'en ai plus pour cette ingrate.
Mais elle est pâle, délicate.
Ayez soin d'elle par pitié!

«Écoutez-moi sans jalousie.
Car l'aile de sa fantaisie
N'a fait, hélas! que m'effleurer.
Je sais comment sa main repousse.
Mais pour ceux qu'elle aime elle est douce;
Ne la faites jamais pleurer!…»

Je pourrais vivre avec l'idée
Qu'elle est chérie et possédée
Non par moi, mais selon mon coeur.
Méchante enfant qui m'abandonnes,
Vois le chagrin que tu me donnes:
Je ne peux rien pour ton bonheur!

IV

Je dirai des *Épreuves* à peu près ce que j'ai dit des recueils précédents: M. Sully-Prudhomme renouvelle un fonds connu par plus de pensée et plus d'analyse exacte que la poésie n'a accoutumé d'en porter. «Si je dis toujours la même chose, c'est que c'est toujours la même chose», remarque fort sensément le Pierrot de Molière. La critique n'est pas si aisée, malgré l'axiome que l'on sait; et il faut être indulgent aux répétitions nécessaires. En somme, une étude spéciale sur un poète—et sur un poète vivant dont la personne ne peut être qu'effleurée et qui, trop proche, est difficile à bien juger—et sur un poète lyrique qui n'exprime que son âme et qui ne raconte pas d'histoires—se réduit à marquer autant qu'on peut sa place et son rôle dans la littérature, à chercher où gît son originalité et des formules qui la définissent, à rappeler en les résumant quelques-unes de ses pièces les plus caractéristiques. Ainsi une étude même consciencieuse, même amoureuse, sur une oeuvre poétique considérable peut tenir en quelques pages, et fort sèches. Le critique ingénu se désole. Il voudrait concentrer et réfléchir dans sa prose comme dans un miroir son poète tout entier. Il lui en coûte d'être obligé de choisir entre tant de pages qui l'ont également ravi; il lui semble qu'il fait tort à l'auteur, qu'il le trahit indignement; il est tenté de tout résumer, puis de tout citer et, supprimant son commentaire, de laisser le lecteur jouir du texte vivant. Cela ne vaudrait-il pas mieux que de s'évertuer à en enfermer l'âme, sans être bien sûr de la tenir, dans des formules laborieuses et tâtonnantes? On les sent si incomplètes et, même quand elles sont à peu près justes, si impuissantes à traduire le je ne sais quoi par où l'on est surtout séduit! À quoi bon définir difficilement ce qu'il est si facile et si délicieux de sentir? L'excuse du critique, c'est qu'il s'imagine que son effort, si humble qu'il soit, ne sera pas tout à fait perdu, c'est qu'il croit travailler à ce que Sainte-Beuve appelait *l'histoire naturelle des esprits*, qui sera une belle chose quand elle sera faite. C'est qu'enfin une piété le pousse à parler des artistes qu'il aime; qu'à chercher les raisons de son admiration, il la sent croître, et que son effort pour la dire, même avorté, est encore un hommage.

Les *Épreuves*, si on en croit le sonnet qui leur sert de préface, n'ont pas été écrites d'après un plan arrêté d'avance. Mais il s'est trouvé que les sonnets où le poète, à vingt-cinq ans, contait au jour le jour sa vie intérieure pouvaient être rangés sous ces quatre titres: *Amour, Doute, Rêve, Action*; et le poète nous les a livrés comme s'ils se rapportaient à quatre époques différentes de sa vie. La vérité est qu'il a l'âme assez riche pour vivre à la fois de ces quatre façons.

Les sonnets d'*Amour* sont plus sombres et plus amers que les pièces amoureuses du premier volume: le travail de la pensée a transformé la tendresse maladive en révolte contre la tyrannie de la beauté et contre un sentiment qui est de sa nature inassouvissable. (*Inquiétude, Trahison, Profanation, Fatalité, Où vont-ils? L'Art sauveur.*)—Les sonnets du *Doute* marquent un pas de plus vers la poésie philosophique. Voyez le curieux portrait de Spinoza:

C'était un homme doux, de chétive santé…

et le sonnet des *Dieux*, qui définit le Dieu du laboureur, le Dieu du curé, le Dieu du déiste, le Dieu du savant, le Dieu de Kant et le Dieu de Fichte, tout cela en onze vers, et qui finit par celui-ci:

Dieu n'est pas rien, mais Dieu n'est personne: il est tout.

et le *Scrupule*, qui vient ensuite:

Étrange vérité, pénible à concevoir,
Gênante pour le coeur comme pour la cervelle,
Que l'Univers, le Tout, soit Dieu sans le savoir

D'autres sonnets expriment le doute non plus philosophant mais souffrant. Jusque-là les «angoisses du doute», même sincère, avaient eu chez les poètes quelque chose d'un peu théâtral: ainsi les *Novissima Verba* de Lamartine; ainsi dans Hugo, les stances intitulées: *Que nous avons le doute en nous*. Ajoutez que presque toujours, chez les deux grands lyriques, le doute s'éteint dans la fanfare d'un acte de foi. Musset est évidemment plus malade dans l'*Espoir en Dieu*; mais son mal vient du coeur plutôt que du cerveau. Ce qu'il en dit de plus précis est que «malgré lui, l'infini le tourmente». Sa plainte est plutôt d'un viveur fourbu qui craint la mort que d'un homme en quête du vrai. Il ne paraît guère avoir lu les philosophes qu'il énumère dédaigneusement et caractérise au petit bonheur. Pour sûr, ce n'est point la Grande Ourse qui lui a fait examiner, à lui, ses prières du soir; et la ronflante apostrophe à Voltaire, volontiers citée par les ecclésiastiques, ne part pas d'un grand logicien. M. Sully-Prudhomme peut se rencontrer une fois avec Musset et, devant un Christ en ivoire et une Vénus de Milo (*Chez l'antiquaire*), regretter «la volupté sereine et l'immense tendresse» dans un sonnet qui contient en substance les deux premières pages de *Rolla*. Mais son doute est autre chose qu'un obscur et emphatique malaise: il a des origines scientifiques, s'exprime avec netteté et, pour être clair, n'en est pas moins émouvant. Et comme il est négation autant que doute, le vide qu'il laisse, mieux défini, est plus cruel à sentir. Les Werther et les Rolla priaient sans trop savoir qui ni quoi; le poète des *Épreuves* n'a plus même cette consolation lyrique:

Je voudrais bien prier, je suis plein de soupirs…
J'ai beau joindre les mains et, le front sur la Bible,
Redire le *Credo* que ma bouche épela:
Je ne sens rien du tout devant moi. C'est horrible.

Ce ne sont plus douleurs harmonieuses et indéfinies. Le poète dit la plaie vive que laisse au coeur la foi arrachée, la solitude de la conscience privée d'appuis extérieurs et qui doit se juger et s'absoudre elle-même (la *Confession*):

Heureux le meurtrier qu'absout la main d'un prêtre…
J'ai dit un moindre crime à l'oreille divine…
Et je n'ai jamais su si j'étais pardonné.

Il dit les involontaires retours du coeur, non consentis par la raison, vers les croyances d'autrefois (*Bonne mort*):

Prêtre, tu mouilleras mon front qui te résiste.
Trop faible pour douter, je m'en irai moins triste
Dans le néant peut-être, avec l'espoir chrétien.

Il dit les inquiétudes de l'âme qui, ayant répudié la religion de la grâce, aspire à la justice. Il entend, bien loin dans le passé, le cri d'un ouvrier des Pyramides; ce cri monte dans l'espace, atteint les étoiles:

Il monte, il va, cherchant les dieux et la justice,
Et depuis trois mille ans, sous l'énorme bâtisse,
Dans sa gloire Chéops inaltérable dort.

Le dernier livre de M. Sully-Prudhomme sera la longue recherche d'une réponse à ce *Cri perdu.*

Puis viennent les *Rêves,* le délice de s'assoupir, d'oublier, de boire la lumière sans penser, de livrer son être «au cours de l'heure et des métamorphoses», de se coucher sur le dos dans la campagne, de regarder les nuages, de glisser lentement à la dérive sur une calme rivière, de fermer les yeux par un grand vent et de le sentir qui agite vos cheveux, de jouir, au matin, de «cette douceur profonde de vivre sans dormir tout en ne veillant pas» (*Sieste, Éther, Sur l'eau,* le *Vent, Hora prima*). Impossible de fixer dans une langue plus exacte des impressions plus fugitives. Rêvait-on, quand on est capable d'analyser ainsi son rêve? C'est donc un rêve plus attentif que bien des veilles. Loin d'être un sommeil de l'esprit, il lui vient d'un excès de tension; il n'est point en deçà de la réflexion, mais on le rencontre à ses derniers confins et par delà. Il finit par être le rêve de Kant, qui n'est guère celui des joueurs de luth.

Ému, je ne sais rien de la cause émouvante.
C'est moi-même ébloui que j'ai nommé le ciel,
Et je ne sens pas bien ce que j'ai de réel.

Déjà dans une pièce des *Mélanges* (*Pan*), par la même opération paradoxale d'une inconscience qui s'analyse, M. Sully-Prudhomme avait merveilleusement décrit cet évanouissement de la personnalité quand par les lourds soleils la mémoire se vide, la volonté fuit, qu'on respire à la façon des végétaux et qu'on se sent en communion avec la vie universelle…

Mais c'est assez rêver, il faut agir. Honte à qui dort parmi le travail de tous, à qui jouit au milieu des hommes qui souffrent! Il y a, dans ce psychologue subtil et tendre, un humanitaire, une sorte de positiviste pieux, un croyant à la science et au progrès—un ancien candidat à l'École polytechnique et qui a passé un an au Creusot, admirant les machines et traduisant le premier livre de Lucrèce. Nul ne saurait vivre sans les autres (la *Patrie, Un songe*); salut aux bienfaiteurs de l'humanité, à l'inventeur inconnu de la roue, à l'inventeur du fer, aux chimistes, aux explorateurs (la *Roue,* le *Fer,* le *Monde à nu,* les *Téméraires*)! Tous ces sonnets d'ingénieur-poète étonnent par le mélange d'un lyrisme presque religieux et d'un pittoresque emprunté aux engins de la science et de l'industrie et aux choses modernes. Voici l'usine, «enfer de la Force obéissante et triste», et le cabinet du chimiste, et le fond de l'Océan où repose le câble qui unit deux mondes. Tel sonnet raconte la formation de la terre (*En avant!*); tel autre enferme un sentiment délicat dans une définition de la photographie (*Réalisme*). On dirait d'un Delille inspiré et servi par une langue plus franche et plus riche. Parlons mieux: André Chénier trouverait réalisée dans ces sonnets une part de ce qu'il rêvait de faire dans son grand *Hermès* ébauché. Ils servent de digne préface au poème du *Zénith.*

Ainsi les *Épreuves* nous montrent sous toutes ses faces le génie de M. Sully-Prudhomme: j'aurais donc pu grouper son oeuvre entière sous les quatre titres qui marquent les divisions de ce recueil. Plutôt que de la ramasser de cette façon, j'ai cédé au plaisir de la parcourir, fût-ce un peu lentement.

L'optimisme voulu et quasi héroïque de la dernière partie des *Épreuves* rappelle celui des premiers *Poèmes*, mais est déjà autre chose. Il semble que le poète ait songé: Je souffre et je passe mon temps à le dire et je sens que la vie est mauvaise et pourtant je vis et l'on vit autour de moi. D'où cette contradiction? Il faut donc que la vie ait, malgré tout, quelque bonté en elle ou que la piperie en soit irrésistible. Un instant de joie compense des années de souffrance. La science aussi est bonne, et aussi l'action, qui nous apporte le même oubli que le rêve et a, de plus, cet avantage d'améliorer d'une façon durable, si peu que ce soit, la destinée commune. Mais le poète n'y croit, j'en ai peur, que par un coup d'État de sa volonté sur sa tristesse intime et incurable; et voici ses vers les plus encourageants, qui ne le sont guère.

> Pour une heure de joie unique et sans retour,
> De larmes précédée et de larmes suivie,
> Pour une heure tu peux, tu dois aimer la vie:
> Quel homme, une heure au moins, n'est heureux à son tour?
> Une heure de soleil fait bénir tout le jour
> Et, quand ta main ferait tout le jour asservie,
> Une heure de tes nuits ferait encore envie
> Aux morts, qui n'ont plus même une nuit pour l'amour…

Hé! oui, mais que prouve cela, sinon que l'homme est une bonne bête vraiment et que la nature le dupe à peu de frais? Ils manquent de gaîté, les sonnets optimistes du maître. À beau prêcher l'action, qui retombe si vite, avec les *Solitudes*, dans les suaves et dissolvantes tristesses du sentiment.

V

Est-ce un souvenir d'enfance? on le dirait. Je ne crois pas qu'une mère puisse entendre sans que les larmes lui montent aux yeux les vers de *Première solitude* sur les petits enfants délicats et timides mis trop tôt au collège.

> Leurs blouses sont très bien tirées,
> Leurs pantalons en bon état,
> Leurs chaussures toujours cirées;
> Ils ont l'air sage et délicat.
>
> Les forts les appellent des filles
> Et les malins des innocents:
> Ils sont doux, ils donnent leurs billes,
> Ils ne seront pas commerçants…

Oh! la leçon qui n'est pas sue
Le devoir qui n'est pas fini!
Une réprimande reçue!
Le déshonneur d'être puni!…..

Ils songent qu'ils dormaient naguères
Douillettement ensevelis
Dans les berceaux, et que les mères
Les prenaient parfois dans leurs lits…

Deux ou trois autres pièces de M. Sully-Prudhomme ont eu cette bonne fortune de devenir populaires, je veux dire de plaire aux femmes, d'arriver jusqu'au public des salons. Peut-être a-t-il été agacé parfois de n'être pour beaucoup de gens que l'auteur du *Vase brisé*: mais qui sait si ce n'est pas le *Vase brisé* qui l'a fait académicien et qui a servi de passeport aux *Destins* et à la *Justice*?

Aussi bien son âme tient presque toute dans ce vase brisé. C'est encore de «légères meurtrissures» devenues «des blessures fines et profondes» qu'il s'agit dans les *Solitudes*. Impressions quintessenciées, nuances de sentiment ultra-féminines dans un coeur viril, une telle poésie ne peut être que le produit extrême d'une littérature, suppose un long passé artistique et sentimental. Imaginez une âme qui aurait traversé le romantisme, connu ce qu'il a de passion ardente et de belle rêverie, qu'auraient ensuite affinée les curiosités de la poésie parnassienne, qui aurait étendu par la science et par la réflexion le champ de sa sensibilité et qui, recueillie, attentive à ses ébranlements et habile à les multiplier, les dirait dans une langue dont la complexité et la recherche toutes modernes s'enferment dans la rigueur et la brièveté d'un contour classique… Glisserais-je au pathos sous prétexte de définition? Est-ce ma faute si cette poésie n'est pas simple et si (à meilleur droit que les Précieuses) «j'entends là-dessous un million de choses»?

Le mal que fait la lenteur des adieux prolongés; la paix douloureuse des âmes où d'anciennes amours sont endormies, où les larmes sont figées comme les longs pleurs des stalactites, mais où quelque chose pleure toujours; les «joies sans causes», bonheurs égarés qui voyagent et semblent se tromper de coeur; la mélancolie d'une allée de tilleuls du siècle passé où, dans un temple en treillis, rit un Amour malin; la solitude des étoiles; l'isolement croissant de l'homme, qui ne peut plus, comme le petit enfant, vivre tout près de la terre et presser de ses deux mains la grande nourrice; le doute sur son coeur; la peur, en sentant un amour nouveau, de mal sentir, car c'est peut-être un ancien amour qui n'est pas mort; la solitude de la laide «enfant qui sait aimer sans jamais être amante»; l'espèce de malaise que cause, en mars, la renaissance de la nature au solitaire qui a trop lu et trop songé; l'exil moral et la nostalgie de l'artiste que la nécessité a fait bureaucrate ou marchand; la solitude du poète, au théâtre, parmi les gaîtés basses de la foule; l'âcreté des amours coupables et hâtives dans les bouges ou dans les fiacres errants; la solitude des âmes, qui ne peuvent s'unir, et la vanité des caresses, qui ne joignent que les corps; la solitude libératrice de la vieillesse, qui affranchit de la femme et qui achève en nous la bonté; le désir de s'éteindre en écoutant un chant de nourrice «pour ne plus penser, pour que l'homme meure comme est né l'enfant...»: je ne puis qu'indiquer quelques-uns des thèmes développés ou plutôt démêlés, dans les *Solitudes*, par un poète divinement *sensible*. Et ce sont bien des «solitudes»: c'est toujours, sous des formes choisies, la souffrance de se sentir seul—loin de son passé qu'on traîne pourtant et seul avec ses souvenirs et ses regrets,—loin de ce qu'on rêve et seul avec ses désirs,—loin des autres âmes et seul avec son corps,—loin de la Nature même et du Tout qui nous enveloppe et qui dure et seul avec des amours infinies dans un coeur éphémère et fragile... C'est comme le détail subtil de notre impuissance à jouir, sinon de la science même que nous avons de cette impuissance.

Les *Vaines tendresses*, ce sont encore des *solitudes*. Le plus grand poète du monde n'a que deux ou trois airs qu'il répète, et sans qu'on s'en plaigne (plusieurs même n'en ont qu'un) et, encore une fois, toute la poésie lyrique tient dans un petit nombre d'idées et de sentiments originels que varie seule la traduction, plus ou moins complète ou pénétrante. Mais les *Vaines tendresses* ont, dans l'ensemble, quelque chose de plus inconsolable et de plus désenchanté: ses chères et amères solitudes, le poète ne compte plus du tout en sortir. Le prologue (*Aux amis inconnus*) est un morceau précieux:

Parfois un vers, complice intime, vient rouvrir
Quelque plaie où le feu désire qu'on l'attise;
Parfois un mot, le nom de ce qui fait souffrir,
Tombe comme une larme à la place précise
Où le coeur méconnu l'attendait pour guérir.

Peut-être un de mes vers est-il venu vous rendre
Dans un éclair brûlant vos chagrins tout entiers,
Ou, par le seul vrai mot qui se faisait attendre,
Vous ai-je dit le nom de ce que vous sentiez,
Sans vous nommer les yeux où j'avais dû l'apprendre?

C'est vrai, jamais ses vers ne nous ont mieux nommé ni plus souvent les plus secrètes de nos souffrances. Mais pourquoi ajoute-t-il:

Chers passants, ne prenez de moi-même qu'un peu,
Le peu qui vous a plu parce qu'il vous ressemble;
Mais de nous rencontrer ne formons point le voeu:
Le vrai de l'amitié, c'est de sentir ensemble;
Le reste en est fragile: épargnons-nous l'adieu!

Il y a je ne sais quelle dureté dans cette crainte et dans ce renoncement. Le pessimisme gagne. Certaines pages portent la trace directe de l'*année terrible*. L'amour de la femme, non idyllique, mais l'amour chez un homme de trente ans, tient plus de place que dans les *Solitudes*, et aussi la philosophie et le problème moral. Le *Nom, Enfantillage, Invitation à la valse*, l'*Épousée*, sont de pures merveilles et dont le charme caresse; mais que l'amour est tourmenté dans *Peur d'avare!* et, dans *Conseil* (un chef-d'oeuvre d'analyse), quelle expérience cruelle on devine, et quelle rancoeur!

> Jeune fille, crois-moi, s'il en est temps encore,
> Choisis un fiancé joyeux, à l'oeil vivant,
>   Au pas ferme, à la voix sonore,
>   Qui n'aille pas rêvant…

Les petites filles mêmes l'épouvantent (*Aux Tuileries*):

> Tu les feras pleurer, enfant belle et chérie,
>   Tous ces bambins, hommes futurs…

Çà et là quelques trêves par l'anéantissement voulu de la réflexion:

> S'asseoir tous deux au bord d'un flot qui passe,
>   Le voir passer;
> Tous deux, s'il glisse un nuage en l'espace,
>   Le voir glisser…..

Ce qu'il faut surtout lire, c'est cette surprenante mélodie du *Rendez-vous*, où l'inexprimable est exprimé, où le poète, par des paroles précises, mène on ne sait comment la pensée tout près de l'évanouissement et traduit un état sentimental que la musique seule, semble-t-il, était capable de produire et de traduire, en sorte qu'on peut dire que M. Sully-Prudhomme a étendu le domaine de la poésie autant qu'il peut l'être et par ses deux extrémités, du côté du rêve, et du côté de la pensée spéculative, empiétant ici sur la musique et là sur la prose. Mais tout de suite après ce songe, quel réveil triste et quels commentaires sur le *Surgit amari aliquid* (la *Volupté, Évolution, Souhait*)! La première partie de la *Justice* pourrait avoir pour conclusion désespérée les stances du *Voeu*, si belles:

> Quand je vois des vivants la multitude croître
> Sur ce globe mauvais de fléaux infesté,
> Parfois je m'abandonne à des pensers de cloître
> Et j'ose prononcer un voeu de chasteté.

> Du plus aveugle instinct je me veux rendre maître,
> Hélas! non par vertu, mais par compassion.
> Dans l'invisible essaim des condamnés à naître,
> Je fais grâce à celui dont je sens l'aiguillon.

Demeure dans l'empire innommé du possible,
Ô fils le plus aimé qui ne naîtras jamais!
Mieux sauvé que les morts et plus inaccessible,
Tu ne sortiras pas de l'ombre où je dormais!

Le zélé recruteur des larmes par la joie,
L'Amour, guette en mon sang une postérité.
Je fais voeu d'arracher au malheur cette proie:
Nul n'aura de mon coeur faible et sombre hérité.

Celui qui ne saurait se rappeler l'enfance,
Ses pleurs, ses désespoirs méconnus, sans trembler,
Au bon sens comme au droit ne fera point l'offense
D'y condamner un fils qui lui peut ressembler.

Celui qui n'a pas vu triompher sa jeunesse
Et traîne endoloris ses désirs de vingt ans
Ne permettra jamais que leur flamme renaisse
Et coure inextinguible en tous ses descendants!

L'homme à qui son pain blanc, maudit des populaces,
Pèse comme un remords des misères d'autrui,
À l'inégal banquet où se serrent les places
N'élargira jamais la sienne autour de lui!...

Les vers du *Rire* pourraient servir de passage à la seconde partie (*Retour au coeur*):

Mais nous, du monde entier la plainte nous harcèle:
Nous souffrons chaque jour la peine universelle...

Et le *Retour au coeur* est déjà dans la *Vertu*, ce raccourci de la *Critique de la raison pratique*. Enfin les dernières stances *Sur la mort* ressemblent fort à celles qui terminent les *Destins*; le ton seul diffère. Ainsi (et c'est sans doute ce qui rend sa poésie lyrique si substantielle), nous voyons M. Sully-Prudhomme tendre de plus en plus vers la poésie philosophique.

VI

On peut placer ici les poèmes qui ont été inspirés à M. Sully-Prudhomme par les événements de 1870-71; car l'impression qu'il en a reçue a avancé, on peut le croire, la composition de ses poèmes philosophiques et s'y fait sentir en maint endroit. Le souvenir des pires spectacles de la guerre étrangère et civile, la désespérance et le dégoût dont il a été envahi devant la bestialité humaine brusquement apparue, sont pour beaucoup dans le pessimisme radical des premières «veilles» de la *Justice*.

La dernière guerre a produit chez nous nombre de rimes. La plupart sonnaient creux ou faux. L'amour de la patrie est un sentiment qu'il est odieux de ne pas éprouver et ridicule d'exprimer d'une certaine façon. Un jeune officier s'est fait une renommée par des chansons guerrières pleines de sincérité. Mais, à mon avis du moins, M. Sully-Prudhomme est le poète qui a le mieux dit, avec le plus d'émotion et le moins de bravade, sans emphase ni banalité, ce qu'il y avait à dire après nos désastres.

«Mon compatriote, c'est l'homme.»
Naguère ainsi je dispersais
Sur l'univers ce coeur français:
J'en suis maintenant économe.

J'oubliais que j'ai tout reçu,
Mon foyer et tout ce qui m'aime,
Mon pain et mon idéal même,
Du peuple dont je suis issu,

Et que j'ai goûté, dès l'enfance,
Dans les yeux qui m'ont caressé,
Dans ceux même qui m'ont blessé,
L'enchantement du ciel de France…

Après le repentir des oublis imprudents, le poète dit la ténacité du lien par où nous nous sentons attachés à la terre de la patrie, au sol même, à ses fleurs, à ses arbres:

Fleurs de France, un peu nos parentes.
Vous devriez pleurer nos morts…
Frères, pardonnez-moi, si, voyant à nos portes,
Comme un renfort venu de nos aïeux gaulois,
Ces vieux chênes couchés parmi leurs feuilles mortes,
Je trouve un adieu pour les bois.

Enfin les sonnets intitulés: la *France*, résument et complètent les «impressions de la guerre»: le sens du mot *patrie* ressaisi et fixé; l'acceptation de la dure leçon; le découragement, puis l'espoir; le sentiment de la mission tout humaine de notre race persistant dans le rétrécissement de sa tâche et en dépit du devoir de la revanche.

Je compte avec horreur, France, dans ton histoire,
Tous les avortements que t'a coûtés ta gloire:
Mais je sais l'avenir qui tressaille en ton flanc.

Comme est sorti le blé des broussailles épaisses,
Comme l'homme est sorti du combat des espèces,
La suprême cité se pétrit dans ton sang…

Je tiens de ma patrie un coeur qui la déborde,
Et plus je suis Français, plus je me sens humain.

VII

Que dans la science il y ait de la poésie, et non pas seulement, comme le croyait l'abbé Delille, parce que la science offre une matière inépuisable aux périphrases ingénieuses, cela ne fait pas question. André Chénier, en qui le XVIIIe siècle a failli avoir son poète, le savait bien quand il méditait son *Hermès*—et aussi Alfred de Vigny, cet artiste si original que le public ne connaît guère, mais qui n'est pas oublié pour cela, quand il écrivait la *Bouteille à la mer*. Assurément le ciel que nous a révélé l'astronomie depuis Képler n'est pas moins beau, même aux yeux de l'imagination, que le ciel des anciens (le *Lever du soleil*):

Il est tombé pour nous, le rideau merveilleux
Où du vrai monde erraient les fausses apparences...

Le ciel a fait l'aveu de son mensonge ancien
Et, depuis qu'on a mis ses piliers à l'épreuve,
Il apparaît plus stable affranchi de soutien
Et l'univers entier vêt une beauté neuve.

La science invente des machines formidables ou délicates, que l'ignorant même admire pour l'étrangeté de leur structure, pour leur force implacable et sourde, pour la quantité de travail qu'elles accomplissent. La science donne au savant une joie sereine, aussi vive et aussi noble que pas un sentiment humain, et dont l'expression devient lyrique sans effort. La science rend l'homme maître de la nature et capable de la transformer: de là une immense fierté aussi naturellement poétique que celle d'Horace ou de Roland. La science suscite un genre d'héroïsme qui est proprement l'héroïsme moderne et auquel nul autre peut-être n'est comparable, car il est le plus désintéressé et le plus haut par son but, qui est la découverte du vrai et la diminution de la misère universelle. La science est en train de changer la face extérieure de la vie humaine et, par des espérances et des vertus neuves, l'intérieur de l'âme. Un poète qui paraîtrait l'ignorer ne serait guère de son temps: et M. Sully-Prudhomme en est jusqu'aux entrailles. On se rappelle les derniers sonnets des *Épreuves*. J'y joindrai les *Écuries d'Augias*, qui nous racontent, sous une forme qu'avouerait Chénier, le moins mythologique, le plus «moderne» des travaux d'Hercule, celui qui exigeait le plus d'énergie morale et qui ressemble le plus à une besogne d'ingénieur. Le *Zénith* est un hymne magnifique et précis à la science, et qui réunit le plus possible de pensée, de description exacte et de mouvement lyrique. M. Sully-Prudhomme n'a jamais fait plus complètement ce qu'il voulait faire. Voici des strophes qui tirent une singulière beauté de l'exactitude des définitions, des sobres images qui les achèvent, et de la grandeur de l'objet défini:

Nous savons que le mur de la prison recule;
Que le pied peut franchir les colonnes d'Hercule,
Mais qu'en les franchissant il y revient bientôt;
Que la mer s'arrondit sous la course des voiles;
Qu'en trouant les enfers on revoit des étoiles;
Qu'en l'univers tout tombe, et qu'ainsi rien n'est haut.

Nous savons que la terre est sans piliers ni dôme,
Que l'infini l'égale au plus chétif atome;
Que l'espace est un vide ouvert de tous côtés,
Abîme où l'on surgit sans voir par où l'on entre,
Dont nous fuit la limite et dont nous suit le centre,
Habitacle de tout, sans laideurs ni beautés…

Faut-il descendre dans le détail? Nous signalons aux périphraseurs du dernier
siècle, pour leur confusion, ces deux vers sur le baromètre, qu'ils auraient tort
d'ailleurs de prendre pour une périphrase:

Ils montent, épiant l'échelle où se mesure
L'audace du voyage au déclin du mercure,

et ces deux autres qui craquent, pour ainsi dire, de concision:

Mais la terre suffit à soutenir la base
D'un triangle où l'algèbre a dépassé l'extase…

Notez que ces curiosités n'arrêtent ni ne ralentissent le mouvement lyrique;
que l'effort patient de ces définitions précises n'altère en rien la véhémence
du sentiment qui emporte le poète. Après le grave prélude, les strophes ont
une large allure d'ascension. Une des beautés du *Zénith*, c'est que l'aventure
des aéronautes y devient un drame symbolique; que leur ascension matérielle
vers les couches supérieures de l'atmosphère représente l'élan de l'esprit
humain vers l'inconnu. Et après que nous avons vu leurs corps épuisés
tomber dans la nacelle, la métaphore est superbement reprise et continuée:

Mais quelle mort! La chair, misérable martyre,
Retourne par son poids où la cendre l'attire;
Vos corps sont revenus demander des linceuls.
Vous les avez jetés, dernier lest, à la terre
Et, laissant retomber le voile du mystère,
Vous avez achevé l'ascension tout seuls.

Le poète, en finissant, leur décerne l'immortalité positiviste, la survivance par
les oeuvres dans la mémoire des hommes:

Car de sa vie à tous léguer l'oeuvre et l'exemple,
C'est la revivre en eux plus profonde et plus ample.
C'est durer dans l'espèce en tout temps, en tout lieu.

C'est finir d'exister dans l'air où l'heure sonne,
Sous le fantôme étroit qui borne la personne,
Mais pour commencer d'être à la façon d'un dieu!
L'éternité du sage est dans les lois qu'il trouve.
Le délice éternel que le poète éprouve,
C'est un soir de durée au coeur des amoureux!…

En sorte qu'on ne goûte que vivant et par avance sa gloire à venir et que les grands hommes, les héros et les gens de bien vivent avant la mort leur immortalité. C'est un rêve généreux et dont le désintéressement paradoxal veut de fermes coeurs, que celui qui dépouille ainsi d'égoïsme notre survivance même. Illusion! mais si puissante sur certaines âmes choisies qu'il n'est guère pour elles de plus forte raison d'agir.

VIII

Cette conclusion du *Zénith* nous sert de passage aux poèmes proprement philosophiques. Une partie des *Épreuves* y était déjà un acheminement, et nous avions rencontré dans la *Vie intérieure* de merveilleuses définitions de l'*Habitude*, de l'*Imagination* et de la *Mémoire*. Entre temps, M. Sully-Prudhomme avait traduit littéralement en vers le premier livre de Lucrèce et avait fait précéder sa traduction d'une préface kantienne. Puis, les stances *Sur la mort* essayaient de concevoir la vie par-delà la tombe et, n'y parvenant pas, expiraient dans une sorte de résignation violente, Le poème des *Destins* a de plus hautes visées encore. Il nous offre parallèlement une vue optimiste et une vue pessimiste du monde, et conclut que toutes deux sont vraies. L'Esprit du mal songe d'abord à faire un monde entièrement mauvais et souffrant; mais un tel monde ne durerait pas: afin qu'il souffre et persiste à vivre, l'Esprit du mal lui donne l'amour, le désir, les trèves perfides, les illusions, les biens apparents pour voiler les maux réels, l'ignorance irrémédiable et jamais résignée, le mensonge atroce de la liberté:

Oui, que l'homme choisisse et marche en proie au doute,
Créateur de ses pas et non point de sa route,
Artisan de son crime et non de son penchant;
Coupable, étant mauvais, d'avoir été méchant;
Cause inintelligible et vaine, condamnée
À vouloir pour trahir sa propre destinée,
Et pour qu'ayant créé son but et ses efforts,
Ce dieu puisse être indigne et rongé de remords…

L'Esprit du bien, de son côté, voulant créer un monde le plus heureux possible, songe d'abord à ne faire de tout le chaos que deux âmes en deux corps qui s'aimeront et s'embrasseront éternellement. Cela ne le satisfait point: le savoir est meilleur que l'amour. Mais l'absolu savoir ne laisse rien à désirer; la recherche vaut donc mieux; et le mérite moral, le dévouement, le sacrifice, sont encore au-dessus... En fin de compte, il donne à l'homme, tout comme avait fait l'Esprit du mal, le désir, l'illusion, la douleur, la liberté. Ainsi le monde nous semble mauvais, et nous ne saurions en concevoir un autre supérieur (encore moins un monde actuellement parfait). Nous ne le voudrions pas, ce monde idéal, sans la vertu et sans l'amour: et comment la vertu et l'amour seraient-ils sans le désir ni l'effort—et l'effort et le désir sans la douleur? Essayerons-nous, ne pouvant supprimer la douleur sans supprimer ce qu'il y a de meilleur en l'homme, d'en exempter après l'épreuve ceux qu'elle aurait faits justes et de ne la répartir que sur les indignes en la proportionnant à leur démérite? Mais la vertu ne serait plus la vertu dans un monde où la justice régnerait ainsi. Et il ne faut pas parler d'éliminer au moins les douleurs inutiles qui ne purifient ni ne châtient, celles, par exemple, des petits enfants. Il faut qu'il y en ait trop et qu'il y en ait de gratuites et d'inexplicables, pour qu'il y en ait d'efficaces. Il faut à la vertu, pour être, un monde inique et absurde où le souffrance soit distribuée au hasard. La réalisation de la justice anéantirait l'idée même de justice. On n'arrive à concevoir le monde plus heureux qu'en dehors de toute notion de mérite: et qui aurait le courage de cette suppression? S'il n'est immoral, il faut qu'il soit *amoral*. Le sage accepte le monde comme il est et se repose dans une soumission héroïque près de laquelle tous les orgueils sont vulgaires.

La Nature nous dit: «Je suis la Raison même,
Et je ferme l'oreille aux souhaits insensés;
L'Univers, sachez-le, qu'on l'exècre ou qu'on l'aime,
Cache un accord profond des Destins balancés.

«Il poursuit une fin que son passé renferme,
Qui recule toujours sans lui jamais faillir;
N'ayant pas d'origine et n'ayant pas de terme,
Il n'a pas été jeune et ne peut pas vieillir.

«Il s'accomplit tout seul, artiste, oeuvre et modèle;
Ni petit, ni mauvais, il n'est ni grand, ni bon.
Car sa taille n'a pas de mesure hors d'elle
Et sa nécessité ne comporte aucun don...

«Je n'accepte de toi ni voeux ni sacrifices,
Homme; n'insulte pas mes lois d'une oraison.
N'attends de mes décrets ni faveurs, ni caprices.
Place ta confiance en ma seule raison!»...

Oui, Nature, ici-bas mon appui, mon asile,
C'est ta fixe raison qui met tout en son lieu;
J'y crois, et nul croyant plus ferme et plus docile
Ne s'étendit jamais sous le char de son dieu...

Ignorant tes motifs, nous jugeons par les nôtres:
Qui nous épargne est juste, et nous nuit, criminel.
Pour toi qui fais servir chaque être à tous les autres,
Rien n'est bon ni mauvais, tout est rationnel...

Ne mesurant jamais sur ma fortune infime
Ni le bien ni mal, dans mon étroit sentier
J'irai calme, et je voue, atome dans l'abîme,
Mon humble part de force à ton chef-d'oeuvre entier.

Il serait intéressant de rapprocher de ces vers certaines pages de M. Renan. L'auteur des *Dialogues philosophiques* a plus d'ironie, des dessous curieux à démêler et dont on se méfie un peu; M. Sully-Prudhomme a plus de candeur: incomparables tous deux dans l'expression de la plus fière et de la plus aristocratique sagesse où l'homme moderne ait su atteindre.

Sagesse sujette à des retours d'angoisse. Il y a vraiment dans le monde trop de douleur stérile et inexpliquée! Par moments le coeur réclame. De là le poème de la *Justice*.

IX

La justice, dont le poète a l'idée en lui et l'indomptable désir, il la cherche en vain dans le passé et dans le présent. Il ne la trouve ni «entre espèces» ni «dans l'espèce», ni «entre États» ni «dans l'État» (tout n'est au fond que lutte pour la vie et sélection naturelle, transformations de l'égoïsme, instincts revêtus de beaux noms, déguisements spécieux de la force). La justice, introuvable à la raison sur la terre, lui échappe également partout ailleurs... Et pourtant cette absence universelle de la justice n'empêche point le chercheur de garder tous ses scrupules, de se sentir responsable devant une loi morale. D'où lui vient cette idée au caractère impératif qui n'est réalisée nulle part et dont il désire invinciblement la réalisation?... Serait-ce que, hors de la race humaine, elle n'a aucune raison d'être; que, même dans notre espèce, ce n'est que lentement qu'elle a été conçue, plus lentement encore qu'elle s'accomplit? Mais qu'est-ce donc que cette idée? «Une série d'êtres, successivement apparus sous des formes de plus en plus complexes, animés d'une vie de plus en plus riche et concrète, rattache l'atome dans la nébuleuse à l'homme sur la terre...»

L'homme, en levant un front que le soleil éclaire,
Rend par là témoignage au labeur séculaire

Des races qu'il prime aujourd'hui,
Et son globe natal ne peut lui faire honte;
Car la terre en ses flancs couva l'âme qui monte
Et vient s'épanouir en lui.

La matière est divine; elle est force et génie;
Elle est à l'idéal de telle sorte unie
  Qu'on y sent travailler l'esprit,
Non comme un modeleur dont court le pouce agile,
Mais comme le modèle éveillé dans l'argile
  Et qui lui-même la pétrit.

Voilà comment, ce soir, sur un astre minime,
Ô Soleil primitif, un corps qu'un souffle anime,
  Imperceptible, mais debout,
T'évoque en sa pensée et te somme d'y poindre,
Et des créations qu'il ne voit pas peut joindre
  Le bout qu'il tient à l'autre bout.

Ô Soleil des soleils, que de siècles, de lieues,
Débordant la mémoire et les régions bleues,
  Creusent leur énorme fossé
Entre ta masse et moi! Mais ce double intervalle,
Tant monstrueux soit-il, bien loin qu'il me ravale,
  Mesure mon trajet passé.

Tu ne m'imposes plus, car c'est moi le prodige
Tu n'es que le poteau d'où partit le quadrige
  Qui roule au but illimité;
Et depuis que ce char, où j'ai bondi, s'élance,
Ce que sa roue ardente a pris sur toi d'avance,
  Je l'appelle ma dignité…

L'homme veut que ce long passé, que ce travail mille et mille fois séculaire dont il est le produit suprême soit respecté dans sa personne et dans celle des autres. La justice est que chacun soit traité selon sa dignité. Mais les dignités sont inégales; le grand triage n'est pas fini; il y a des retardataires. Des Troglodytes, des hommes du moyen âge, des hommes d'il y a deux ou trois siècles, se trouvent mêlés aux rares individus qui sont vraiment les hommes du XIXe siècle. Il faut donc que la justice soit savante et compatissante pour mesurer le traitement de chacun à son degré de «dignité». «Le progrès de la justice est lié à celui des connaissances et s'opère à travers toutes les vicissitudes politiques.» La justice n'est pas encore; mais elle se fait, et elle sera.

La première partie, *Silence au coeur*, écrite presque toute sous l'impression de la guerre et de la Commune, est superbe de tristesse et d'ironie, parfois de cruauté. Il m'est revenu que M. Sully-Prudhomme jugeait maintenant «l'appel au coeur» trop rapide, trop commode, trop semblable au fameux démenti que se donne Kant dans la *Critique de la raison pratique*, et qu'il se proposait, dans une prochaine édition, de n'invoquer ce «cri» de la conscience que comme un argument subsidiaire et de le reporter après la définition de la «dignité», qui remplit la neuvième *Veille*. Il me semble qu'il aurait tort et que sa première marche est plus naturelle. Le poète, au début, a déjà l'idée de la justice puisqu'il part à sa recherche. L'investigation terminée, il constate que son insuccès n'a fait que rendre cette idée plus impérieuse. «L'appel au coeur» n'est donc qu'un retour mieux renseigné au point de départ. Le chercheur persiste, malgré la non-existence de la justice, à croire à sa nécessité, et, ne pouvant en éteindre en lui le désir, il tente d'en éclaircir l'idée, d'en trouver une définition qui explique son absence dans le passé et sa réalisation si incomplète dans le présent. Il est certain, à y regarder de près, que le poète revient sur ce qu'il a dit et le rétracte partiellement; mais il vaut mieux que ce retour soit provoqué par une protestation du coeur que si le raisonnement, de lui-même, faisait volte-face. En réalité, il n'y avait qu'un moyen de donner à l'oeuvre une consistance irréprochable: c'était de pousser le pessimisme du commencement à ses conséquences dernières; de conclure, n'ayant découvert nulle part la justice, que le désir que nous en avons est une maladie dont il faut guérir, et de tomber de Darwin en Hobbes. Mais, plus logique, le livre serait à la fois moins sincère et moins vrai.

Ce que j'ai envie de reprocher à M. Sully-Prudhomme, ce n'est pas la brusquerie du retour au coeur (les «Voix» d'ailleurs l'ont préparé), ni une contradiction peut-être inévitable en pareil sujet: c'est plutôt que sa définition de la dignité et ce qui s'ensuit l'ait trop complètement tranquillisé, et qu'il trompe son coeur au moment où il lui revient, où il se flatte de lui donner satisfaction. La justice sera? Mais le coeur veut qu'elle soit et qu'elle ait toujours été. Je n'admets pas que tant d'êtres aient été sacrifiés pour me faire parvenir à l'état d'excellence où je suis. Je porte ma dignité comme un remords si elle est faite de tant de douleurs. Cet admirable sonnet de la cinquième *Veille* reste vrai, et le sera jusqu'à la fin des temps.

Nous prospérons! Qu'importe aux anciens malheureux,
Aux hommes nés trop tôt, à qui le sort fut traître,
Qui n'ont fait qu'aspirer, souffrir et disparaître,
Dont même les tombeaux aujourd'hui sonnent creux!

Hélas! leurs descendants ne peuvent rien pour eux,
Car nous n'inventons rien qui les fasse renaître.
Quand je songe à ces morts, le moderne bien-être
Par leur injuste exil m'est rendu douloureux.

La tâche humaine est longue, et sa fin décevante.
Des générations la dernière vivante
Seule aura sans tourment tous ses greniers comblés.

Et les premiers auteurs de la glèbe féconde
N'auront pas vu courir sur la face du monde
Le sourire paisible et rassurant des blés.

Voilà qui infirme l'optimisme des dernières pages. Ce sont elles qu'il faudrait intituler *Silence au coeur!* car c'est l'optimisme qui est sans coeur. Il est horrible que nous concevions la justice et qu'elle ne soit pas dès maintenant réalisée. Mais, si elle l'était, nous ne la concevrions pas. Après cela, on ne vivrait pas si on songeait toujours à ces choses. Le poète, pour en finir, veut croire au futur règne de la justice et prend son parti de toute l'injustice qui aura précédé. Que ne dit-il que cette solution n'en est pas une et que cette affirmation d'un espoir qui suppose tant d'oublis est en quelque façon un coup de désespoir? Il termine, comme il a coutume, par un appel à l'action; mais c'est un remède, non une réponse.

Tel qu'il est, j'aime ce poème. La forme est d'une symétrie compliquée. Dans les sept premières *Veilles*, à chaque sonnet du «chercheur», des «voix», celles du sentiment ou de la tradition, répondent par trois quatrains et demi; le chercheur achève le dernier quatrain par une réplique ironique ou dédaigneuse et passe à un autre sonnet. On a reproché à M. Sully-Prud'homme d'avoir accumulé les difficultés comme à plaisir. Non à plaisir, mais à dessein, et le reproche tombe puisqu'il les a vaincues. Plusieurs auraient préféré à ce dialogue aux couplets égaux et courts une série de «grand morceaux». Le poète a craint sans doute de verser dans le «développement», d'altérer la sévérité de sa conception. L'étroitesse des formes qu'il a choisies endigue sa pensée, la fait mieux saillir, et leur retour régulier rend plus sensible la démarche rigoureuse de l'investigation: chaque sonnet en marque un pas, et un seul. Puis cette alternance de l'austère sonnet positiviste et des tendres strophes spiritualistes, de la voix de la raison et de celle du coeur qui finissent par s'accorder et se fondre, n'a rien d'artificiel, après tout, que quelque excès de symétrie. Tandis que les philosophes en prose ne nous donnent que les résultats de leur méditation, le poète nous fait assister à son effort, à son angoisse, nous fait suivre cette odyssée intérieure où chaque découverte partielle de la pensée a son écho dans le coeur et y fait naître une inquiétude, une terreur, une colère, un espoir, une joie; où à chaque état successif du cerveau correspond un état sentimental: l'homme est ainsi tout entier, avec sa tête et avec ses entrailles, dans cette recherche méthodique et passionnée.

Toute spéculation philosophique recouvre ou peut recouvrir une sorte de drame intérieur: d'où la légitimité de la poésie philosophique. Je comprends peu que quelques-uns aient accueilli *Justice* avec défiance, jugeant que l'auteur avait fait sortir la poésie de son domaine naturel. J'avoue que l'*Éthique* de Spinoza se mettrait difficilement en vers; mais l'idée que l'*Éthique* nous donne du monde et la disposition morale où elle nous laisse sont certainement matière à poésie. (Remarquez que Spinoza a donné à son livre une forme symétrique à la façon des traités de géométrie, et que, pour qui embrasse l'ensemble, il y a dans cette ordonnance extérieure, dans ce *rythme*, une incontestable beauté.) L'expression des idées même les plus abstraites emprunte au vers un relief saisissant: la *Justice* en offre de nombreux exemples et décisifs. Il est très malaisé de dire où finit la poésie. «Le vers est la forme la plus apte à consacrer ce que l'écrivain lui confie, et l'on peut, je crois, lui confier, outre tous les sentiments, presque toutes les idées», dit M. Sully-Prudhomme. S'il faut reconnaître que la métaphysique pure échappe le plus souvent à l'étreinte de la versification,—dès qu'elle aborde les questions humaines et où le coeur s'intéresse, dès qu'il s'agit de nous et de notre destinée, la poésie peut intervenir. Ajoutez qu'elle est fort capable de résumer, au moins dans leurs traits généraux, les grandes constructions métaphysiques et de les *sentir* après qu'elles ont été pensées. La poésie à l'origine, avec les didactiques, les gnomiques et les poètes philosophes, condensait toute la science humaine; elle le peut encore aujourd'hui.

X

Bien des choses resteraient à dire. Surtout il faudrait étudier la forme de M. Sully-Prudhomme. Il s'en est toujours soucié (l'*Art, Encore*). Elle est partout d'une admirable précision. Voyez dans les *Vaines tendresses*, l'*Indifférente*, le *Lit de Procuste*; le premier sonnet des *Épreuves*; les dernières strophes de la *Justice*: je cite, à mesure qu'elles me reviennent, ces pages où la précision est particulièrement frappante. Il va soignant de plus en plus ses rimes; la forme du sonnet, de ligne si arrêtée et de symétrie si sensible, qui appelle la précision et donne le relief, lui est chère entre toutes: il a fait beaucoup de sonnets, et les plus beaux peut-être de notre langue. Or la précision est du contour, non de la couleur: M. Sully-Prudhomme est un «plastique» plus qu'un coloriste. En Italie il a surtout vu les statues et, dans les paysages, les lignes (*Croquis italiens*). Quand il se contente de décrire, son exactitude est incomparable (la *Place Saint-Jean-de-Latran, Torses antiques, Sur un vieux tableau*, etc.). Son imagination ne va jamais sans pensée; c'est pour cela qu'elle est si nette et d'une qualité si rare: elle subit le contrôle et le travail de la réflexion qui corrige, affine, abrège. Il n'a pas un vers banal: éloge unique, dont le correctif est qu'il a trop de vers difficiles. Son imagination est, d'ailleurs, des plus belles et, sous ses formes brèves, des plus puissantes qu'on ait vues. S'il est vrai qu'une des facultés qui font les grands poètes, c'est de saisir entre le monde moral et le monde matériel beaucoup plus de rapports et de plus inattendus que ne fait le commun des hommes, M. Sully-Prudhomme est au premier rang. Près de la moitié des sonnets des *Épreuves* (on peut compter) sont des images, des métaphores sobrement développées et toutes surprenantes de justesse et de grâce ou de grandeur. Ses autres recueils offrent le même genre de richesse. J'ose dire que, parmi nos poètes, il est, avec Victor Hugo, dans un goût très différent, le plus grand trouveur de symboles.

M. Sully-Prudhomme s'est fait une place à part dans le coeur des amoureux de belles poésies, une place intime, au coin le plus profond et le plus chaud. Il n'est point de poète qu'on lise plus lentement ni qu'on aime avec plus de tendresse. C'est qu'il nous fait pénétrer plus avant que personne aux secrets replis de notre être. Une tristesse plus pénétrante que la mélancolie romantique; la fine sensibilité qui se développe chez les très vieilles races, et en même temps la sérénité qui vient de la science; un esprit capable d'embrasser le monde et d'aimer chèrement une fleur; toutes les délicatesses, toutes les souffrances, toutes les fiertés, toutes les ambitions de l'âme moderne: voilà, si je ne me trompe, de quoi se compose le précieux élixir que M. Sully-Prudhomme enferme en des vases d'or pur, d'une perfection serrée et concise. Par la sensibilité réfléchie, par la pensée émue, par la forme très savante et très sincère, il pourrait bien être le plus grand poète de la génération présente.

Un de ses «amis inconnus» lui adressait un jour ces rimes:

Vous dont les vers ont des caresses
Pour nos chagrins les plus secrets,
Qui dites les subtils regrets
Et chantez les vaines tendresses,

Ô clairvoyant consolateur,
Ceux à qui votre muse aimée
A dit leur souffrance innommée
Et révélé leur propre coeur,

Et ceux encore, ô sage, ô maître,
À qui vous avez enseigné
L'orgueil tranquille et résigné
Qui suit le tourment de connaître;

Tous ceux dont vous avez un jour
Éclairé l'obscure pensée,
Ou secouru l'âme blessée,
Vous doivent bien quelque retour...

Ce retour, ce serait une critique digne de lui. Mais, pour lui emprunter la pensée qui ouvre ses oeuvres, le meilleur de ce que j'aurais à dire demeure en moi malgré moi, et ma vraie critique ne sera pas lue.

FRANÇOIS COPPÉE

I

Il est trop vrai qu'on ne lit plus guère les poètes au temps où nous sommes. Je ne parle pas de Victor Hugo: quoiqu'ils soient devenus *sacrés*, on touche encore un peu à ses vers. Tout le monde a entendu réciter le *Revenant* ou les *Pauvres gens*, dans quelque matinée, par une grosse dame ou un monsieur en habit noir; il y a des étudiants qui ont parcouru les *Châtiments* et ont même feuilleté la *Légende des siècles*. Musset, lui, n'est plus guère le «poète de la jeunesse» d'aujourd'hui. Pourtant il lutte encore contre l'indifférence publique; mais quelques-uns de ses derniers lecteurs lui font tort. Quant à Lamartine, qui donc l'aime encore et qui le connaît? Peut-être, en province, quelque solitaire, ou quelque couventine de dix-sept ans qui le cache au fond de son pupitre. Et notez que Lamartine, c'est plus qu'un poète, c'est la poésie toute pure. Baudelaire a encore des fidèles, mais la plupart ont des façons bien affligeantes de l'admirer. Et qui, parmi ce qu'on nomme aujourd'hui le public, aime et comprend cette merveille: les *Émaux et Camées*? Et qui sait goûter l'alexandrinisme et les mythologies de Théodore de Banville? Bien en a pris à Sully-Prudhomme de faire le *Vase brisé* et à Leconte de Lisle d'écrire *Midi*. Encore les nouveaux programmes du baccalauréat ont-ils porté un coup funeste à ce fameux *Midi, roi des étés*, que les rhétoriciens ne mettent plus en vers latins, opération qui n'était pas commode. C'est tout au plus si des poètes comme Anatole France, Catulle Mendès et Armand Silvestre (je ne songe ici qu'à leurs vers) ont connu les douceurs de la seconde édition. Et on en pourrait nommer, qui ne sont point méprisables, dont la première ne sera jamais épuisée.

Non, non, ne croyez pas que les poètes soient lus. Les plus heureux sont récités quelquefois, ce qui n'est pas la même chose. Mais, il faut être juste, ne croyez pas davantage que tous méritent d'être lus. On a dit souvent que rien n'est plus commun aujourd'hui que l'art de faire les vers et que jamais on n'a vu une telle habileté technique, une telle «patte» chez tant de jeunes versificateurs. Cela peut être le sentiment d'un chroniqueur qui lit vite et mal. La vérité, c'est que beaucoup tournent passablement un sonnet dans le goût parnassien, comme beaucoup, au siècle dernier, tournaient un couplet à Iris; rien de plus. Tout ce qu'on peut dire, c'est que, l'art étant plus savant chez les maîtres, les écoliers s'en sont quelque peu ressentis. Nombre d'adolescents qui seront plus tard avocats, notaires ou journalistes de troisième ordre, le diable les poussant et un certain instinct des vers, impriment à leurs frais leurs *Juvenilia*. Il se rencontre chez les mieux doués des passages heureux, assez souvent une adroite imitation des maîtres. Seulement, n'y regardez pas de trop près: outre que leur métal n'est guère à eux vous verriez tout ce qu'ils y ont mis de pailles. Les ingénus ou les présomptueux qui depuis dix ans ont publié leurs rimes dépassent de beaucoup le millier: les vrais artistes ne dépassent point la douzaine.

Mais cette douzaine-là aurait bien le droit de réclamer contre l'injustice des hommes ou des choses. Les poètes, petits ou grands, ne sont vraiment lus que par les autres poètes. C'est peut-être parce que la poésie est devenue de nos jours un art de plus en plus raffiné et spécial et que, soit impuissance ou dédain, elle ne connaît plus guère le grand souffle oratoire ou lyrique. Car, aux environs de 1830, alors que des poètes exprimaient largement et comme à pleine voix des sentiments généraux et des passions intelligibles à tout le monde, les lecteurs ne leur manquaient point. Il est donc probable que la poésie doit cette diminution de fortune à la prédominance croissante de la curiosité artistique sur l'inspiration.

Quoi d'étonnant? Les oeuvres d'une forme très délicate et qui valent surtout par là (et c'est de plus en plus le cas de nos meilleurs livres de vers) ne sauraient plaire qu'au très petit nombre et, aussi bien, ne s'adressent qu'à lui. Le public goûte peu ce qu'on a assez mal appelé l'art pour l'art, ce qu'on ferait mieux d'appeler l'art pour le beau; entendez: uniquement pour le beau. C'est ce que Flaubert exprimait sous cette forme paradoxale: «Les bourgeois ont la haine de la littérature». La preuve que ce n'est pas «d'art» qui a séduit le public dans *Madame Bovary*, c'est qu'il n'a jamais pu lire *Salammbô*. Ce sont d'autres raisons que des raisons d'esthétique qui ont fait la fortune des *Rougon-Macquart*: ce que goûte le public dans M. Zola, c'est beaucoup moins l'artiste que le descripteur sans vergogne. M. Daudet, par un rare privilège, plaît à tout le monde: mais pensez-vous que la foule et les «habiles» aiment en lui exactement les mêmes choses? Ce qui a fait le succès de tel jeune romancier «idéaliste» qui n'est qu'un fort médiocre écrivain, ce n'est point certes ce qu'on pourrait trouver, à la rigueur, d'art et de littérature dans ses romans; c'est presque malgré son art (si mince soit-il) qu'il a plu, et parce qu'il a su flatter le gros besoin d'émotion, la sentimentalité et la banalité de ses lecteurs. Je néglige, parce qu'elle n'agit qu'à partir d'un certain moment, une cause importante de succès: la mode.

Si donc il est vrai que le raffinement du fond et les curiosités de la forme contribuent fort peu à la fortune d'un livre, comme les poésies d'à présent consistent presque toutes dans ces curiosités et dans ce raffinement (tandis qu'il entre bien autre chose dans un roman ou dans un drame), on comprendra le délaissement où sont tombés les vers. Ajoutez que plusieurs grands esprits de notre temps ont paru en faire peu de cas. Le mouvement scientifique et critique qui emporte notre âge est, au fond, hostile aux poètes. Ils ont l'air d'enfants fourvoyés dans une société d'hommes. Comment perdre son temps à chercher des lignes qui riment ensemble et qui aient le même nombre de syllabes, quand on peut s'exprimer en prose, et en prose nuancée, précise, harmonieuse? Bon dans les cités primitives, avant l'écriture, quand les hommes s'amusaient de cette musique du langage et que par elle ils gardaient dans leur mémoire les choses dignes d'être retenues. Bon encore au temps de la science commençante et des premières tentatives sur l'inconnu. Mais depuis l'avènement des philologues! L'amour des cadences symétriques et des assonances régulières dans le langage écrit est sans doute un cas d'atavisme. Cependant les poètes luttent encore. Ils trouvent dans ces superfluités un charme d'autant plus captivant qu'ils sont désormais seuls à le sentir. Mais le courant du siècle sera le plus fort. Bientôt le dernier poète offrira aux Muses la dernière colombe; suivant toute apparence, on ne fera plus de vers en l'an 2000.

Et pourtant, parmi nos poètes si délaissés, il en est un dont les vers s'achètent, qui en vit, qui est, comme dirait Boileau, «connu dans les provinces», qui est goûté des artistes les plus experts et compris par tous les publics. Cet être invraisemblable est François Coppée, et sa marque, c'est précisément d'être le plus populaire des versificateurs savants, à la fois subtil assembleur de rimes et peintre familier de la vie moderne, avec assez d'émotion et de drame pour plaire à la foule, assez de recherche et de mièvrerie pour plaire aux décadents, et, çà et là, un fond spleenétique et maladif qui est à lui.

II

Avant tout, M. François Coppée est un surprenant Versificateur. Non qu'il n'ait peut-être quelques égaux dans l'art de faire les vers. Mais cet art, à ce qu'il me semble, se remarque chez lui plus à loisir, comme s'il était plus indépendant du fond. Volontiers j'appellerais l'auteur du *Reliquaire* et des *Récits et élégies* le plus adroit, le plus roué de nos rimeurs.

Il est venu au bon moment, quand notre versification n'avait plus grand progrès à faire, d'habiles poètes ayant tour à tour développé ses ressources naturelles. L'histoire en serait curieuse. Tenons-nous-en aux cent dernières années.

On sait ce qu'étaient devenues la versification et la poésie (car les deux ont presque toujours même sort) avec Voltaire, La Harpe, Marmontel et les petits poètes érotiques.

Les poètes descripteurs de la fin du XVIIIe siècle avaient, parmi leurs ridicules et leur médiocrité, un certain goût du pittoresque, inspiré de J-J. Rousseau et de Bernardin de Saint-Pierre, et ils ont eu ce mérite d'assouplir la versification et d'enrichir sensiblement le dictionnaire poétique. Tout n'est pas charade ni futile périphrase dans les poèmes du bon abbé Delille.

Roucher, fort oublié aujourd'hui et que je ne donnerai point pour un grand artiste, offre un cas singulier: il est le premier poète dans notre littérature moderne qui rime *toujours* richement. Je veux dire qu'il soutient ses rimes par la consonne d'appui toutes les fois que le trop petit nombre de mots à désinence pareille ne lui interdit pas ce luxe. Il a même des rimes rares (par exemple, *brèche* et *flèche*, *en foule* et *le pied foulé*) qui scandalisent La Harpe, je n'ai pu deviner pourquoi. En outre (tout en observant le repos de l'hémistiche), moins souvent qu'André Chénier, mais avant lui, il use des rejets avec une certaine hardiesse.

André Chénier en use plus hardiment encore. Surtout il rajeunit notre langue poétique aux sources grecques et latines. Mais il n'enrichit point la rime. Du reste, son oeuvre n'ayant été publiée que vingt-six ans après sa mort, il n'a pu avoir d'influence comme versificateur puisque le progrès qu'il a fait faire à la versification n'a point été connu de son temps et a été recommencé en dehors de lui.

Millevoye, Fontanes, Chênedollé et quelques autres versifient habilement et timidement. Lamartine prend la versification telle qu'elle est: ce lui est assez d'apporter une poésie nouvelle. Il ne tient pas à l'opulence des rimes; les rejets et les coupes de l'abbé Delille lui suffisent. En revanche, il élargit prodigieusement la période poétique.

Musset s'amuse à disloquer l'alexandrin, finit par revenir à la prosodie de Boileau et persiste à rimer plus pauvrement que Voltaire.

Sainte-Beuve ressuscite le sonnet; Gautier, les tierces rimes; Banville, la ballade, les anciens petits poèmes à forme fixe et presque toutes les strophes ronsardiennes.

Victor Hugo, jusqu'aux *Contemplations*, observe à peu près l'ancienne coupe de l'alexandrin. Mais dès ses débuts il rime avec richesse; il reprend ou invente de belles strophes. Dans ses drames, et dans son oeuvre lyrique à partir des *Contemplations*, il lui arrive de hacher le vers et d'abuser de l'enjambement au point de rendre la rime peu saisissable à l'oreille. Mais, en somme, cette erreur est rare chez lui. Sa rime devient de plus en plus étourdissante de richesse et d'imprévu: ses derniers volumes sont par là bien amusants. En même temps il accorde droit de cité à une nouvelle espèce d'alexandrin, celui qui se partage, non plus en deux, mais en trois groupes égaux ou équivalents de syllabes. Mais, par un scrupule, par un reste de respect pour la «césure» classique, même quand il use de cette coupe nouvelle, il a soin que la sixième syllabe soit au moins légèrement accentuée, et il ne souffrirait pas, par exemple, un article à cet endroit.

    Il vit un oeil | tout *grand* ouvert | dans les ténèbres.
    On s'adorait | d'un *bout* à l'au | tre de la vie.

Théodore de Banville, Leconte de Lisle, François Coppée ont accepté plus franchement ce nouveau vers qu'on pourrait appeler l'alexandrin *trimètre* et ne se sont nullement souciés d'accentuer la sixième syllabe:

Je suis la froi | de et *la* méchan | te souveraine.

Mais, par une inconséquence singulière, ils n'ont jamais consenti que cette sixième syllabe du vers fût la pénultième ou l'antépénultième syllabe sonore d'un mot polysyllabique, et ce sont des poètes récents qui, très logiquement, ont écrit:

Elle remit | non_cha_lamment | ses bas de soie.
Regardent fuir | en _ser_pentant | sa robe à queue.

Toutefois, si les parnassiens ont peu innové dans la versification, ils ont eu, plus que les romantiques, le goût de la perfection absolue, la religion de la rime; ils ont, dans leurs meilleurs moments, assoupli encore et trempé le vers français et en ont certainement tiré quelques vibrations neuves.

Mais tout ceci pourrait nous arrêter longtemps. En résumé, s'il est vrai que notre prosodie fourmille encore de petites règles absurdes provenant presque toutes de cette idée fausse qu'il faut aussi rimer pour les yeux, on doit accorder que la versification française, avec la variété des rythmes et des strophes, avec son accentuation moins marquée que celle des langues étrangères, mais sensible pourtant, enfin avec l'extrême diversité et la sonorité de ses désinences, est pour nos poètes un riche et commode instrument. Inférieure par certains côtés à la versification italienne, anglaise ou allemande, elle est incomparable par le relief qu'elle sait donner aux mots, et surtout par la quantité et la qualité de ses rimes.

Si jamais telle digression fut permise, c'est bien à propos de François Coppée. Cet instrument délicat et puissant, il en joue avec une virtuosité qui ravit. Il lui a été bon de passer par le petit cénacle parnassien. Sauf l'abus, çà et là, des vers non rythmés ni mesurés (à la manière de Banville), sa versification est un enchantement. On jouit du choix des mots, de la recherche des tours, de telle coupe qui alanguit à dessein la marche du vers. On jouit de telle rime rare ou jolie; on attend, on est aise de voir arriver sa jumelle. On suit les méandres des longues périodes où l'on est amusé par chaque mot et bercé par la phrase entière. Il y a dans ces phrases qui brillent et qui ondulent à la façon de «reptiles somptueux» une habileté de facture à laquelle on s'intéresse à loisir sans être distrait par trop d'émotion ou par trop de pensée. On examine curieusement «comment c'est fait»; on aime à toucher du doigt et à retourner le joyau bien ciselé. Lisez ce commencement des *Intimités* (où il y a d'ailleurs autre chose que de la virtuosité):

Afin de mieux louer vos charmes endormeurs,
Souvenirs que j'adore, hélas! et dont je meurs,
J'évoquerai, dans une ineffable ballade,
Aux pieds du grand fauteuil d'une reine malade,
Un page de douze ans aux traits déjà pâlis

Qui, dans les coussins bleus brodés de fleurs de lis,
Soupirera des airs sur une mandoline,
Pour voir, pâle parmi la pâle mousseline,
La reine soulever son beau front douloureux,
Et surtout pour sentir, trop précoce amoureux,
Dans ses lourds cheveux blonds où le hasard la laisse,
Une fiévreuse main jouer avec mollesse.

Les jolis mots! les doux sons! les charmantes rimes! Et comme la période se prolonge en serpentant et vient mourir avec langueur! La remarque vaut, je crois, la peine d'être faite: la période poétique de M. François Coppée est souvent d'une extrême ampleur, mais, si je puis dire, avec des articulations molles et non saillantes; sinueuse et longue comme Biblis au moment où elle va se fondre en eau, ou comme les corps des nymphes et des déesses dans l'orfèvrerie florentine. Et dans le déployé et le flottant de cette phrase tous les détails restent précis. Cela est d'un art très curieux.

Quand il s'agit des poèmes de M. Coppée, souvent certes on peut parler de «chefs-d'oeuvre» au sens habituel, mais plus souvent et mieux encore au sens où le mot était pris autrefois dans les confréries d'ouvriers des arts manuels. Ce sont bien «chefs-d'oeuvre» en ce sens, ses toutes premières poésies, du temps qu'il faisait ses preuves de maîtrise dans l'atelier parnassien: le *Fils des armures*[5], le *Lys*[6], *Bouquetière*[7], le *Jongleur*[8], *Ferrum est quod amant*[9], etc., et plus tard les *Récits épiques*, cette *Légende des siècles* en miniature, plus soignée que la grande, de fabrication plus élégante, mieux polie et vernissée. Quelles perles que le *Pharaon*[10], l'*Hirondelle du Bouddha*[11], les *Deux tombeaux*[12]! Disons le mot, cela fait songer à d'excellents vers latins: ceux qui se sont délectés à cet exercice avant le découronnement des études classiques me comprendront. M. François Coppée me rappelle les grands versificateurs de «l'âge d'argent» de la littérature latine. Il a les souplesses d'un Stace et les roueries d'un Claudien. Il est peut-être le seul poète de nos jours qui soit capable de faire sur commande de très bons vers. Et il est devenu en effet une façon de poète officiel, toujours prêt, lors des anniversaires et des inaugurations, à dire ce qu'il faut, et le disant à merveille. Voyez le poème pour le cinquantenaire de *Hernani*, les strophes à Corot[13], les vers lus par Porel à Amsterdam, etc. Ce serait grande sottise et présomption de mépriser ce talent-là ou de le croire facile.

[Note 5: *Poèmes divers.*]

[Note 6: *Ibidem.*]

[Note 7: *Le Reliquaire.*]

[Note 8: *Poèmes divers.*]

[Note 9: *Ibidem.*]

[Note 10: *Récits épiques.*]

[Note 11: *Ibidem.*]

[Note 12: *Ibidem.*]

[Note 13: *Le Cahier rouge.*]

Quelque niais dira: M. Coppée nous montre, par un exemple charmant et déplorable, que l'habileté sans l'inspiration ne saurait s'élever à ces hauteurs où... (laissons-le finir sa phrase). On dirait plus justement: L'admirable chose que le «métier», le «sens artiste», la science des procédés du style, l'adresse à arranger les mots, l'art de la composition! Et comme cela va loin! Il faut assurément vénérer les poètes qu'on dit inspirés, *entheoi*, qui ne se possèdent plus, qui sont possédés par un dieu. Mais ils deviennent rares: l'inconscience décroît, et une certaine naïveté qui entre dans la composition du génie. Nous avons des poètes qui le sont quand ils veulent et comme ils veulent, qui se donnent et quittent à volonté l'émotion congruente à leur dessein. Il n'est guère de poète plus détaché de son oeuvre, plus purement orfèvre que M. François Coppée: cela ne l'empêche point de faire, quand il lui plaît, des poèmes qui attendrissent les foules. Le progrès de la réflexion et de la conscience psychologique finira sans doute par éliminer les poètes inspirés. Il nous restera des poètes-artistes qui sauront au besoin imiter même l'inspiration pour leur plaisir et celui des autres, et chez qui l'intelligence sera à deux doigts du génie et en saura faire office, si bien que le monde n'y perdra presque pas.

III

Pourtant, quand on a dit de M. Coppée qu'il peut passer pour le plus adroit de nos ouvriers en rimes, encore que l'éloge ne soit pas mince, ce serait lui faire tort que de réduire à cela son mérite. Il faut indiquer d'autres traits par lesquels sa physionomie se précise. Nous savons par lui qu'il est fils de ce Paris populaire qu'il aime et comprend si bien. Enfant nerveux et maladif, il a dû connaître de bonne heure les souffrances délicates, les sensations déjà artistiques. À y bien regarder, sa virtuosité n'est qu'une des formes de cette sensibilité subtile. Car c'est par la même sensibilité qu'on est amoureux des mots et de leurs combinaisons, qu'on y saisit certaines nuances fugaces, et qu'on est curieux des réalités, qu'on en reçoit des impressions très déliées et douloureuses ou charmantes. Un grand virtuose, quoiqu'on ait pu parfois s'y tromper, est nécessairement un homme très sensible. Tout au moins la recherche, même exclusive, de la forme suppose-t-elle une sorte de sensualité épurée, qui peut être aussi communicative qu'une émotion morale. Et c'est pourquoi le plus impassible des écrivains (Leconte de Lisle ou Gustave Flaubert) peut *intéresser* violemment ceux qui savent lire.

Mais M. Coppée nous retient encore par d'autres raisons secrètes. Il y a souvent chez lui un certain charme léger comme un parfum et qu'il n'est pas aisé d'expliquer. Il y faut des exemples. Lisez la première *Intimité* (déjà citée):

Il se mourra du mal des enfants trop aimés…

Sur la terrasse[14]:

> Près de moi, s'éloignant du groupe noir des femmes,
> La jeune fille était assise de profil…

Fantaisie nostalgique[15]:

Je suis comme un enfant volé par des tziganes…

La Chambre abandonnée[16]:

La chambre est depuis très longtemps abandonnée…

[Note 14: *Le Cahier rouge.*]

[Note 15: *Ibidem.*]

[Note 16: *Contes en vers.*]

Les quatre pièces sont assez différentes; mais il me semble que la même impression délicieuse s'en dégage. Ce charme tient d'abord, en partie, aux vers eux-mêmes, tout ensemble sinueux et précis, plastiques et ondoyants, pittoresques et berceurs, d'un rythme lent et d'une limpidité cristalline. Mais ce n'est pas tout. Il y a là (je suis fâché que le mot ne soit plus à la mode) une *mélancolie* qui caresse, une tristesse voluptueuse et comme amusée, le double sentiment de la grâce des choses et de leur fugacité, une élégante rêverie d'anémique et de dilettante[17]. Je crois bien qu'après tout on ne saurait mieux trouver, pour caractériser ce charme, que le mot de *morbidesse*, devenu malheureusement aussi banal que celui de mélancolie et plus ridicule encore: c'est étonnant, la quantité de mots usés qu'on n'ose plus employer de notre temps!

[Note 17: C'est ici qu'il faudrait citer le *Passant*, si le théâtre de M. Coppée ne voulait une étude à part.]

Ce charme, quel qu'il soit, respire dans les *Intimités*. Ce n'est presque rien pourtant: une liaison avec une Parisienne; des rendez-vous dans une chambre bleue; attentes, souvenirs, quelques promenades ensemble, puis la lassitude… Mais ce sont des câlineries, des mièvreries, des chatteries de sentiment et de style! Ainsi que des chiffons de la bien-aimée, il s'en exhale «quelque chose comme une odeur qui serait blonde». Non pas «amour-passion», non pas même peut-être «amour-goût», mais «amour-littérature», d'une volupté digérée et spiritualisée; passion d'artiste blasé d'avance, mais qui se plaît à ce demi-mensonge, de sceptique au coeur tendre qui se délecte ou se tourmente avec ses imaginations; amour où se rencontrent, je ne sais comment, l'égoïsme du raffiné qui observe sa maîtresse un peu comme un objet d'art et un peu comme un joli animal,—et la faiblesse de l'enfant qui aime se plaindre pour se sentir caresser. Avec cela d'aimables détails de vie parisienne et de paysage parisien. Le tout est délicieux de coquetterie et de langueur. Il y a dans les livres des poètes, pour chaque fidèle, un coin qu'il préfère aux autres, qu'il chérit d'une tendresse particulière: ce petit coin, dans l'oeuvre de François Coppée, ce seraient pour moi les *Intimités*.

Il y a des longueurs, ou plutôt des lenteurs, une manière par trop flottante et berçante dans *Angélus*[18], cette histoire d'un enfant élevé au bord de la mer par un vieux prêtre et un vieux soldat, et qui meurt de n'avoir point de mère, de trop rêver et de ne pas jouer, d'être aimé trop et d'être mal aimé, d'être trop baisé et d'être baisé par des lèvres trop froides. Ce petit poème a, pour plaire aux amoureux de poésie, un précieux mélange de pittoresque familier et franc (on songe parfois au *Vicaire de Wakefield*) et de tendresse un peu languide et efféminée.

[Note 18: *Poèmes divers*.]

Peut-être le poème d'*Olivier* offre-t-il, avec une plus grande perfection de forme, une moindre originalité. Le poète Olivier (en qui l'auteur, il nous en avertit, se peint lui-même, et avec un soupçon de complaisance), cherchant le repos à la campagne, chez un vieil ami gentilhomme-fermier, y rencontre une jeune fille et rêve bientôt d'amour honnête et pur et de mariage. La gracieuse page que celle-ci! Je la donne un peu au hasard, entre bien d'autres, pour le plaisir, et pour que quelque chose du texte varie mon commentaire et rende le poète un instant présent au lecteur:

Ce serait sur les bords de la Seine. Je vois
Notre chalet, voilé par un bouquet de bois.
Un hamac au jardin, un bateau sur le fleuve.
Pas d'autre compagnon qu'un chien de Terre-Neuve,
Qu'elle aimerait et dont je serais bien jaloux.
Des faïences à fleurs pendraient après les clous,
Puis beaucoup de chapeaux de paille et des ombrelles.
Sous leur papier chinois les murs seraient si frêles
Que, même en travaillant, à travers la cloison,
Je l'entendrais toujours errer par la maison
Et traîner dans l'étroit escalier sa pantoufle
Les miroirs de ma chambre auraient senti son souffle
Et souvent réfléchi son visage, charmés.
Elle aurait effleuré tout de ses doigts aimés,
Et ces bruits, ces reflets, ces parfums venant d'elle,
Ne me permettraient pas d'être une heure infidèle.
Enfin, quand, poursuivant un vers capricieux,
Je serais là, pensif et la main sur les yeux,
Elle viendrait, sachant pourtant que c'est un crime,
Pour lire mon poème et me souffler ma rime,
Derrière moi, sans bruit, sur la pointe des pieds.
Moi qui ne veux pas voir mes secrets épiés,
Je me retournerais avec un air farouche;
Mais son gentil baiser me fermerait la bouche,
Et dans les bois voisins, etc.

Mais, un jour, pendant une promenade à cheval, Suzanne, voulant cueillir une fleur, dit à Olivier: «Tenez-moi ma cravache», et, une autre fois, essayant une parure: «Comment me trouvez-vous?» Et tout à coup Olivier s'est rappelé que ces deux phrases lui ont été dites par deux de ses anciennes maîtresses; il les revoit avec une netteté irritante: c'est fini, son passé le ressaisit; jamais il ne pourra s'en affranchir ni aimer une vierge comme il convient de l'aimer.

C'est donc vrai! Le passé maudit subsiste encore.
    Le voilà! c'est bien lui!
Impitoyable, il souille avec ce que j'abhorre
    Ce que j'aime aujourd'hui.

C'est dit! Le vieil enfer me poursuit de sa haine
    Jusqu'en mon nouveau ciel.
Sa boue est sur ce lis. Cette gravure obscène
    Se cache en ce missel.

Meurs, ô suprême espoir qui me restait dans l'âme!

Meurs! Pour les souvenirs il n'est pas de Léthé.
Meurs! car les vieux remords sont exacts et fidèles
Ainsi que la marée et que les hirondelles,
Et tout baiser mauvais vibre une éternité!

Olivier quitte Suzanne et se sauve à Paris…

Il voudrait bien mourir, ne pouvant plus aimer.

Je sais bien tout ce qu'on peut dire contre ce poème. Qu'est-ce autre
chose qu'une variation de plus sur le vieux thème romantique:

Oh! malheur à celui qui laisse la débauche…?

C'est une chanson de jadis, et non des meilleures, qu'Olivier nous chante. Si
le souvenir de sa duchesse et de son actrice le trouble si fort, c'est tout
simplement qu'au fond il n'aime pas tant que cela sa petite provinciale et qu'il
lui préfère, non précisément la duchesse et l'actrice, mais le genre d'amour
qu'elles savent donner. Et il n'y a pas là de quoi vouloir mourir. Ou bien, si
vraiment il souffre de ne pouvoir aimer purement, c'est qu'il aime déjà ainsi,
et l'on conçoit peu que les ressouvenirs de ses bonnes fortunes l'en
découragent si vite. Mais, à dire vrai, tout se passe dans sa tête: il n'aime ni ne
souffre autant qu'il le dit, il est dupe d'une illusion de poète. Un homme
comme Olivier ne peut plus aimer d'une certaine façon que *littérairement* et,
s'il s'en aperçoit (ce qui n'est pas assez marqué dans le poème), le sentiment
de son impuissance ne saurait être aussi horriblement douloureux qu'il nous
est montré. Après cela, on souffre ce qu'on croit souffrir: l'illusion d'Olivier,
partagée par M. Coppée, est d'une évidente sincérité et qui sauve le poème.
Il est encore mieux sauvé par les parties de description familière et, si l'on
peut contester sur le sujet, il faut avouer que le cadre est charmant. Le lieu
commun romantique (si lieu commun il y a) est tout rajeuni par la mise en
oeuvre, par le décor et les accessoires du petit drame. Les tableaux parisiens
ou provinciaux, le dimanche à Paris dans un quartier populaire, le retour du
poète sur son enfance, le récit de son voyage, son arrivée au village natal, sa
vie à la campagne dans la ferme-château, ce sont là de très aimables modèles
d'un genre que Sainte-Beuve aimait et où M. Coppée a du premier coup
excellé.

Le charme dont nous étions tout à l'heure en quête se retrouve dans certaines
pièces du *Cahier rouge* et surtout dans l'*Exilée*[19], très court recueil, mais d'un
accent particulier, plus chaste et, je crois, plus épris que celui des *Intimités*;
petits vers où se joue et se plaint l'amour d'un Parisien de quarante ans pour
une jeune fille de Norvège rencontrée en Suisse dans quelque hôtel; fantaisie
d'artiste sans doute, mais avec de la tendresse et presque de la candeur au
fond; dernier amour, regain de printemps et de soleil. Vous voyez bien qu'il

se trompait, le superbe Olivier qui «voulait mourir, ne pouvant plus aimer». Il aime encore; mais aujourd'hui il appelle la bien-aimée «mon enfant» et lui promet «d'indulgence d'un père» (ce qui est triste).

[Note 19: *Récits et élégies.*]

Et le chagrin qu'un jour vous me pourrez donner,
J'y tiens pour la douceur de vous le pardonner.

Vous m'aimerez un peu, moi qui vous aime tant!

Les plaintes redoublent à la fin, et il semble bien qu'il y ait une vraie souffrance sous ces vers si bien ciselés. Puis il se résigne; il est fier, «dût-il en mourir», d'avoir aimé une dernière fois. Consolation mélancolique. Mais il y a bien de la grâce et quelque chose de touchant dans ces aveux, ces plaintes, cette fausse résignation. Pauvre poète, à qui votre expérience et votre virtuosité auraient dû faire une cuirasse impénétrable, tandis que vous offrez à «da belle enfant du Nord» vos rimes si bien oeuvrées, on songe un peu au richard qui, dans le tableau de Sigallon, offre des bijoux à sa dame. De l'autre côté du tableau, le jouvenceau n'offre rien que sa jeunesse. Et voilà pour vous la blessure, et pour bien d'autres

Et je ne me dis pas que c'est une folie,
Que j'avais dix-sept ans le jour où tu naquis;
Car ce triste passé, je l'efface et l'oublie.

Soyez donc Parisien, sceptique, observateur par métier, artiste et rien de plus; soyez habitué de longue date à ne considérer les accidents du monde et l'univers entier que comme une matière offerte au travail de l'art! «Le coeur est toujours jeune et peut toujours saigner.» Et je suis en effet tenté de croire que les petites pièces de l'*Exilée* sont de celles où M. Coppée a mis ou laissé le plus de son coeur.

IV

Mais ce qui, dans son oeuvre, paraîtra un jour le plus original, ce sont sans doute les *Poèmes modernes* et les *Humbles*.

Sainte-Beuve avait donné des exemples de cette poésie, dont l'idée première lui venait peut-être de Wordsworth. «Et moi aussi, nous dit-il, j'ai tâché, après mes devanciers, d'être original à ma manière, humblement et bourgeoisement, observant l'âme et la nature de près…, nommant les choses de la vie privée par leur nom, mais… cherchant à relever le prosaïsme de ces détails domestiques par la peinture des sentiments humains et des objets naturels[20].» Je rappelle l'adorable pièce qui commence par ce vers:

Toujours je la connus pensive et sérieuse…[21];

l'anecdote du vicaire John Kirkby[22] et celle de *Maria*[23]. Dans la première *Pensée d'août*, l'histoire de Doudun, surtout celle de Marèze, de ce poète qui se fait homme d'affaires, puis commis, pour soutenir sa mère et pour payer une dette d'honneur, n'est-ce pas un peu le sujet d'*Un fils*, dans les *Humbles*! Ô le rare poème que celui de *Monsieur Jean*[24]!

[Note 20: Sainte-Beuve, *Pensées de Joseph Delorme*.]

[Note 21: *Poésies de Joseph Delorme*.]

[Note 22: *Les Consolations*.]

[Note 23: *Pensées d'août*.]

[Note 24: *Ibidem*.]

Et quel malheur que le style dont elle est écrite rende si peu lisible cette histoire d'un maître d'école janséniste, cinquième fils de Jean-Jacques Rousseau, et qui, ayant su le secret de sa naissance, passe sa vie à expier pour son père! Il n'est pas jusqu'aux paysages de la banlieue parisienne, chers à M. Coppée[25], dont on ne trouve déjà quelque chose chez ce surprenant Sainte-Beuve:

> Oh! que la plaine est triste autour du boulevard!
> C'est au premier coup d'oeil une morne étendue
> Sans couleur; çà et là quelque maison perdue,
> Murs frêles, pignons blancs en tuiles recouverts;
> Une haie à l'entour en buissons jadis verts;
> De grands tas aux rebords des carrières de plâtre, etc[26].

[Note 25: Voir *Promenades et intérieurs* et le *Cahier rouge*.]

[Note 26: *Poésies de Joseph Delorme*.]

Mais ces essais si intéressants sont trop souvent compromis par une forme cruellement recherchée et entortillée, et telle que je confesse avoir tort de m'y plaire. Le grand analyste y veut exprimer, ce semble, des nuances d'idées auxquelles se prête fort malaisément la forme étroite et rigoureuse du vers. M. François Coppée a mis dans ses petits poèmes une psychologie moins laborieuse et une peinture plus détaillée de la vie extérieure; il a moins analysé, plus et mieux raconté et décrit, sans que l'impression morale qui doit se dégager de ces drames obscurs et qui leur donne tout leur prix en ait été diminuée.

Il nous a raconté la vieille fille qui se dévoue à son jeune frère infirme[27]; la fiancée de l'officier de marine attendant depuis dix ans celui qui ne revient pas[28]; l'idylle de la bonne et du militaire[29]; la nourrice qui se met chez les autres pour entretenir un mari ivrogne et qui, revenant à la maison, y trouve son enfant mort[30]; l'adolescent qui, ses études faites, apprend de sa mère qu'il est fils naturel et qu'elle a des dettes, et, renonçant à ses rêves, se fait petit employé pour la nourrir[31]; l'amitié du vieux prêtre plébéien et de la vieille demoiselle noble[32]; la tristesse de la jeune femme séparée[33]; les passions rentrées, les dévouements muets, les douleurs peu tragiques, ridicules même à la surface, qui ne sautent pas aux yeux et qu'il faut deviner.

[Note 27: Le *Reliquaire: Une sainte.*]

[Note 28: *Poèmes modernes*: l'*Attente.*]

[Note 29: *Ibid.*, le *Banc.*]

[Note 30: Les *Humbles*: la *Nourrice.*]

[Note 31: *Ibid.*, *Un fils.*]

[Note 32: *Ibid.*, *En province.*]

[Note 33: *Ibid.*, *Une femme seule.*]

Ce fut, à son moment, une chose assez neuve que cette épopée des *Humbles*, hardiment et habilement familière, beaucoup plus «réaliste» que les essais analogues de Sainte-Beuve et qui marquait dans la poésie un mouvement assez pareil à celui qui emportait le roman.

Sans doute Victor Hugo avait chanté les petits dans la *Légende des siècles*[34]; mais, ne pouvant se passer de grandeur sensible, il nous avait montré des infortunes dramatiques, des douleurs désespérées, des sacrifices éclatants. La plupart des héros de M. Coppée passent dans la foule, les épaules serrées dans leurs habits étriqués, et n'ont pas même de beaux haillons qui les signalent: mais il nous dévoile, doucement et comme tendrement, la tristesse ou la beauté cachées sous la médiocrité et la platitude extérieure. Rien de plus humain que cette poésie, où les détails les plus mesquins deviennent comme les signes de la beauté cachée ou du drame secret d'une vie et parlent un langage attendrissant.

[Note 34: *Pauvres gens, Guerre civile, Petit Paul*, etc.]

Le poète, est-il besoin de le dire? nous raconte ces histoires en des vers d'une singulière souplesse, qui savent exprimer tout sans s'alourdir ni s'empêtrer, qui marchent franchement par terre et qui pourtant ont des ailes. Veut-on un exemple de cette curieuse poésie, si proche de la prose, et qui est encore de la poésie par la vertu du rythme et par le sentiment qui est au fond? Je l'emprunte à la pièce intitulée *Un fils*, une des plus simples et des plus unies.

Le «bon fils», employé le jour dans un bureau, joue du violon le soir dans un petit café-concert de la barrière:

> Dans les commencements qu'il fut à son orchestre,
> Une chanteuse blonde et phtisique à moitié

Sur lui laissa tomber un regard de pitié;
Mais il baissait les yeux quand elle entrait en scène.
Puis, peu de temps après, elle passa la Seine
Et mourut, toute jeune, en plein quartier Bréda.
À vrai dire, il l'avait presque aimée et garda
Le dégoût d'avoir vu—chose bien naturelle—
Les acteurs embrassés et tutoyés par elle.
Et son métier lui fut plus pénible qu'avant.

Or l'état de sa mère allait en s'aggravant.
Une nuit vint la mort, triste comme la vie,
Et, quand à son dernier logis il l'eut suivie,
En grand deuil et traînant le cortège obligé
Des collègues heureux de ce jour de congé,
Il rentra dans sa chambre et songea, solitaire.
Il se vit sans amis, pauvre célibataire,
Vieil enfant étonné d'avoir des cheveux gris.
Il sentit que son âme et son corps avaient pris
Depuis vingt ans la lente et puissante habitude
De l'ennui, du silence et de la solitude;
Qu'il n'avait prononcé qu'un mot d'amour: «Maman»,
Et qu'il n'espérait plus que son simple roman
Pût s'augmenter jamais d'un plus tendre chapitre.
Le jour à son bureau, le soir à son pupitre,
Il revient donc s'asseoir résigné, mais vaincu,
Et, libre, il vit ainsi qu'esclave il a vécu.
Même dans la maison qu'il habite, personne
Ne songe qu'il existe et, la nuit, quand il sonne,
Le vieux portier—il a soixante-dix-sept ans
Et perd la notion des choses et du temps—
Se réveille, maussade, et murmure en son antre:
«C'est le petit garçon du cinquième qui rentre.»

On connaît assez, et plus qu'assez, la *Grève des forgerons* et la *Bénédiction*, si
remarquables par le mouvement du récit et par l'entente de l'effet dramatique.
Il y a dans les *Aïeules* une largeur de touche, une franchise qui fait penser aux
dessins de François Millet et, dans les contes parisiens si bien contés de la
Marchande de journaux et de l'*Enfant de la balle*, un mélange bien amusant
d'esprit, d'émotion et d'adresse technique. Je m'en voudrais enfin de ne pas
rappeler spécialement certaines pages tout à fait exquises: l'enfance pieuse de
la petite fille noble et de son ami le fils du fermier, le gauche petit séminariste,
et plus tard les visites du vieux prêtre à la vieille dévote[35]. Et je regrette de
ne pouvoir citer d'un bout à l'autre les strophes ravissantes d'*Une femme seule*:

Elle était pâle et brune, elle avait vingt-cinq ans;
Le sang veinait de bleu ses mains longues et fières;
Et, nerveux, les longs cils de ses chastes paupières
Voilaient ses regards bruns de battements fréquents.

Quand un petit enfant présentait à la ronde
Son front à nos baisers, oh! comme lentement,
Mélancoliquement et douloureusement,
Ses lèvres s'appuyaient sur cette tête blonde!

Mais, aussitôt après ce trop cruel plaisir,
Comme elle reprenait son travail au plus vite!
Et sur ses traits alors quelle rougeur subite
En songeant au regret qu'on avait pu saisir!…

J'avais bien remarqué que son humble regard
Tremblait d'être heurté par un regard qui brille,
Qu'elle n'allait jamais près d'une jeune fille
Et ne levait les yeux que devant un vieillard…

[Note 35: *En province.*]

Oserai-je maintenant élever un doute? Je ne sais si M. Coppée a toujours su se garder de l'écueil du genre qu'il pratique avec tant de dextérité. Justement parce qu'il est trop sûr de son art et de son habileté à tout sauver, par coquetterie, par défi, affectant d'aimer Paris surtout dans ses verrues et le petit monde surtout dans ses vulgarités, il lui est arrivé de «mettre en vers» (l'expression ne convient nulle part mieux) des sujets qui en vérité ne réclamaient point cet ornement et appelaient évidemment la prose. L'intérêt se réduit alors à voir comment il s'en tire, comment le retour de la rime, et de la rime riche, ne nuit en rien à la propriété et à la clarté de cette prose qui se donne pour poésie. Il y faut un merveilleux savoir-faire; mais enfin tout le mérite de l'ouvrier n'est plus guère que dans la difficulté vaincue.

Je ne serais pas loin de ranger parmi ces «exercices» simplement amusants une bonne moitié, par exemple, du *Petit épicier.*

C'était un tout petit épicier de Montrouge,
Et sa boutique sombre, aux volets peints en rouge,
Exhalait une odeur fade sur le trottoir.
On le voyait debout derrière son comptoir,
En tablier, cassant du sucre avec méthode.
Tous les huit jours, sa vie avait pour épisode
Le bruit d'un camion apportant des tonneaux
De harengs saurs ou bien des caisses de pruneaux, etc.

Et notez que plus loin le manque de sérieux se trahit par des vers qui sentent la plaisanterie du vieux Flaubert:

Il avait ce qu'il faut pour un bon épicier:
Il était ponctuel, sobre, chaste, économe, etc.

Un certain nombre des dizains de *Promenades et Intérieurs* mériteraient le même reproche. On se demande si toutes ces impressions valaient bien la peine d'être si soigneusement notées et rimées. Il y en a certes d'aimables et de délicates, comme celle-ci:

J'écris près de la lampe. Il fait bon. Rien ne bouge.
Toute petite, en noir, dans le grand fauteuil rouge,
Tranquille auprès du feu, ma vieille mère est là.
Elle songe sans doute au mal qui m'exila
Loin d'elle, l'autre hiver, mais sans trop d'épouvante:
Car je suis sage et reste au logis quand il vente.
Et puis, se souvenant qu'en octobre la nuit
Peut fraîchir, vivement et sans faire de bruit,
Elle met une bûche au foyer plein de flammes.
Ma mère, sois bénie entre toutes les femmes!

Ou cette autre:

Dans ces bals qu'en hiver les mères de famille
Donnent à des bourgeois pour marier leur fille,
En faisant circuler assez souvent, pas trop,
Les petits fours avec les verres de sirop,
Presque toujours la plus jolie et la mieux mise,
Celle qui plaît et montre une grâce permise
Est sans dot—voulez-vous en tenir le pari?—
Et ne trouvera pas, pauvre enfant, un mari.
Et son père, officier en retraite, pas riche,
Dans un coin fait son whist à quatre sous la fiche.

J'en pourrais citer bien d'autres encore. Souvent l'album de croquis d'un peintre fait plus de plaisir que ses grands tableaux. Rien ne vaut telle impression rare fixée toute vive par l'artiste au moment même où il en a été frappé. Oui, je le sais, et qu'on peut préférer cela à de gros livres et à de grandes *machines*. J'aime à suivre le poète accueillant tous les rêves légers qui lui viennent des choses, effleurant d'une souple sympathie tout ce qu'il rencontre en chemin; bienveillant au pêcheur à la ligne, même au «calicot» qui canote le dimanche et «que le soleil couchant n'attriste pas», puis rêvant d'être conservateur des hypothèques et fabuliste dans «une ville très calme et sans chemin de fer», ou bien «vicaire dans un vieil évêché de province, très loin». Mais n'y a-t-il pas un peu de gageure vers la fin de ce dizain d'ailleurs joli?

> C'est vrai, j'aime Paris d'une amitié malsaine;
> J'ai partout le regret des vieux bords de la Seine.
> Devant la vaste mer, devant les pics neigeux,
> Je rêve d'un faubourg plein d'enfance et de jeux,
> D'un coteau tout pelé d'où ma muse s'applique
> À noter les tons fins d'un ciel mélancolique,
> D'un bout de Bièvre avec quelques champs oubliés,
> Où l'on tend une corde aux troncs des peupliers
> Pour y faire sécher la toile et la flanelle,
> Ou d'un coin pour pêcher dans l'île de Grenelle.

Eh! oui, je sens aussi ce charme là, en m'appliquant. Et je me souviens d'un passage de *Manette Salomon* où la poésie de la Bièvre est ingénieusement analysée. Mais cette laideur maigre et intéressante de certains coins de banlieue, M. Coppée ne se donne pas toujours la peine d'en dégager l'âme. Que dis-je? Il cherche surtout dans la banlieue les baraques et les guinguettes et s'en tient trop souvent, voulant obtenir un effet singulier, à des énumérations de détails plats en rimes riches. Ce n'est qu'un jeu, mais trop fréquent, et qui ne se donne pas assez pour un jeu[36].

> [Note 36: Et qui par là (comme aussi quelquefois le vers non rythmé et les parenthèses de notre poète) prête à la parodie. Un de mes amis, qui d'ailleurs aime fort Coppée, s'amusait jadis à ce genre de plaisanterie facile:

SONNET-COPPÉE:

> L'autre jour—et vous m'en croirez si vous voulez,
> Car un événement simple est parfois bizarre,—
> Ayant sous le bras deux paquets bien ficelés,
> Je me dirigeais du côté de Saint-Lazare.
>
> Après avoir avoir pris mon billet sans démêlés,
> J'entre dans un wagon et j'allume un cigare
> D'un sou. Le train—nous en étions fort désolés,—
> Étant omnibus, s'arrêtait à chaque gare.
>
> Soudain il siffle et fait halte. Au même moment
> Un monsieur, pénétrant dans mon compartiment,
> Prend les billets ainsi qu'on ferait une quête;
>
> —Et moi, content de voir enfin ma station,
> Je remets mon billet sans contestation

À l'employé portant un O sur sa casquette.

]

Mais c'est trop s'arrêter à de menues critiques. M. Coppée n'en a pas moins ce grand mérite d'avoir, le premier, introduit dans notre poésie autant de vérité familière, de simplicité pittoresque, de «réalisme» qu'elle peut en admettre. Les *Humbles* sont bien à lui et, dans une histoire du mouvement naturaliste de ces vingt dernières années, il ne faudrait point oublier son nom.

Ce qu'il pourrait nous donner maintenant et ce que quelques-uns attendent de lui, ce serait quelque poème intime et domestique plus impersonnel qu'*Olivier*, d'une action plus étendue et plus complexe que les historiettes des *Humbles*, où pourraient alterner des peintures de moeurs parisiennes et provinciales, populaires et aristocratiques; un poème de la vie d'aujourd'hui et qui ne ferait pas double emploi avec le roman contemporain, car il n'en prendrait que la quintessence; une oeuvre enfin où M. François Coppée se montrerait tout entier: virtuose impeccable, songeur délicat, très habile et très sincère, capable de raffinement, de mièvrerie, et aussi de franche et populaire émotion, peintre savoureux et fin des réalités élégantes et vulgaires et, pour tout dire, poète excellent des «modernités».

ÉDOUARD GRENIER

On voit dans les musées des tableaux anonymes avec ces inscriptions au bas du cadre: École vénitienne, École flamande. Souvent ces tableaux sont intéressants et bien peints. Ils doivent être de quelque disciple intelligent de Titien ou de Rubens. Certains morceaux pourraient aussi bien avoir été peints par ces maîtres. Mais justement l'honneur et le malheur de ces tableaux est de rappeler toujours et inévitablement des oeuvres supérieures. Il arrive pourtant qu'en sachant regarder, on découvre la personnalité de l'auteur, quelque chose qui est à lui et vient de lui. Et si l'on n'en est pas tout à fait sûr, on se dit: «Après tout, cet homme a dû vivre heureux et son lot est certainement enviable. C'était sans doute une âme pure, généreuse, éprise de la beauté, un travailleur studieux, désintéressé, respectueux de son art. Il a beaucoup aimé ses maîtres, et apparemment ses maîtres l'ont aimé pour sa sincérité, pour son enthousiasme, parce qu'il les comprenait bien et parce qu'ils le sentaient leur égal au moins par l'âme et par la grandeur du désir.»

Ces réflexions vous viendront certainement si vous parcourez les poésies récemment réunies en volumes de M. Édouard Grenier. Vous aurez l'impression de quelque chose de fort antérieur à notre génération, quoique cela y touche, de quelque chose de «dépassé» et déjà lointain, qui commence à être aimable autrement qu'il ne l'a été, à plaire à la façon des vieilles choses qui ont paru belles et qui étaient bonnes, et qui sont restées intéressantes et touchantes. Vous aurez là enfin un «spécimen» complet et distingué de «d'espèce» des poètes d'il y a trente ou quarante ans.

Que les temps sont changés! Et comme cette espèce, si on la prend dans son ensemble, s'est lamentablement transformée (je laisse ici la question de talent)! Aujourd'hui un jeune homme publie à vingt ans son premier volume de vers. Neuf fois sur dix, ce qu'il «chante» dans de courtes pièces essoufflées, d'une langue douteuse, entortillée, mièvre et violente, c'est, sous prétexte de névrose, la débauche toute crue. On ne saurait ouvrir un de ces petits volumes sans tomber sur une paire de seins, quand encore il n'y a que cela. Ou bien ce sont les blasphèmes, le pessimisme et le naturalisme à la mode. Et puis c'est tout. Peu après notre bon jeune homme plante là sa Muse, et je n'ai pas le courage de l'en blâmer. Il écrit alors, lui qui n'a rien vu, quelque roman brutal et répugnant, d'ailleurs faux comme un jeton, qui a parfois deux éditions. Puis il recommence. S'il a de la chance, il entre dans un journal où il écrit n'importe quoi. Et après? Je vous avoue que cela m'intéressera peu.

I

M. Édouard Grenier a fait des vers toute sa vie et il a publié les premiers à trente-sept ans. Et, sauf un petit nombre de pièces qu'il a réunies sous ce titre: *Amicis*, il n'a composé que de grands poèmes, épiques, philosophiques, mystiques, symboliques, tragiques. Il a écrit la *Mort du Juif errant*, qui fait songer à Edgar Quinet et à Lamartine; l'*Elkovan*, une histoire d'amour qui fait surtout penser à Musset; le *Premier jour de l'Éden*, qui rappelle Milton et Alfred de Vigny; *Prométhée délivré*, qui évoque les noms d'Eschyle et de Shelley; *Une vision* qui évoque celui de Dante; et *Marcel*, poème en dix chants, et *Jacqueline*, tragédie historique en cinq ou six mille vers.

Il a porté dans sa tête et dans son coeur les plus belles pensées, les plus vastes imaginations, les conceptions les plus grandioses. Chacune de ses oeuvres est un de ces rêves où l'on s'enferme et où l'on vit des mois et des ans, comme dans une tour enchantée. A-t-il senti parfois sa puissance inégale à son dessein? Je ne sais, car la nature bienfaisante lui a donné un talent assez abondant et facile pour qu'il n'éprouve que rarement la douleur de la lutte et de l'effort et pour qu'il puisse croire de bonne foi avoir réalisé son rêve. S'il est vrai que l'artiste jouit plus encore de l'oeuvre conçue que du succès de l'oeuvre achevée, M. Grenier a dû être heureux. Et en même temps la préoccupation constante de l'oeuvre aimée le retenait, quoi qu'il fît, dans les plus pures régions de la pensée et du sentiment, lui gardait l'âme haute, lui rendait facile la pratique des vertus qui font la dignité de la vie. Si peut-être il n'a pas été assez fort pour traduire entièrement tous ses songes, il en a vécu et, comme pour le récompenser du grand désir qu'il avait de leur communiquer la vie, ils lui ont donné en retour la sérénité et la bonté. Léguer aux hommes une de ces oeuvres où ils se reconnaissent et qu'ils vénèrent dans la suite des siècles, cela est sublime et cela est rare. Mais avoir eu le coeur assez haut situé pour l'entreprendre—et cela dix fois de suite—ce n'est déjà pas si commun. Passons donc en revue les plus beaux rêves de M. Grenier.

Le poète nous transporte dans un vieux château romantique, «à mi-côte des monts, sous un glacier sublime». Un étranger se présente, à qui le poète donne à souper. C'est Ahasver, le Juif errant, qui, pendant qu'une tempête farouche ébranle le vieux burg, raconte son histoire. «Après l'anathème que lui a lancé Jésus gravissant le Golgotha, il a vu mourir tous ceux qu'il aimait, et il a cru enfin au Christ le jour où son fils est mort; mais il a refusé de «plier les genoux». Puis il a vu sa race dispersée, la religion nouvelle s'emparer du monde, l'empire crouler. Il était plein de haine et d'ennui; il parcourait le monde, sinistrement. Mais une nuit, sur les ruines du Colisée, il a été touché d'un rayon d'en haut, il s'est repenti. Alors le Christ apparaît. Il annonce à l'éternel voyageur qu'il est pardonné et qu'il peut enfin mourir. Et Ahasver meurt en effet sous les yeux du poète.

L'auteur rapporte dans sa préface que Théophile Gautier disait de la *Mort du Juif errant* que c'était «une belle fresque sur fond d'or». Pourquoi une fresque? Est-ce parce qu'en effet les couleurs n'en sont pas tout à fait aussi éclatantes que le souhaiteraient nos imaginations surmenées et blasées? Et le fond d'or? Qu'est-ce que ce fond d'or? Je pense que c'est l'idéalisme de M. Grenier.

«Lamartine voyait dans la *Mort du Juif errant* la plus belle épopée moderne et voulait que je reprisse ce sujet en vingt-quatre chants.» Comme ils y allaient, ces hommes d'autrefois! Au fait, c'était un cadre assez pareil à celui de l'immense épopée que Lamartine avait conçue et dont il n'a écrit que le commencement et la fin (la *Chute d'un ange* et *Jocelyn*): l'aventure d'un ange déchu remontant à la perfection première par des expiations successives dans des pays et des siècles différents, si bien que son épopée devait être celle de l'humanité. Ah! ils étaient braves, nos grands-pères! Ils rêvaient des poèmes qui eussent expliqué le monde et son histoire, la destinée de l'homme et de sa planète. Comme ils nous mépriseraient, nous plus modestes et plus vicieux, qui n'avons plus de «longs espoirs» ni de «vastes pensées», qui nous renfermons dans la sensation présente et la voulons seulement aussi fine et aussi intense qu'il se peut!

La vérité, c'est que cette légende du Juif errant est un cadre admirable: on y met tout ce qu'on veut. M. Richepin le reprenait dernièrement dans une oeuvre de rhétorique brillante et bruyante, pour exprimer une idée toute contraire à celle de M. Grenier. Le Juif errant avait «marché» en effet; il assistait au déclin de la religion du Christ, aux progrès de la pensée libre, et triomphait contre celui qui l'avait maudit. Et puis, cette légende d'Ahasvérus offre un cas intéressant de psychologie fantastique, que M. Grenier a au moins indiqué dans la meilleure partie de son poème:

> Je voulus me mêler à mon peuple, à la foule.
> Mais, comme un roc debout dans un fleuve qui coule,
> Immobile au milieu des générations,
> J'avais vu les mortels glisser par millions.
> Le fleuve humain roulant son onde fugitive
> Avait passé; j'étais resté seul sur la rive.
> D'un voyage lointain je semblais revenu;
> Parmi des inconnus j'errais en inconnu.
> Les choses seulement me restaient familières,
> Et pour contemporains je n'avais que des pierres.

Imaginez un peu l'état d'esprit d'un homme qui ne doit point mourir et qui le sait, un immortel dans un monde où tout passe. La certitude de survivre à tous ceux et à toutes celles qu'il aime doit lui inspirer le dégoût et l'épouvante de l'amour et le rendre enfin incapable d'aimer. Et quelle atroce solitude que celle d'un homme qui n'est de l'âge de personne, qui n'est d'aucune génération et qui, ayant vu passer tant de choses, ne saurait plus s'intéresser à rien de ce qui passe! Si une expérience de trente ou quarante ans est souvent amère, que dire d'une expérience de deux mille ans! Et quelle misanthropie qu'une misanthropie de vingt siècles! Enfin, comme le malheureux immortel doit sentir plus cruellement que nous la fugacité et l'inutilité des vies humaines! Nous nous sentons passer, mais au moins nous passons. Donnez une âme à la rive qui demeure tandis que le fleuve s'écoule: la rive connaîtra, mieux que les vagues, la vanité et la tristesse de leur fuite, et la rive enviera les flots. Quelle désolation d'avoir, avec une pauvre âme vivante, la durée d'une montagne! Et comme il doit désirer la mort, celui qui ne peut pas mourir!

L'*Elkovan* est un conte d'amour en trois chants avec un prélude et un épilogue. Un batelier du Bosphore, Djérid, devient amoureux de la belle Aïna. Il fait semblant d'être aveugle pour s'introduire auprès d'elle et lui chanter des chansons amoureuses. Et il ne paraît pas devoir s'en tenir aux chansons. Mais le vieux mari d'Aïna découvre la ruse et fait crever les yeux au chanteur… Un peu après, Djérid, errant sur le quai, entend qu'on jette à la mer Aïna cousue dans un sac. En même temps un elkovan (oiseau du pays) vient se poser sur sa main, et il croit que c'est l'âme de son amie. Dans tout cela beaucoup d'amour pur, d'idéal, de mélancolie et de cette «couleur locale» un peu convenue qu'on aimait sous Louis-Philippe. C'est quelque chose de pur, d'élégant et de gracieusement vieillot: une *Namouna* lamartinienne ou, si l'on préfère, une romance en récit dans un décor des *Orientales*.

Puis voici un dialogue entre l'ange de la France, l'ange de l'Italie, *l'ange de la Pologne*, Lucifer et saint Michel. La Pologne, nous l'aimons bien, car les Polonais nous ressemblent un peu. Pourtant la Pologne nous fait sourire aujourd'hui et nous ne la voyons plus guère que sous les espèces d'un Ladislas de table d'hôte. Or la Pologne a fort préoccupé M. Édouard Grenier. Elle reparaît dans *Marcel*. Qu'est-ce à dire, sinon que M. Grenier a eu toutes les illusions et toutes les générosités d'une époque qui en avait beaucoup et qui ne nous les a pas léguées?

Il y a de la grandeur et de la grâce dans le *Premier jour de l'Éden*. L'air, les eaux, les arbres, les fleurs, les cygnes, toute la création chante à la femme sa bienvenue au jour. Ève, déjà inquiète et capricieuse, trouve les animaux, les fleurs, les oiseaux beaucoup plus jolis et plus heureux qu'elle. N'est-ce pas une aimable idée? Adam proteste: c'est, sans doute, ce qu'elle désirait. Arrive le serpent qui fait aussi sa déclaration à la femme, non plus innocemment comme les arbres ou les cygnes, mais finement, tendrement, humblement, comme un séducteur, comme un amoureux, comme un homme. Ève est ravie; au reste, ce petit animal l'a tout de suite intéressée:

> Sous sa gaine allongée et son réseau d'écaille,
> Comme il sait se mouvoir dans sa petite taille!
> La grâce sert de rythme à tous ses mouvements.
> L'esprit lui sort des yeux, et ses yeux sont charmants.
> De quel air suppliant il retourne la tête!
> Ne crains rien; viens vers moi, pauvre petite bête!
> Ta démarche est étrange et ton corps incomplet;
> Mais ton malheur me touche et ton regard me plaît.

Elle l'enroule autour de son bras et de son cou dont il fait ressortir la blancheur, et le serpent de l'Éden est la première parure de la femme, son premier collier, son premier bracelet. Et alors il lui parle à l'oreille, lui dit que la terre est déjà fort ancienne, qu'il y a eu déjà un autre monde avant celui-là, celui des reptiles, beaucoup plus grand. Dieu l'a détruit et tout est devenu petit et joli. Mais ce monde nouveau, Dieu voudra peut-être encore le remplacer par un autre…. L'arrivée d'Adam interrompt l'entretien; mais le serpent a donné rendez-vous à Ève sous l'arbre de la science: c'est là qu'il lui dira le reste. La nuit vient: Ève a peur que ce ne soit la fin du monde; Adam même, déjà faible, n'est pas tranquille: un ange apparaît et les rassure. Ainsi nous assistons au prologue de la tentation et nous la voyons commencer avec la vie même de la femme: l'idée est ingénieuse. M. Grenier a été rarement mieux inspiré que dans cette belle et délicate «idylle».

Après Milton, Eschyle. Les dieux de l'Olympe sont inquiets. Une voix a crié sur la mer: «Pan est mort!» Prométhée seul connaît le secret des destinées. Jupiter lui envoie, pour lui arracher ce secret et en lui offrant de partager l'empire, le subtil Mercure, puis le bon Vulcain. Prométhée refuse de répondre, défie et menace. Il ne parlera que si Jupiter lui-même vient l'implorer. Jupiter consent enfin à s'humilier devant son ennemi, lui fait enlever ses fers, et Prométhée annonce alors la naissance d'un dieu nouveau qui détrônera tous les anciens dieux.

Cette «tragédie» a de la pureté, de l'élévation, de la grandeur. Il me paraît cependant que l'idée en pouvait être exprimée plus fortement. Je voudrais que le poète eût marqué par des traits plus précis, dans une analyse poussée un peu plus avant, ce que le christianisme apportait avec soi de nouveau, la différence essentielle entre le naturalisme primitif et la religion de Jésus, Prométhée représentant d'ailleurs ce qu'il y avait déjà de chrétien dans l'âme antique. Puis il y a peut-être là plus d'éloquence que de poésie. On peut dire, je crois, que dans ces grands poèmes tragiques, épiques, symboliques, l'idée génératrice se réduit presque toujours à quelque chose de fort simple, d'élémentaire, de facile à trouver. Et ils peuvent aussi, en bien des parties, être déraisonnables, absurdes et fous (voyez le *Paradis perdu*). Ce qui fait que quelques-uns sont des chefs-d'oeuvre, c'est la puissance du poète à sentir; c'est le flot, la grande poussée des sensations, des images, des sentiments; c'est enfin une forme égale à la splendeur de la vision. Souvent le grand poète n'a pas des conceptions plus rares ni plus ingénieuses que nous autres qui sommes des têtes dans la foule; mais il sent dix fois plus fortement que nous, il crée dix fois plus d'images, et l'expression suit, et toute son âme y passe, puis se communique aux autres. Voilà tout. M. Grenier a vu passer les fantômes de merveilleux poèmes. La question est de savoir s'il leur infuse assez de sang pour qu'ils vivent. C'est sa gloire qu'on puisse au moins se poser la question.

Il n'est pas de grand sujet qui n'ait tenté M. Grenier. L'amour de la patrie est tout vibrant dans *Marcel*, dans *Francine* et dans *Jacqueline Bonhomme*. Marcel, c'est le héros cher aux romantiques. Il s'ennuie, il rêve, il ne sait que faire de sa vie. Il quitte Paris et se réfugie dans son pays natal pour s'y rajeunir et s'y retremper. Là il est aimé d'une bergère et se met à l'aimer. Mais, craignant de faire le malheur de la pauvre fille, il la quitte, il va à Venise. Il y rencontre une jeune Polonaise accompagnée de son frère et s'en va se battre avec eux pour l'indépendance de la Pologne. Blessé, il est soigné par son amie... Et, la guerre franco-allemande étant survenue pendant que M. Grenier écrivait cette histoire, il s'interrompt pour nous parler de l'année terrible, ramène Marcel en France et veut qu'il meure en défendant son pays. Et il y a quelque chose de touchant dans cette rupture de l'oeuvre et dans ce dénouement improvisé.

Fille d'un officier français tué en 1870, après un premier amour malheureux, la trahison d'un beau cousin, Francine voyage et s'arrête à Florence. Là elle aime un jeune homme étranger dont elle est aimée... Et tout à coup elle apprend que cet étranger est un officier prussien. Elle fuit héroïquement, rapporte au manoir natal son coeur brisé, se sauve du désespoir en faisant le bien autour d'elle et finit par épouser son complice en charité, le docteur Haller, un Alsacien qui a opté pour la France. Il y a dans ce poème de *Francine*, paru tout récemment, bien de la grâce, de la mélancolie et de la tendresse, sous une forme qui rappelle *Jocelyn*.

Jacqueline, c'est toute la Révolution découpée en grandes scènes, de 1789 à 1800. Les aventures de Jacqueline et de son frère relient assez inutilement les tableaux, et d'un lien trop fragile. Et puis, si c'est un drame, il ressemble trop à de l'histoire dialoguée, et, si c'est de l'histoire, elle ressemble trop à un drame. Encore que plusieurs morceaux en soient bons, le poème laisse une impression douteuse.

Avez-vous remarqué qu'il n'y a presque point d'oeuvre purement patriotique qui soit décidément un chef-d'oeuvre? Il faut, pour que je sois touché, que l'amour de la patrie se combine avec d'autres sentiments et que la patrie elle-même devienne quelque chose de vivant et de concret. Quand j'entends déclamer sur l'amour de la patrie, je reste froid, je renfonce mon amour en moi-même avec jalousie pour le dérober aux banalités de la rhétorique qui en feraient je ne sais quoi de faux, de vide et de convenu. Mais quand, dans un salon familier, je sens et reconnais la France à l'agrément de la conversation, à l'indulgence des moeurs, à je ne sais quelle générosité légère, à la grâce des visages féminins; quand je traverse, au soleil couchant, l'harmonieux et noble paysage des Champs-Élysées; quand je lis quelque livre subtil d'un de mes compatriotes, où je savoure les plus récents raffinements de notre sensibilité ou de notre pensée; quand je retourne en province, au foyer de famille, et qu'après les élégances et l'ironie de Paris je sens tout autour de moi les vertus héritées, la patience et la bonté de cette race dont je suis; quand j'embrasse, de quelque courbe de la rive, la Loire étalée et bleue comme un lac, avec ses prairies, ses peupliers, ses îlots blonds, ses touffes d'osiers bleuâtres, son ciel léger, la douceur épandue dans l'air et, non loin, dans ce pays aimé de nos anciens rois, quelque château ciselé comme un bijou qui me rappelle la vieille France, ce qu'elle a fait et ce qu'elle a été dans le monde: alors je me sens pris d'une infinie tendresse pour cette terre maternelle où j'ai partout des racines si délicates et si fortes; je songe que la patrie, c'est tout ce qui m'a fait ce que je suis; ce sont mes parents, mes amis d'à présent et tous mes amis possibles; c'est la campagne où je rêve, le boulevard où je cause; ce sont les artistes que j'aime, les beaux livres que j'ai lus. La patrie, je ne me conçois pas sans elle; la patrie, c'est moi-même au complet. Et je suis alors patriote à la façon de l'Athénien qui n'aimait que sa ville et qui ne voulait pas qu'on y touchât parce que la vie de la cité se confondait pour lui avec la sienne. Eh! oui, il faut sentir ainsi: c'est si naturel! Mais il ne faut pas le dire: c'est trop difficile, et on n'a pas le droit d'être banal en exprimant sa plus chère pensée.

II

M. Édouard Grenier serait donc, en résumé, quelque chose comme un Lamartine sobre, un Musset décent, un Vigny optimiste. Mais lui, direz-vous, où donc est-il dans tout cela? Il est dans de petites pièces dédiées à ses amis, semées sur des albums, qui assurément ne lui ont pas coûté un si grand effort que le *Prométhée* et qui se trouvent être charmantes. Voyez cette «épigramme» d'anthologie moderne:

Insondable et plein de mystère,
L'infini roule triomphant
Et dans son sein porte la terre,
Comme une mère son enfant.

La terre, à son tour, dans l'espace,
En glissant sur l'immense éther,
Sans la verser porte avec grâce
La coupe verte où dort la mer.

Et la mer porte sur ses ondes
Le vaisseau qui se rit des flots.
Et la nef sous ses voiles rondes
M'emporte avec les matelots.

Et moi, pauvre oiseau de passage
Que le sort loin d'Elle a banni,
Je porte en mon coeur son image
Où je retrouve l'infini.

Mais je préfère encore certaines «élégies» familières un peu dans la manière de Sainte-Beuve, avec plus de bonhomie, de candeur et de cordialité, où le poète nous raconte quelques-unes de ses impressions intimes: le départ du pays natal, la rose cueillie dans le jardin au dernier moment, une promenade dans un petit bois avec une coquette, le sentiment complexe qu'il éprouve auprès d'une femme qu'il a connue enfant, aimée jeune fille, et qu'il retrouve mariée, etc. Voici qui vous donnera une idée de cette poésie délicate et un peu triste. Le poète est dans la rue, remontant «de torrent de la foule»:

On se croise en silence, on s'effleure, on se touche,
On se jette en passant presque un regard farouche.
On se toise d'un air de mépris transparent;
Le moins qu'on se permet est d'être indifférent.
Et cet homme qu'ainsi l'on juge à la volée,
C'est peut-être un grand coeur, une âme inconsolée.
Celui-ci, mieux connu, si le ciel l'eût permis,
Eût été le meilleur de vos plus chers amis!

Celui-là, qui vous dit qu'il n'est pas ce génie
À qui vous avez dû plus d'une heure bénie?
Cet autre, un jour, sera votre frère d'exil;
Ce dernier, un sauveur à l'heure du péril.
Cette femme voilée et qui marche avec grâce,
Qui sait si ce n'est pas votre bonheur qui passe? etc.

M. Grenier nous dit dans sa préface avec une fierté légitime et une modestie exagérée:

«… Tout ce qu'il m'est permis d'entrevoir et de dire, c'est que j'ai cherché la clarté, la pureté et l'élévation; j'ai aspiré au grand art. On sentira, je pense, dans ces pages, le jeune contemporain de Lamartine, de Vigny, de Brizeux et de Barbier, pour ne parler que des morts et de ceux que j'ai connus et aimés. Nous sommes bien loin de tout cela maintenant. Pour ma part, je me fais l'effet d'un attardé, d'un épigone. Pourvu que je n'aie pas l'air d'un revenant!»

Non, M. Grenier n'est point un revenant, mais un représentant distingué d'une génération d'esprits meilleure et plus saine que la nôtre. On ne sait si son oeuvre nous intéresse plus par elle-même ou par les souvenirs qu'elle suscite; mais le charme est réel. Toute la grande poésie romantique se réfléchit dans ses vers, non effacée, mais adoucie, comme dans une eau limpide et un peu dormante; mais, si elle ne dormait pas, elle ne réfléchirait rien du tout.

Et la morale de tout ceci est bien simple: Visez haut, faites de beaux rêves, et, comme dit l'autre, «il en restera toujours quelque chose».

LE NÉO-HELLÉNISME

À PROPOS DES ROMANS DE JULIETTE LAMBER

(Mme ADAM)

«Toute la suite des hommes, pendant le cours de tant de siècles, doit être considérée comme un même homme qui subsiste toujours et qui apprend continuellement» (Pascal). Or c'est fatigant de toujours apprendre. L'expérience assagit, mais réjouit peu. De même qu'un homme ayant passé l'âge mûr, plein de souvenirs, de savoir et de mélancolie, remonte le cours des ans, se rappelle son enfance et sa jeunesse et se plaît à les revivre en se disant que c'est ce qu'il a eu de meilleur: ainsi l'humanité, arrivée à l'âge de l'histoire et de la critique, opprimée sous sa propre expérience, lasse de porter sous son crâne toute la science accumulée par les siècles, trouve pourtant dans son antiquité même des ressources contre l'ennui de durer et prend plaisir à se figurer les différents états d'esprit et de conscience qu'elle a jadis traversés. La critique même, qui tant de fois l'attriste, s'applique à machiner pour elle ces résurrections qui l'amusent. Et la critique y est aidée par une sorte de mémoire obscure des temps où nous ne vivions pas encore, et d'aptitude à les imaginer. Comme notre corps, avant de voir le jour, a parcouru successivement tous les degrés de la vie, à commencer par celle des mollusques, et continue de renfermer les éléments de ces organisations incomplètes qu'il a dépassées, ainsi l'âme moderne semble faite de plusieurs âmes, contient, si l'on peut dire, celles des siècles écoulés, et nous ressaisissons en nous, quand nous voulons y faire effort, un Arya, un Celte, un Grec, un Romain, un homme du moyen âge.

Par exemple, Rousseau et ceux de son École se refaisaient primitifs et «sauvages». Les hommes de la Révolution revivaient les premiers temps de la république romaine. De l'exactitude de ces résurrections intérieures, je ne dirai rien maintenant. Les poètes de la Pléiade croyaient chanter en Grèce, aux fêtes de Bacchus, ou à Tibur, sous la vigne d'Horace. Aujourd'hui la critique nous rend ces commerces plus aisés et plus attrayants: toutes les époques, mieux connues et reconstituées avec leur couleur propre et dans leur originalité, nous attirent tour à tour, et nous vivons avec tous nos ancêtres humains.

Surtout nous aimons vivre avec les Grecs et nous nous plaisons à dire qu'ils sont nos vrais pères intellectuels et que nous leur ressemblons. C'est l'âme hellénique que beaucoup d'artistes et d'écrivains de nos jours ont réveillée de préférence en eux et dans leurs ouvrages. La religion des Grecs leur paraît la plus belle; leur vie, la plus naturelle et la plus noble; leur art, le plus parfait. André Chénier commence notre initiation aux mystères de la beauté pure et de la forme accomplie; Cymodocée est presque l'unique grâce des *Martyrs* de Chateaubriand; Béranger lui-même a eu son rêve grec:

Oui, je fus Grec; Pythagore a raison.

Et Musset:

Grèce, ô mère des arts, ...
Je suis un citoyen de tes siècles antiques;
Mon âme avec l'abeille erre sous tes portiques…

Hugo, plusieurs fois, dans la *Légende des siècles.* applique ses lèvres d'airain, ses lèvres de prophète à la flûte de Sicile. Théophile Gautier, Paul de Saint-Victor, M. Cherbuliez et bien d'autres ne peuvent se consoler de la mort des beaux dieux de Grèce; Heine découvre l'île où ils sont relégués; M. Théodore de Banville les fait passer par l'atelier de Paul Véronèse. Leur culte va grandissant. Les derniers poètes, MM. Leconte de Lisle, Sully-Prudhomme, Louis Ménard, France, Silvestre, les aiment d'amour. Des hommes politiques parlent de république athénienne comme s'ils savaient ce qu'ils disent. Quand M. Taine raisonne de l'art grec, on sent, sous ses déductions solidement emboîtées et sous l'éclat dur de son style de poète-logicien, un coeur qui se fond en tendresse, et M. Renan fait, sur l'Acropole, sa troublante prière à Pallas Athènè. À mesure que monte la démocratie, que l'on dit inélégante, les âmes délicates se tournent avec d'autant plus d'adoration vers les pays et vers les siècles de la beauté irréprochable et de la vie harmonieuse. Comme autrefois Ronsard et ses amis immolaient en pompe un bouc à Iacchos, plusieurs de nos contemporains offriraient volontiers à quelque statue de Vénus anadyomène ou de Vénus victorieuse, non une génisse ou une brebis, mais des fruits, du lait et du vin, en chantant sur un air de Massenet des vers de Leconte de Lisle.

I

Ce rêve grec, personne ne l'a embrassé avec plus de ferveur, nourri avec plus de prédilection, exprimé avec plus d'enthousiasme; personne n'a mieux ramené et rattaché à ce rêve antique ses sentiments et ses pensées même les plus modernes; personne n'a mieux donné à cette pitié d'artiste l'apparence d'un culte moral et d'une foi directrice de la vie; personne ne s'est mêlé avec plus de joie à la procession des Panathénées, que Mme Juliette Lamber. Sa moins contestable originalité est dans l'ardeur même de sa foi païenne.

Son oeuvre est presque tout entière une apothéose de la terre et de la vie terrestre. Croyance passionnée à la bonté des choses; ivresse d'être et de sentir; libre vie qui, pour être heureuse, n'en est pas moins noble; obéissance aux penchants naturels rendue inoffensive par le goût de la mesure, par l'adoration studieuse de la beauté; réconciliation de la matière et de l'esprit; développement harmonieux de l'homme complet, l'exercice de ses facultés supérieures suffisant à tempérer et à purifier les instincts de la chair: voilà le fond de ses romans.

Qui je suis? Je suis païenne. Voilà ce qui me distingue des autres femmes[37].

[Note 37: *Païenne*, p. 12.]

Mais ce n'est pas seulement parce que la religion et la vie grecques, telles qu'elle se les figure, lui semblent belles, que Mme Juliette Lamber les embrasse si ardemment. Elle croit qu'une nature bien douée, si on la laisse se développer en liberté, y va d'elle-même. Notre malheur, c'est qu'on nous inculque dès l'enfance des idées, des croyances et des soucis d'outre-tombe, par où notre nature est faussée à jamais: car ces pensées et ces terreurs, on ne s'en affranchit plus; du moins il en reste toujours quelque chose. Puis, outre l'éducation reçue, on subit malgré soi, plus ou moins, l'esprit de quatre-vingts générations qui toutes ont eu ce pli de se tourmenter d'une autre vie et de placer leur idéal en dehors de la vie terrestre.

Il ne faut savoir que ce que l'on voit, sentir que ce que l'on ressent... Les seules leçons que reçut mon enfance furent celles qui devaient me garantir de toute notion religieuse[38].

[Note 38: *Païenne*, p. 15.]

Ma jeunesse, je la vivais en moi, par moi, sans être tenue de la vivre dans la jeunesse de cent races, dans les erreurs, les caducités de cent sociétés mortes de vieillesse[39].

[Note 39: *Païenne*, p. 20.]

Le moyen de rendre à notre être sa virginité native, de lui assurer l'intégrité de sa jeunesse, c'est de vivre dans la nature, de l'aimer, de la comprendre, de communier avec elle. Un des mérites les plus éminents de Mme Juliette Lamber, c'est sa passion des beaux paysages et sa puissance à les décrire. Ses tableaux ont de l'éclat et un pittoresque grandiose. Ce sont des paysages du Midi, chauds et lumineux; et ils sont vivants, vraiment pleins de dieux, la nature y ayant des formes vaguement animales et respirantes: *Mens agitat molem.*

Les flancs ravagés du Luberon étaient des entrailles d'or. Les hauteurs de ses collines prennent les aspects rugueux de la peau des mastodontes. L'un des sommets a la forme d'un monstre. Il semble nager sur les vagues de la terre, s'abaisser pour se relever dans le roulis des mouvements du globe, tandis que les nuages floconneux, posés sur le monstre, l'entourent d'écume soulevée[40].

[Note 40: *Païenne*, p. 27.]

L'auteur de *Païenne* éprouve avec une rare violence l'ivresse des formes, de la lumière et des couleurs. Il y a chez sa Mélissandre, si raffinée pourtant, quelque chose de la large vie animale et divine du Centaure de Maurice de Guérin.

> Je me grisais en respirant la flamme de l'astre immortel, j'en recherchais les embrassements; je crus trouver un être semblable à moi, plus brûlant, que je coiffais de rayons, que je personnifiais, dont je partageais les habitudes, me levant, me couchant à ses heures, amoureuse de sa face étincelante, désespérée de ses disparitions comme de l'absence d'un être adoré. Le soleil fut ma première passion, mon premier culte.
>
> Les grandes formes des montagnes, je les animalisais, je leur trouvais des figures mystérieuses. Quand je courais à leur pied, je m'imaginais les entraîner avec moi dans des courses vertigineuses, au galop de mon cheval. Les arbres m'accompagnaient en longue file ou par troupe; je me sentais emportée par le mouvement de toute la terre sous le regard de toutes les étoiles! Ah! les belles chevauchées que celles faites avec la nature entière! etc.[41]

[Note 41: *Païenne*, p. 22.]

Dans ces paysages divinisés vivent en effet des demi-dieux et des déesses. Les héros et les héroïnes de Mme Juliette Lamber ont la beauté physique, la richesse, la fierté, le courage, l'intelligence, l'esprit, le génie. Vous ne trouverez point là de sacrifices secrets, de mélancolies d'anémique, de passions étouffées (sauf, tout au plus, dans la première partie de l'histoire d'Hélène)[42]. Ils n'ont ni dégoût de la vie ni honte de l'amour. Ce sont de superbes et lyriques créatures qu'on s'imagine pareilles aux seigneurs et aux dames qui éclatent sur des ciels d'apothéose dans les tableaux et les plafonds de la Renaissance italienne. C'est à des toiles de Véronèse qu'ils font penser, notons-le dès maintenant, beaucoup plus qu'aux sobres figures des Panathénées.

[Note 42: *Laide*.]

Leur histoire est extraordinaire et simple. Hélène, défigurée par une maladie, se meurt d'être laide et de n'être point aimée d'amour par le beau peintre Guy Romain, son camarade et mari. Après un suicide manqué, une nouvelle maladie lui rend la beauté et lui donne l'amour de Guy[43]. —Ida, exilée de Crète, préfère sa patrie et ses dieux à son faible amant le Cypriote, qui meurt écrasé par la statue de marbre de son rival Apollon[44].—Quant à *Païenne* ce n'est qu'un long et brûlant duo d'amour, sans fable ni incidents extérieurs, et même sans drame intérieur; car les amants ont à peine une heure de doute et passent leur temps à faire en eux-mêmes ou l'un dans l'autre des découvertes qui les ravissent. (Il fallait de l'audace et je ne sais quelle candeur passionnée pour concevoir et entreprendre un livre de cette sorte.)

[Note 43: *Laïde.*]

[Note 44: *Grecque.*]

Ainsi l'oeuvre de Mme Juliette Lamber n'est que l'hymne triomphant des sentiments humains les plus nobles et les plus joyeux: l'amour de l'homme et de la femme (*Païenne*), l'amour de la patrie (*Grecque*), l'amour de la beauté (*Laïde*), et partout l'amour de la nature, et partout le culte des dieux grecs: car toutes sont païennes et la Grecque Ida est une païenne pratiquante. Et le patriotisme de Mme Juliette Lamber s'efforce aussi d'être antique et païen. La patrie est chose concrète: c'est l'ensemble des biens qui font pour un peuple la douceur et la beauté de la vie; là encore le mysticisme n'a que faire. Le lieutenant Pascal finit par reconnaître que son patriotisme ascétique, culte d'une abstraction à laquelle il sacrifie ses sentiments naturels, n'est qu'une sublime erreur, et il se décide à aimer la France dans la personne d'une Française[45].

[Note 45: *Jean et Pascal.*]

Ce naturalisme respire non seulement dans les oeuvres franchement païennes de Mme Juliette Lamber, mais dans ses moindres nouvelles. La nature y est partout plus qu'aimée,—adorée, et partout les divinités grecques y sont évoquées et invoquées, et jusque dans des dialogues entre personnages qui s'appellent bourgeoisement Renaux ou Durand[46]. Je ne prétends pas que ce naturalisme donne beaucoup de naturel à leurs conversations; mais il suffit que l'auteur écrive ainsi naturellement. Du reste, il n'aime ni ne décrit guère que les paysages du Midi, les paysages provençaux, si pareils aux sites de la Grèce[47]. Il ne cache point son parti pris contre la nature du nord, la nature des pays de sapins, nourrice des rêves mystiques, des sentiments anti-humains, des songes vagues et des moeurs dures. L'amour se déroule librement sous le soleil, qui l'encourage. Les frères, avec une simplicité de demi-dieux, s'intéressent aux amours de leurs soeurs et s'y entremettent[48]. Dans cet heureux monde, Juliette et Roméo ne meurent point et réconcilient Montaigus et Capulets[49]. Et, s'il se trouve à la Sainte-Baume un ermite, c'est encore un ermite naturaliste[50].

[Note 46: *Récits du golfe Juan: la Pêche au feu.*]

[Note 47: *Récits du golfe Juan: Voyage autour d'un grand pin.*]

[Note 48: *Jean et Pascal: la Pêche au feu.*]

[Note 49: *Récits du golfe Juan: Font-Bouillant.*]

[Note 50: *Voyage autour d'un grand pin.*]

Naturalisme, paganisme, néo-hellénisme, tous ces mots conviennent également pour désigner l'esprit des livres de Mme Juliette Lamber: mots assez flottants et malaisés à définir. Cela nous avertit qu'il ne s'agit pas précisément d'un système philosophique, d'une théorie de l'univers et de la vie, mais plutôt d'un état intellectuel et sentimental. On verrait peut-être, en y regardant de près, que ce n'est là, forcément, qu'une fantaisie de modernes qui se pare d'un nom ancien; on démêlerait la part d'illusion, voulue ou non, que renferme le néo-hellénisme; on reconnaîtrait enfin à quel point cette fantaisie est aristocratique et combien peu de personnes en sont capables, mais aussi comme elle est belle et bienfaisante.

II

Il faut écarter la question de savoir si, comme paraît le croire Mme Juliette Lamber, une personne bien douée, de notre temps et de notre race, abandonnée à elle-même et soustraite à toute influence moderne, arriverait sûrement à penser, sentir et vivre comme un Grec ancien; en d'autres termes, si la vie grecque dans son ensemble présente le développement le plus naturel de l'animal raisonnable qui est l'homme.

Élevés autrement que Mélissandre, notre néo-hellénisme est plutôt chose acquise que fruit de nature. Il consiste à aimer et à admirer, l'art, la littérature et la religion des Grecs (ce qui suppose passablement d'étude), et à essayer de se faire l'âme et la vie d'un Athénien du temps de Périclès (quelques-uns diraient: d'un Ionien du temps d'Homère).

Il est clair d'abord que ceux qui font ce rêve savent bien que ce n'est qu'un rêve. Nous ne pouvons supprimer vingt-cinq ou trente siècle dont nous héritons. Nous avons en nous des germes que les générations y ont déposés, qui n'ont rien de grec et que nous ne pouvons étouffer. Nous vivons dans un milieu qui nous avertit que nous ne sommes point Grecs et qui sans cesse nous modifie dans un tout autre sens.

Mais ce n'est pas tout. Ce que nous rêvons sous le nom d'hellénisme, est-ce si grec que cela? Le néo-hellénisme n'est-il pas plus nouveau que grec? Nous figurons-nous bien la vie grecque comme elle était? N'y aimons-nous pas beaucoup de choses que nous y mettons? N'y a-t-il pas, dans notre admiration même de l'art grec, une part de noble et heureuse duperie?

L'un nous dit:

Bienheureuse la destinée
D'un enfant grec du monde ancien[51]!

[Note 51: Sully-Prudhomme, *Croquis italiens.*]

L'autre:

Jadis j'aurais vécu dans les cités antiques, etc.[52]

[Note 52: Emmanuel des Essarts.]

Ils nous disent tous qu'ils auraient voulu vivre à Athènes, y faire de la gymnastique, entendre les orateurs, suivre les processions, assister aux représentations tragiques qui duraient des jours entiers... Eh bien! pas moi! je le dis franchement. On sous-entend peut-être que, transportés à Athènes, nous y prendrions le coeur et la tête d'un Athénien: alors ce ne serait plus nous. Mais je suppose que nous, tels que nous sommes, nous nous trouvions transportés dans la ville ressuscitée de Pallas-Athènè et contraints à vivre de la vie de ses citoyens: croyez-vous que nous y serions bien à notre aise? Trop de choses nous manqueraient: le foyer, le chez soi, le luxe, le confort, l'intimité de la vie et tous les plaisirs et tous les sentiments qui dérivent de la position des femmes dans la société moderne: la courtoisie, la galanterie, et certaines idées et certaines délicatesses. Il faudrait vivre toujours dehors, toujours dans la rue ou sur la place publique, toujours juger, toujours voter, toujours s'occuper de la politique, et cependant ne pas faire oeuvre de ses dix doigts. Et l'on serait fort peu libre de penser à sa guise, témoin Socrate, et exposé en outre au chagrin d'assister à des sacrifices humains (on en fit avant Salamine). Ces petits ennuis seraient compensés, me dira-t-on, par le plaisir de ne vivre qu'avec des hommes intelligents, tous beaux, tous connaisseurs, tous artistes. «Il y a eu, dit M. Renan, un peuple d'aristocrates, un public tout entier composé de connaisseurs, une démocratie qui a saisi des nuances d'art tellement fines que nos raffinés les aperçoivent à peine[53].» M. Renan, qui doute de tant de choses, a l'air de n'en pas douter. Pourtant Thucydide et les orateurs me donnent parfois une singulière idée de cette vie tout harmonieuse et intelligente, et il me paraît bien que les trois quarts des plaisanteries d'Aristophane ne pouvaient s'adresser qu'à des hommes assez grossiers. Non, décidément, mieux vaut vivre au XIXe siècle, à Paris qui peut, ou même dans un joli coin de province.

[Note 53: *Souvenirs d'enfance et de jeunesse.*]

Peut-être y a-t-il aussi quelque affectation et quelque duperie dans l'admiration de plusieurs pour l'art grec. Cela devient une superstition qu'ils entretiennent et dont ils se savent bon gré, comme si elle les mettait toute seule au-dessus du vulgaire; une religion exclusive qui les pousse au mépris de tout le reste. Voyez comment la Renaissance est traitée par le sculpteur Martial:

> Ce sont les petits artistes de la Renaissance qui ont inventé l'abstraction des impalpables, l'idée de l'idée infuse, le reflet d'un sentiment indéfini de l'indéfinissable[54].

[Note 54: *Laide*, p. 17.]

Et ailleurs:

> Il me semble que ce que j'appelle l'école intime, intérieure,
> domestique, va disparaître… Assez d'ombres, assez de demi-
> jour, assez de ciels du Nord ont été peints depuis trois siècles,
> pour ne vous parler que de peinture. Déjà la jeune École, tout
> ce qui porte l'avenir dans ses entrailles, se tourne vers l'Orient,
> vers les pays de grand soleil, dont toutes les routes de terre et
> de mer conduisent en Grèce…[55].

[Note 55: *Laide*, p. 101.]

Ils n'ont à la bouche que mesure, sobriété, clarté, harmonie, pureté des lignes,
proportions, et commentent abondamment le *philokaloumen met' euteleias*[56].
crains, en vérité, qu'ils ne soient moins épris de l'art grec que de l'idée qu'ils
s'en font. On peut dire d'abord qu'ils n'aiment cet art que par un détour et un
retour, parce qu'ils en connaissent un autre plus complexe et plus vivant et
dont il leur plaît de faire bon marché, soit par satiété et lassitude, ou pour
montrer qu'ils peuvent s'en détacher et qu'ils sont encore au dessus. Les
définitions même qu'ils donnent de l'art grec impliquent la notion de quelque
chose qui les dépasse. Je vais proférer un blasphème. J'aime sans doute, dans
les frises du Parthénon, la naïveté du dessin, la sérénité de l'ensemble et une
certaine science du groupement; mais j'ai beau faire, je vois que tout est
simplifié à l'excès, que les jeunes filles sont trop courtes, que telle figure est
gauche et lourde, etc. Je sais qu'on peut voir avec d'autres yeux et tourner
tout cela en qualités; mais enfin j'ai dans l'idée et je connais des exemplaires
d'un art qui me satisfait bien autrement. Pour dire que la statuaire grecque est
le beau par excellence, il faut d'abord donner du beau une définition «faite
exprès». Et, encore une fois, ce qui nous fait aimer cet art si simple, ce sont
des raisons qui ne le sont point, qui nous viennent de l'expérience d'un art
plus tourmenté, d'une littérature plus riche, d'une sensibilité plus fine.

[Note 56: *Thucydide*, II.]

Et c'est pourquoi, après nous avoir dit de l'Acropole: «Il y a un lieu où la
perfection existe; il n'y en a pas deux: c'est celui-là… C'était l'idéal cristallisé
en marbre Pentélique qui se montrait à moi»; après avoir chanté (avec quelle
grâce ensorcelante!) les litanies de la déesse aux yeux bleus, l'enchanteur
Renan, par une diabolique palinodie, fait entendre à Pallas Athènè qu'il y a
pourtant au monde autre chose que la Grèce, et qu'être antique, c'est être
vieux:

> … J'irai plus loin, déesse orthodoxe; je te dirai la dépravation
> intime de mon coeur. Raison et bon sens ne suffisent pas. Il y
> a de la poésie dans le Strymon glacé et dans l'ivresse du Thrace.

Il viendra des siècles où tes disciples passeront pour les disciples de l'ennui. Le monde est plus grand que tu ne crois. Si tu avais vu les neiges du pôle et les mystères du ciel austral, ton front, ô déesse toujours calme, ne serait pas si serein; ta tête, plus large, embrasserai divers genres de beauté…[57].

[Note 57: Renan, *Souvenirs d'enfance et de jeunesse.*]

III

Un moyen d'arranger tout, c'est d'élargir le front d'Athènè; c'est de donner à des idées et à des sentiments modernes quelque chose de la forme antique. Nos artistes n'y ont point manqué. Pour ne parler que des romans de Mme Juliette Lamber, que de choses dans son hellénisme qui ne sont pas tout à fait grecques!

Autant que j'en puis juger, les anciens Grecs pouvaient être religieux, ils n'étaient pas dévots; ils ne connaissaient pas ce que les théologiens appellent la piété affective. Ils concevaient la prière, soit comme une opération commerciale, donnant donnant, soit comme une spéculation philosophique. Il ne me paraît pas qu'il y ait l'accent de la piété, même dans l'hymne de Cléanthe à Jupiter, dans l'invocation de Lucrèce à Vénus, ou dans les prières qu'on pourrait récolter chez Sénèque ou Cicéron, ou dans les choeurs des tragiques. Je ne vois guère que les *Bacchantes* et l'*Hippolyte* d'Euripide où sonne un peu cet accent. Mais combien il est plus vibrant dans les prières chrétiennes! Or les héroïnes de Mme Juliette Lamber—Hélène et Ida—prient Apollon ou Artémis un peu à la façon dont une religieuse prie Jésus ou la Vierge, avec des élans d'amour, un abandon de soi, des hallucinations, une assurance d'être aimée et préférée de son dieu…

De même, les personnages de ces romans païens portent dans l'amour de la nature une sensibilité violente et vague que les anciens Grecs ne paraissent pas avoir connue. Très certainement les Athéniens ne jouissaient pas de la campagne comme nous. La plupart ne vivaient guère aux champs, étaient de purs citadins, attachés aux pavés du Pnyx ou de l'Agora. Quant à leurs poètes, quelques-uns aiment certes et décrivent la nature; mais toujours leurs paysages sont courts et simples, même ceux de Théocrite: à peine un peu de mignardise chez Bion et chez quelques poètes de l'*Anthologie.* Jamais, chez eux, de ces curiosités d'analyse, de ces efforts pour exprimer tels effets rares de lumière et de couleur. Puis leurs descriptions sont toujours tranquilles: ils n'éprouvent point, aux spectacles de la nature, le plaisir inquiet, le mal d'amour de certains modernes et cette espèce d'ivresse voulue et qui se bat un peu les flancs. Ils goûtent la campagne, ils n'en ont point la passion. Il y a d'ailleurs tels sites sauvages, formidables, qui nous ravissent et qui leur eussent franchement déplu. Ils aimaient les sites bornés, bien limités et bien construits. Ils ne s'évertuaient point devant les tableaux extraordinaires. Un

Grec eût été plus froid que Jean Lalande en présence d'un fouillis d'orchidées[58]; un Grec n'eût point entrepris d'analyser et d'exprimer par des mots la prodigieuse gamme de couleurs, la fantasmagorie du lac de Garde au soleil couchant[59]; un Grec sur une montagne n'eût pas noté ni peut-être éprouvé une impression de ce genre:

> Des cimes plus hautes se dressent… On se trouve tout à coup seul dans des espaces où l'oeil n'a plus qu'une vision éclatante et rayonnante, où l'intelligence distendue devient vague et n'a que des perceptions de largeur, de lumière, de cercle immense[60].

[Note 58: *Jean et Pascal*, p. 171 sqq.]

[Note 59: *Jean et Pascal*, p. 215 sqq.]

[Note 60: *Païenne*, p. 201.]

Surtout un Grec n'eût pas écrit et n'eût pas trop compris des passages comme celui-ci:

> Hélène admire l'univers et croit le comprendre. Cependant, sous ce qu'elle voit, il lui semble qu'un inconnu l'attire pour la charmer. Qu'est-ce donc que le mystère du réel? Où se cache-t-il? Dans les choses ou dans l'être? Les secrets du dehors sont-ils écrits sur ce qui se manifeste aux yeux, ou bien renfermés au plus profond de nous[61]? Etc.

[Note 61: *Laide* p. 193 sqq.]

Ne seraient-ce là que des mots, non pas vains sans doute, mais qui répondent à des sentiments mal définis et peu définissables? En réalité, aimer la nature et la «comprendre», qu'est-ce que cela? Cela signifie d'abord qu'elle rafraîchit notre sang, caresse nos oreilles, amuse nos yeux, et qu'elle nous procure une série ininterrompue de sensations agréables et légères, qui nous occupent sans nous troubler, qui n'émeuvent pas trop fort et qui n'ennuient point, qui reposent et soulagent, si l'on veut, du travail de penser. Vivant dans la campagne, nous prenons plaisir aux images qu'elle nous offre d'une vie plus simple que la nôtre et qui glisse par degrés jusque dans la vie inconsciente: vie des animaux, vie des arbres et des fleurs, vie des eaux et des nuages. La sérénité de cette vie impersonnelle et, en un sens, divine se communique à nous par une sorte d'aimantation. Ou bien, au contraire, le déchaînement des forces naturelles plaît au «roseau pensant», soit par la raison qu'a dite Pascal, soit par la beauté qu'il découvre dans l'horreur de leur déploiement. Un peintre a d'autres motifs d'aimer la nature: il y cherche des combinaisons de couleurs et de lignes que l'art n'inventerait pas tout seul. Autre chose encore: nous saisissons des analogies entre notre vie et celle de la nature, et nous goûtons, en nous y appliquant, la joie calme de sentir notre existence se dérouler parallèlement à la sienne. Elle nous suggère d'innombrables images, métaphores et comparaisons; elle nous fournit des symboles de mort et de résurrection, de purification et de seconde vie. Les mystères d'Éleusis n'étaient que la mise en scène et la célébration d'un de ces symboles. Puis l'infinité et l'éternité de la nature, l'immutabilité de ses lois dont nous pouvons sans cesse voir l'accomplissement autour de nous et dans les moindres objets, tout cela nous enseigne la sagesse, la paix et la résignation quand nous nous sentons une si négligeable partie de ce tout démesuré. Sont-ce là toutes les façons d'être ému en face de la nature? Peut-être en est-il une autre, plus obscure à la fois et plus violente. Il peut arriver que le spectacle des puissances naturelles et de leurs manifestations fatales exaspère en nous, je ne sais comment, la souffrance innée de nous sentir finis, de n'être que nous, et le désir vague d'en sortir et de nous mêler à l'être universel. C'est le voeu suprême de saint Antoine, l'aboutissement de la tentation: «... Je voudrais descendre jusqu'au fond de la matière, être la matière[62].»

[Note 62: Flaubert, la *Tentation de saint Antoine*.]

Voilà tout, je crois; et encore y a-t-il là bien des sentiments dont on ne trouve pas trace dans les écrits des anciens. Mais, quand Melissandre la païenne écrit ces phrases mystérieuses:

> Je voulus connaître le secret des choses... Mes idées étaient simples. Elles gravitaient sans effort dans les voies supérieures où l'on rencontre les dieux... Je ne voyais pas seulement avec les yeux, mais avec tout mon être... Je pénétrais le secret des lois d'échange avec la nature et mêlais mon individualité au grand tout... Je découvrais les affinités divines, humaines, naturelles, de toute force, de toute vie, etc.[63].

[Note 63: *Païenne*, p. 17.]

On n'est plus bien sûr de comprendre; on se demande ce que c'est que ces «lois d'échange» et ces «affinités». Mme Juliette Lamber en donne, je crois, dans *Jean et Pascal*, un exemple qui éclaircit sa pensée. C'est le chêne, robuste, accueillant et gai, qui a fait le Gaulois; c'est le sapin, raide, hérissé, méchant, qui a fait le Germain[64]. Curieuses imaginations, mais fort arbitraires. Une forêt de sapins, avec la solennité de ses colonnades et la féerie de ses dessous bleuâtres, est bien aussi belle et peut verser à l'âme d'aussi nobles pensées qu'une forêt de chênes. Joignez qu'il n'y avait peut-être pas, dans l'ancienne Gaule, beaucoup plus de chênes que de sapins.

[Note 64: *Jean et Pascal*, p. 60 sqq.]

«Comprendre la nature», ou c'est ce que j'ai essayé de dire tout à l'heure, ou c'est bonnement savoir la botanique et l'histoire naturelle. Mais le panthéisme vague, pieux et contradictoire de Mélissandre est tout autre chose. Il y a là un besoin d'adoration, de communication avec une personne divine, le mysticisme accumulé de cinquante générations, qui, ne voulant plus se porter sur le Dieu d'une religion positive, s'épanche sur l'univers, lui prête une âme bienveillante, érige la nature en divinité secrète qui parle à ses élus, les enseigne et les veut tout entiers. Tiburce lui-même le dit à Mélissandre, trop éprise de cette religion de la nature: «Cette férocité singulière eût fait de toi, sans mon amour, une prêtresse d'un culte sacrifiant, comme les chrétiens, la personnalité humaine à l'amour divin[65].» On voit que, de l'aveu même de l'auteur, cela n'est point grec, cela même est antigrec.

[Note 65: *Païenne*, p. 147.]

On en peut bien dire autant de l'amour. «Vous y trouverez, dit Mme Juliette Lamber, un double courant, mystique et sensuel[66].» Or les anciens Grecs n'ont guère connu, en amour, le «courant mystique». Le romanesque et la rêverie dans la passion, la forme religieuse donnée au culte de la femme, l'absorption dévote dans sa contemplation, le pétrarquisme, il n'y a pas grand'chose de tel chez les Grecs et rien, je crois, de pareil à l'état de Tiburce devant Mélissandre:

> J'ai réellement possédé le bonheur des immortels. J'ai vu l'amour se dépouiller, s'épurer, devenir religion, culte et prière. Pour la première fois j'ai éprouvé les délices de l'adoration intérieure… [67].

[Note 66: *Païenne*, dédicace.]

[Note 67: *Païenne*, p. 83.]

On n'imagine pas Sapho parlant ainsi au sortir des bras de Phaon.

Il serait facile, en continuant cette analyse, de constater, dans tous les sentiments des néo-Grecs de Mme Juliette Lamber, les mêmes déviations, le même affinement ou le même enrichissement. Par exemple, on sait l'ardent patriotisme de l'auteur de *Grecque*. Plus d'utopies humanitaires: assez longtemps nous avons convié les autres peuples à la fraternité universelle; nous savons ce que coûtent ces générosités; nous devons aimer la patrie d'un amour étroit, exclusif, l'aimer à la façon des anciens. Le patriotisme de la Crétoise Ida et de Pascal Mamert a les ardeurs, la jalousie et l'intolérance d'une religion. Mais vraiment ils s'y appliquent trop. C'est que nous avons beau faire: nous voulons désormais être patriotes à la façon d'un Athénien, d'un Spartiate ou d'un Romain de la république; mais, puisque nous le voulons, c'est donc que nous ne sommes pas ainsi naturellement. Une chose nous distingue des autres peuples: nous aimerions mieux ne pas les haïr. Nous ne concevons la haine que comme l'envers d'un devoir de justice, de pitié et d'honneur. Et ce n'est pas notre faute. Pour ne nous comparer qu'aux Grecs chers à Mme Juliette Lamber, on n'aime pas un pays qui a fait la Révolution (oeuvre bonne, il est trop tard du reste pour en douter) de la même façon qu'on aime une petite cité où rien ne pallie le droit du plus fort et qui compte l'esclavage parmi ses institutions. Ajoutez qu'on n'aime pas non plus un pays de trente-cinq millions d'hommes de la même manière qu'un État de dix mille citoyens. Un de nos officiers tomberait dans d'autres Thermopyles avec autant d'héroïsme que les soldats de Léonidas: je crois qu'il aurait peut-être, en tombant, des pensées que les Spartiates ni même les Athéniens n'ont point connues; qu'il obéirait à des raisons plus idéales, et que, son intérêt étant moins visiblement lié à celui d'une patrie plus étendue et plus complexe, il y aurait dans son dévouement moins de fureur instinctive, plus de volonté, plus de résignation, un désintéressement plus haut…

La forme, dans les romans de Mme Juliette Lamber, sera-t-elle grecque, à défaut des sentiments? Je ne sais de vraiment grec, dans notre littérature, que les idylles d'André Chénier, et peut-être certaines pièces de Leconte de Lisle (*Glaucé, Clytie*, l'*Enlèvement d'Hélène*). Le roman de *Grecque* observe avec le plus grand soin la forme antique et offre une intéressante tentative d'appropriation du style homérique à un récit moderne. Mais encore y a-t-il un souci du pittoresque, une longueur complaisante et détaillée de descriptions, un sentiment de la nature dont la ferveur et la curiosité sont bien choses d'aujourd'hui. Puis, si heureux que soit un pastiche de cette sorte, trop prolongé il risquerait de fatiguer en exigeant un effort trop continu «d'imagination sympathique», effort assez facile à soutenir quand on l'applique à une oeuvre antique *pour de vrai*, moins facile lorsqu'il s'agit d'un jeu, d'un exercice d'imitation savante. Quant aux autres romans de Mme Juliette Lamber, on a assez vu par les citations (car ici le fond emporte la forme) s'ils avaient toujours l'accent grec. Même dans les pages où l'auteur est le plus attentif, il écrit en «prose poétique»,—c'est-à-dire avec un tour plus moderne et toutes les différences qu'on voudra, dans le *ton* des *Incas*, d'*Atala* et des *Martyrs*,—et l'on sait assez que cette prose-là n'est point trop grecque.

IV

Ainsi tout nous échappe, et il semble que, contre notre attente, nous poursuivions une ombre. Nous n'avons trouvé dans aucun des éléments séparés de l'oeuvre de Mme Juliette Lamber l'hellénisme dont ces éléments réunis nous donnaient pourtant l'idée. Du moins il nous a paru si intimement mêlé à d'autres idées et à d'autres sentiments qu'il était à peu près impossible de l'y distinguer nettement et de l'isoler. Chaque passion, chaque impression, chaque phrase, pourrait-on dire, a visiblement trois mille ans de plus qu'un vers d'Homère et vingt-quatre siècles de plus qu'un vers de Sophocle, et montre à qui sait voir, comme un signe involontaire et indélébile, l'affinement de son époque. Qu'y a-t-il donc de grec dans la composition de ce paganisme, et comment se fait-il que ce qui n'est dans aucune des parties respire (on ne peut le nier) dans le tout?

Ce qui augmente encore l'embarras, c'est qu'il y a plus d'une façon d'entendre ce mot de paganisme. Écoutez une anecdote. C'était dans une maison où Théophile Gautier, M. Chenavard et M. Louis Ménard, l'auteur de la *Morale avant les philosophes*, se trouvaient ensemble à dîner.

—Ce qui me plaît dans le paganisme, vint à dire Gautier, c'est qu'il n'a pas de morale.

—Comment! pas de morale? fit M. Chenavard. Et Socrate? et Platon? et les philosophes?...

—Comment! les philosophes? répliqua M. Ménard. Ce sont eux qui ont corrompu la pureté de la religion hellénique!

C'est plutôt au sentiment de M. Louis Ménard que se rangerait Mme Juliette Lamber: «Je suis païenne, dit Madeleine à son cousin de Venise; mais la raison qui vous rattache à la poésie de l'Église primitive est la même qui me fait n'accepter du paganisme que les croyances du premier temps de la Grèce[68].»

[Note 68: *Jean et Pascal*, p. 164.]

Et je crois bien que c'est, en effet, M. Louis Ménard qui a raison, et aussi Théophile Gautier, à le bien entendre. Tout ce vague paganisme ne prend un sens un peu net que par opposition au christianisme, à la conception chrétienne de l'homme et de la vie, à l'esprit de la morale chrétienne. Or l'essence de cette morale, ce qui lui est propre et la distingue de la morale naturelle, c'est assurément le mépris du corps, la haine et la terreur de la chair. La Bruyère a une remarque qui va loin: «Les dévots ne connaissent de crimes que l'incontinence[69].» Le sentiment opposé est éminemment païen. Dans le langage du peuple, «vivre en païen» (et le mot n'implique pas toujours une réprobation sérieuse et se prononce parfois avec un sourire), c'est simplement ne pas suivre les prescriptions de l'Église et se confier à la bonne loi naturelle.

[Note 69: *De la mode.*]

En prenant hellénisme au sens de paganisme, et paganisme au sens d'antichristianisme, on finit donc par s'entendre. Le paganisme de Mme Juliette Lamber est, au fond, une protestation passionnée contre ce qu'il y a dans la croyance chrétienne d'hostile au corps et à la vie terrestre, d'antinaturel et de surnaturel, et, pour préciser encore, contre le dogme du péché originel et ses conséquences:

Vous croyez, dit Madeleine parlant des ermites chrétiens, à la poésie d'hommes qui détestaient la nature, qui n'en recherchaient que les rudesses, les duretés, les intempéries, les cruautés, pour avoir le droit de la maudire…[70].

[Note 70: *Jean et Pascal*, p. 160.]

Et plus loin:

Non, je n'ai pas de croyances chrétiennes, Spedone, mon noble cousin, pas une! Et voulez-vous mon opinion entière? L'ennemie irréconciliable du christianisme devrait être la femme. Toutes les méfiances, toutes les injures, toutes les haines de la doctrine sont pour elle. La femme est le grand péril, la grande tentation, le grand suppôt du diable, le grand démon. C'est le péché, c'est le mal, elle et ce qu'elle inspire, l'amour! Sa beauté est une épreuve, son esprit un piège, sa sensibilité un maléfice. Tous les dons enviables de la généreuse, de la poétique, de l'artiste nature deviennent dans le christianisme des dons mauvais. N'est-ce pas, Jean?

—Tu as raison, tu dis bien, Madeleine, répliquai-je. Le christianisme donne à l'homme le mépris des joies de ce monde et par conséquent l'éloigne de la femme, qui en est la dispensatrice. Il est logique dans ses méfiances. La femme tient de plus près à la nature que l'homme. Elle en exerce une puissance directe dans la maternité. Jésus se détourne de la nature et de sa mère avec dédain. «Qu'y a-t-il de commun entre vous et moi?» demande le Sauveur des âmes à toutes deux. Rien, Seigneur! Vous reniez vos mères et par votre naissance et par vos miracles. Jésus n'impose les mains sur le grand réel que pour en troubler les lois, pour bouleverser les attributs simples et déterminés des choses, pour marcher sur les eaux, pour ressusciter les morts, etc.[71].

[Note 71: *Jean et Pascal*, p. 162-163.]

Ainsi, pour les vrais néo-Grecs, le christianisme est l'ennemi et l'étranger. L'hellénisme était le tranquille développement de l'esprit de la race aryenne: le christianisme, ç'a été la perversion de ce génie lumineux par le sombre génie des Sémites. Dès lors l'affreux souci de l'*au delà*, la subordination et le sacrifice de cette vie terrestre au rêve d'une autre vie, ont flétri, diminué, corrompu les hommes. Les néo-Grecs intransigeants font même remonter le mal jusqu'à Socrate, un faux Hellène qu'on a bien fait de condamner à mort pour impiété. L'absorption du virus sémitique a rendu l'Occident malade pendant deux mille ans, et il n'est pas près d'être guéri. Le moyen âge est le crime du christianisme, Michelet l'a bien montré, etc.

Ce serait fâcheux, à mon avis, si l'histoire était aussi simple que cela. Mais on peut dire que les choses se sont passées un peu autrement. Je n'ai pas besoin d'indiquer tout ce qu'il est permis d'y opposer, encore qu'en ces matières tout soit à peu près également probable et également indémontrable. Mais d'abord, quand une race subit l'influence d'une autre, c'est apparemment qu'elle y avait des dispositions secrètes. Il faut remarquer, en outre, que l'hellénisme était bien bas quand le christianisme parut. Ce sont, d'ailleurs, des Grecs qui ont fait les dogmes chrétiens; ce sont des Grecs, pourrait-on dire, qui ont altéré la pureté du christianisme primitif. Et si l'on dit que la Gnose n'est point grecque, qu'elle a des origines orientales et bouddhiques, ce sont donc des Aryas qui ont prêté à des Aryas. Que si les barbares de l'Occident ont embrassé le christianisme avec tant de ferveur, c'est sans doute qu'il répondait à quelque besoin de leur âme grossière et rêveuse. Et ces barbares étaient aussi des Aryas, c'est-à-dire des frères des Grecs. À moins qu'il ne faille faire son deuil de l'antique unité de la race dans le fameux «plateau central», unité qu'on est fort en train de contester, paraît-il.

Mais tout ceci n'est que bavardage «à travers champs». On pourrait plus sérieusement défendre le moyen âge et le christianisme contre les dédains ou les haines de quelques néo-Grecs.

Si nous avons, nous modernes, une sensibilité si fine et une «nervosité» dont nous sommes fiers—parfois un peu plus que de raison, c'est peut-être que les hommes du moyen âge, dont nous sommes le sang, ont eu des passions autrement violentes, ce semble, des douleurs, des aspirations, des épouvantes intimes autrement variées que les Grecs anciens. La foi chrétienne, en se mêlant à toutes les passions humaines, les a compliquées et agrandies par l'idée de l'*au delà* et par l'attente ou la crainte des choses d'outre-tombe. La pensée de l'autre vie a changé l'aspect de celle-ci, provoqué des sacrifices furieux et des résignations d'une tendresse infinie, des songes et des espérances à soulever l'âme, et des désespoirs à en mourir. Madeleine avait tort de se plaindre tout à l'heure: la femme, devenue la grande tentatrice, le piège du diable, a inspiré des désirs et des adorations d'autant plus ardentes et a tenu une bien autre place dans le monde. La malédiction jetée à la chair a dramatisé l'amour. Il y a eu des passions nouvelles: la haine paradoxale de la nature, l'amour de Dieu, la foi, la contrition. À côté de la débauche exaspérée par la terreur même de l'enfer, il y a eu la pureté, la chasteté chevaleresques; à côté de la misère plus grande, et à travers les férocités aveugles, une plus grande charité, une compassion de la destinée humaine où tout le coeur se fondait. Il y a eu des conflits d'instincts, de passions et de croyances, des luttes intérieures qu'on ne connaissait point auparavant, une complication de la conscience morale, un approfondissement de la tristesse et un enrichissement de la sensibilité. À supposer que saint Paul fût mort de sa chute sur le chemin de Damas; que l'empire, complètement hellénisé, se fût peu à peu annexé les barbares au lieu d'être envahi par eux, et que les philosophes du second siècle fussent parvenus à tirer du polythéisme une religion universelle, et que cela eût marché ainsi deux mille ans (toutes hypothèses peu raisonnables), j'en serais bien fâché pour ma part; car je suis persuadé, autant qu'on peut l'être de ces choses, que l'âme humaine ne serait point l'instrument rare et complet qu'elle est aujourd'hui. Le champ de nos souvenirs et de nos impressions serait infiniment plus pauvre. Il y a des combinaisons savantes et des nuances d'idées et de sentiments que nous ignorerions encore. Nous n'aurions point parmi nous, j'en ai peur, telle personne exquise que je pourrais nommer: «des épicuriens à l'imagination chrétienne[72]», comme Chateaubriand, ou des sceptiques pieux et des pessimistes gais comme M. Renan.

[Note 72: Sainte-Beuve.]

Non, non, il ne faut point maudire le moyen âge. C'est, par lui que s'est creusé le coeur et que s'est élargi le front de Pallas-Athènè, en sorte qu'elle «conçoit aujourd'hui plusieurs genres de beauté». Et c'est le souvenir même du moyen âge et de son christianisme qui donne cette ardeur et à la fois ce raffinement artistique au paganisme de plusieurs de nos contemporains. Si tout le moyen âge n'avait pleuré et saigné sous la Croix, Mme Juliette Lamber jouirait-elle si profondément de ses dieux grecs?

V

En résumé, l'hellénisme est pour les hommes d'aujourd'hui un rêve de vie naturelle et heureuse, dominée par l'amour et la recherche de la beauté surtout plastique et débarrassée de tout soin ultra-terrestre. Ce rêve passe, à tort ou à raison, pour avoir été réalisé jadis par les Hellènes. Ceux du temps d'Homère ou ceux du temps de Périclès? On ne s'accorde pas là-dessus; mais peu importe.

Ce rêve comporte peut-être une idée incomplète de la nature humaine; car enfin la préoccupation et le besoin du surnaturel sont aussi naturels à certains hommes que leurs autres sentiments.

Ce rêve suppose—chez ceux pour qui il est autre chose qu'une fantaisie passagère et qui oublient ou méprisent en sa faveur deux mille années pourtant bien intéressantes—une conception excessivement optimiste du monde et de la vie. Ce rêve laisse entendre qu'il n'y a point sur la terre d'horribles souffrances physiques, des infirmités incurables, des morts d'enfants qu'on aime, une injustice monstrueuse dans la répartition des biens et des maux, des êtres sacrifiés et dont on se demande pourquoi ils vivent, d'autres êtres naturellement pervers et méchants, une masse aveugle, brutale et misérable; pour les plus intelligents et les meilleurs, d'affreuses douleurs imméritées et, à leur défaut, d'inévitables heures de tristesse et le sentiment de l'inutilité de toutes choses.

Ce rêve, quel qu'il soit, est celui d'une élite. Il faut, pour le faire, passablement de littérature. Il ne semble pas devoir revêtir jamais ni une forme précise ni surtout une forme populaire. C'est, suivant les personnes, un amusement ou une foi aristocratiques. Dépouillé de la forme que lui donnent les lettrés et des réminiscences poétiques avec lesquelles il se confond presque entièrement, mis à la portée du peuple, ou bien il s'évanouirait, ou bien il tournerait à un sensualisme rudimentaire et cru. Et la façon la plus grossière et la plus sauvage même de comprendre le dogme chrétien vaut encore mieux pour le bonheur et la dignité des simples.

Ce rêve, si on veut l'exprimer uniquement, produira des oeuvres distinguées, mais un peu froides, et qui ne seront goûtées que d'un petit nombre d'initiés.

Mais ce ne sont là que des conséquences extrêmes et on sait que la logique se trompe souvent. Le culte exclusif d'une seule des formes de la vie humaine dans le passé ne suffirait peut-être pas à remplir notre vie, ni à nous fortifier et à nous consoler dans l'épreuve; mais, en réalité, une sympathie, une curiosité de ce genre s'accompagne toujours, qu'on le sache ou non, d'autres sympathies. On baptise d'un nom emprunté à la période historique que l'on préfère non seulement ce qu'on trouve de meilleur dans toute la vie écoulée de l'humanité, mais ce qu'on sent de meilleur en soi et dans les hommes de son temps. De cette façon, l'hellénisme n'est plus qu'une forme particulière de la grande et salutaire «philosophie de la curiosité».

Ainsi entendu, l'hellénisme est un beau rêve et qui peut même servir de support à la vie morale et de secours dans les heures mauvaises par les habitudes de sérénité et de fierté qu'il engendre chez ses élus. Il n'est point impossible que pour ces âmes choisies l'amour de la beauté soit dans la vie un directeur et un consolateur très suffisant. Joignez que l'hellénisme a cet avantage, considérable au moment où nous sommes, de sauver ses adeptes du pessimisme, qui est peut-être le vrai, mais qui n'en a pas moins tort et qui, en outre, devient désagréable et commun. Enfin, quand je parlais de la froideur du néo-hellénisme en littérature, je me trompais sans doute. Qu'on lise les romans païens de Mme Juliette Lamber. On sent si bien une âme sous la forme parfois artificielle et composite et, à supposer qu'elle veuille saisir un mirage, elle met si bien tout son coeur dans cette poursuite, elle se tourmente si étrangement pour atteindre à la sérénité grecque, son hellénisme—moins pur peut-être et moins authentique qu'elle ne le croit—est si bien sa religion, sa vie et son tout, qu'il faut reconnaître que son oeuvre, en dépit des méprises et des singularités et de toutes les raisons qu'elle aurait d'être froide, est pourtant chaude et vivante, et qu'elle restera à tout le moins comme un rare effort «d'imagination sympathique» dans un temps qui s'est beaucoup piqué de cette imagination-là et qui a raison: car on peut vivre et être presque heureux par elle.

MADAME ALPHONSE DAUDET[73]

[Note 73: *Impresssions de nature et d'art*, chez Charpentier; *Fragments d'un livre inédit* chez Charavay.]

La bonne reine de Navarre a des grâces subtiles et lentes dans son *Heptaméron*; Mme de Sévigné est restée «divine», comme on l'appelait déjà de son temps, et Mme de La Fayette a écrit un exquis roman racinien. Je ne suis pas sûr que la moindre femmelette du XVIIe siècle écrivît mieux, selon le mot de Courier, que nos grands hommes d'aujourd'hui; mais elles écrivaient bien, sans y tâcher, et les femmes du XVIIIe siècle n'écrivaient pas mal non plus, en y tâchant. Mme de Staël et George Sand ont été des écrivains au sens le plus complet du mot, et qui, je crois bien, avaient du génie, l'une à force d'ouverture d'esprit et de gravité enthousiaste, l'autre par la largeur de sa sympathie et l'ardeur de sa passion, par l'abondante invention des fables et le flot du verbe d'un livre harmonieux. Et aujourd'hui encore, que de jolis brins de plume entre les doigts effilés de nos contemporaines!

Mais avez-vous remarqué? Elles ont tout: l'esprit, la finesse, la délicatesse, la grâce, naturellement, sans compter le *je ne sais quoi*; elles ont même la vigueur, l'ampleur, l'éclat. Une seule chose leur manque à presque toutes: le don du pittoresque, ce que M. de Goncourt appelle «d'écriture artiste». Mme de Sévigné l'a eu quelquefois sans trop y prendre garde; les autres, non. Ce don, il est vrai, n'est déjà pas très fréquent chez les hommes (encore y a-t-il une bonne douzaine d'écrivains qui l'ont possédé de notre temps); mais il est si rare chez les femmes que celle qui par hasard en est pourvue peut être citée comme une surprenante exception.

D'où vient cela? On en doit découvrir la raison dans quelque essentielle différence de tempérament entre les deux sexes; mais laquelle? On s'accorde bien à dire que les femmes sentent plus vivement que nous, que celles qui sont le plus femmes sont tout sentiment; mais il ne semble pas, à première vue, qu'il y ait dans cette prédominance du sentiment rien d'incompatible avec le don du pittoresque dans le style; au contraire. Regardons-y de plus près et tâchons d'abord de savoir en quoi consiste précisément cette faculté de peindre.

Ce que je vais dire paraîtra peut-être trop tranché, trop absolu, et on m'alléguera des exemples contraires. Il me suffit que mon semblant de théorie soit vrai d'une façon générale, c'est-à-dire se trouve être plus souvent vrai que faux.

Nous passons près d'un arbre où chante un oiseau. La plupart de nos classiques et toutes les femmes (sauf une ou deux) écriront, je suppose: «L'oiseau fait entendre sous le feuillage son chant joyeux.» Cette phrase n'est pas pittoresque: pourquoi? C'est qu'on exprime par elle, non pas le premier moment de la perception, mais le dernier. D'abord on décompose la perception; on sépare, on distingue celle de la vue et celle de l'ouïe; on met d'un côté le feuillage, de l'autre le chant de l'oiseau, bien que dans la réalité on ait perçu en même temps le feuillage et la chanson. Mais on ne s'en tient pas là. Après avoir analysé la perception originelle, on cherche à exprimer *surtout* le sentiment de plaisir qu'elle produit, et l'on écrit «chant joyeux». Et voilà pourquoi la phrase n'est pas vivante. Elle n'est pas une peinture, mais une analyse, et elle ne traduit pas directement les objets, mais les sentiments qu'ils éveillent en nous.

Eh bien, de tout temps les femmes ont écrit et elles écrivent encore aujourd'hui comme cela, ou plutôt dans ce goût (car je ne tiens pas du tout à mon exemple; je ne l'ai pris que pour la commodité). Et si elles écrivent ainsi, c'est justement parce qu'elles sentent très rapidement, parce que pour elles une perception (ou un groupe de perceptions) se transforme tout de suite en sentiment, et que le sentiment est ce qui les intéresse le plus, qu'elles en sont possédées, qu'elles ne vivent que par lui et pour lui.

Or le style pittoresque (à son plus haut degré et dans la plupart des cas) me paraît consister essentiellement à saisir et à fixer la perception au moment où elle éclôt, avant qu'elle ne se décompose et qu'elle ne devienne sentiment. Il s'agit de trouver des combinaisons de mots qui évoquent chez le lecteur l'objet lui-même tel que l'artiste l'a perçu avec ses sens à lui, avec son tempérament particulier. Il faut remonter, pour ainsi dire, jusqu'au point de départ de son impression, et c'est le seul moyen de la communiquer exactement aux autres. Mais ce travail, les femmes en sont généralement incapables, pour la raison que j'ai dite.

Pourtant Mme de Sévigné l'a fait cette fois (et d'autres fois encore) par une grâce spéciale, par une faveur miraculeuse. Elle a su fixer le premier moment de la perception, celui où l'on perçoit à la fois le feuillage et le chant. «C'est joli, écrit-elle, une *feuille qui chante*!»

Mais là encore ne vous semble-t-il pas que la femme se trahisse, quand même, dans le tour de la phrase? On dirait qu'elle se sait bon gré d'avoir trouvé cela; elle a l'air de penser: «C'est joli aussi mon alliance de mots; qu'en dites-vous?»

Tous les hommes qui ont cherché l'expression pittoresque, de La Fontaine à M. Edmond de Goncourt, écriront tout uniment: «La feuille chante.»

I

Et Mme Alphonse Daudet écrirait ainsi. Sa marque, c'est d'avoir su, tout en gardant des grâces et des qualités féminines, exprimer avec intensité les objets extérieurs et en communiquer l'impression directe et première, d'être enfin la plume la plus «sensationniste» du sexe sentimental. Ce don, qu'elle possédait sans doute naturellement, a pu se développer sans effort dans un milieu favorable, dans la continuelle compagnie d'artistes nerveux, toujours en quête de sensations fines et de mots vivants, toujours en gésine de locutions inouïes et non encore essayées… Tranquillement elle leur a pris leur art difficile, comme en se jouant, sans rien perdre de l'aisance de ses mouvements de femme.

Les cinquante pages de l'*Enfance d'une Parisienne* sont tout à fait exquises. Nul sujet, à vrai dire, n'appelait mieux le genre de style que j'ai essayé de définir; car les souvenirs de l'enfance, ce ne sont point des sentiments, mais plutôt des groupes de sensations, des visions où il y a du bizarre et de l'inattendu. «Les toutes jeunes mémoires, dans leurs limbes confus, ont de grands éclairs entourés de nuit, des apparitions de souvenirs bien plus que des souvenirs réels.» Le travail d'élimination et de synthèse que la volonté de l'artiste accomplit sur des sensations présentes, la mémoire le fait d'elle-même pour les impressions passées, pour les souvenirs d'enfance. Rien ne demeure que certains reflets de réalité agrandie et transformée par un cerveau tout jeune à qui le monde est nouveau. Les enfants, avec leur vision spontanée, singulière, incomplète et par là personnelle, sont de grands impressionnistes sans le savoir.

Mme Alphonse Daudet n'avait donc qu'à noter ses souvenirs d'enfance pour faire de «l'écriture artiste», mais à condition de les noter tels quels, de n'en point altérer le relief et la couleur originale par l'addition de sentiments éprouvés après coup, de sentiments de «grande personne». Il ne s'agissait pas ici d'enfance à raconter, mais de sensations enfantines à ressaisir et à fixer par la magie des mots.

Donc, pas de récits suivis; mais çà et là, sans lien entre elles, des apparitions surgissant comme d'un fond mystérieux de choses oubliées: les repas de fête le dimanche, les poupées, la rougeole, une fuite en voiture un jour d'émeute, les promenades (le jardin des Tuileries, le Palais-Royal et le Luxembourg ayant laissé chacun son impression et son image distincte), le premier bal d'enfants, la maison de campagne avec ses immenses greniers, etc.

La plupart des détails sont d'une extrême précision, et pourtant l'ensemble a du lointain, du flottant, un air de rêve. Des sensations nettes et vives se noient tout à coup dans un demi-effacement. Ce sont surtout les impressions de songe où tout commence à se brouiller que Mme Daudet a su merveilleusement exprimer—avec une légèreté de main féminine. Faut-il des exemples? Voici la fin du repas, le dimanche:

> … Pourtant, l'heure du coucher sonnée depuis longtemps à la vieille pendule, nos rires devenaient moins bruyants. Il y avait comme un nuage épandu sur la table où le dessert dressait ses colombes en sucre et les couleurs vives des confiseries. Les

petits yeux frottés du poing, écarquillés pour mieux voir, se rouvraient tout à coup, saisis par le bruit du repas.

La fête, cette belle fête, attendue, désirée si longtemps, s'effaçait déjà avant de finir et se terminait dans une sorte de rêve; on s'en allait, passé de main en main, avec de tendres baisers sur les joues. Du départ on ne se rendait compte que par une suite de sensations connues: la chaleur des vêtements soigneusement enroulés, la secousse de l'escalier descendu, la fraîcheur vive de la nuit et de la rue pour aller jusqu'à la voiture; enfin le bercement d'une longue course qu'on aurait voulu voir durer toujours, et le bien-être profond de ce grand sommeil sans rêves qui prend les enfants en pleine vie sans leur donner le temps d'achever leur sourire...

Et cette entrée dans le bal d'enfants:

... Déjà, dès en entrant, on entendait un peu de musique, des petits pieds ébranlant le parquet et des bouffées de voix confuses. Je prends la main d'une petite Alsacienne en corsage de velours, et maintenant voici l'éblouissement des glaces, des clartés. Le piano étouffé, assourdi par les voix de tout ce petit monde assemblé, cette confusion de la grande lumière qui faisait sous le lustre toutes les couleurs flottantes à force d'intensité, les rubans, les fleurs, les bruyères blanches des jardinières, les visages animés et souriants, tout m'est resté longtemps ainsi qu'un joli rêve avec le vague des choses reflétées, comme si, en entrant, j'avais vu le bal dans une glace, les yeux un peu troublés par l'heure du sommeil.

Joignez-y l'entrée au grenier:

Aussitôt que les clefs grinçaient dans les serrures, on entendait un petit trot de souris et l'on entrait à temps pour voir deux yeux fixes comme des perles noires, un petit regard aigu, curieux et paresseux, disparaître dans une fissure du plancher ou de la muraille. Le grenier au foin était une immense rotonde, large comme un cirque, pleine jusqu'au faîte de gerbes amoncelées...

Remarquez la justesse, la vérité saisissante de ces impressions d'ensemble. C'est que les impressions lointaines s'arrangent d'elles-mêmes en faisceau; la distance les agrège et les compose, et c'est d'ailleurs parce qu'elles sont ainsi groupées qu'elles restent dans la mémoire. Pour reprendre l'exemple de tout à l'heure, ce qu'on se rappelle, ce n'est pas un feuillage d'un côté, un chant de l'autre, c'est «une feuille qui chante».

Mais ces images que la mémoire combine, achève, offre toutes préparées, c'est peu de chose qu'elles s'éveillent au miroir de notre pensée, si nous n'avons pas le pouvoir de les rendre sensibles aux autres par des mots entrelacés. Mme Alphonse Daudet sait inventer ces mots merveilleux. Sa phrase légère et souple a continuellement des trouvailles qui ne semblent point lui coûter et qui sont pourtant les plus précieuses du monde. Voyez, par exemple, les mignonnes poupées «qui souriaient fragilement dans les luisants de la porcelaine», et «de retour bruyant de toute une après-midi d'étude, plein de petits doigts tachés d'encre et de nattes ébouriffées», et ces «tapisseries au petit point usées et passées qui faisaient rêver de petites vieilles à mitaines utilisant la vie et la chaleur de leurs mains tremblantes jusqu'à leurs derniers jours, comptés aux fils du canevas», et ce «cadavre de papillon aux ailes pâles et dépoudrées», et la flamme du foyer qui «empourpre les rideaux cramoisis et, comme dans des yeux aimés, se rapetisse aux saillies des vieux cuivres».

Est-ce elle, l'auteur de l'*Enfance d'une Parisienne*, ou est-ce lui, l'auteur du *Nabab*, qui a écrit ces phrases et tant d'autres? Ou bien lui aurait-il appris comment on trouve ces choses-là, et ne serait-elle qu'une surprenante écolière? Hélas! ce serait grande naïveté de croire que cela s'apprend. Il y faut le don inné, inaliénable et incommunicable, ce don de Charles Demailly si simplement et profondément défini par MM. de Goncourt: «Savez-vous qui je suis? Je suis un homme pour qui le monde visible existe.» Ce don, un génie l'avait apporté à Mme Alphonse Daudet dans la vieille maison noire «aux fenêtres hautes et aux balcons de fer ouvragé». J'ai relevé dans le chapitre des *Promenades* un passage singulièrement significatif. C'est à propos du Musée du Luxembourg.

> Mais ce qui me charmait surtout, c'était le Musée ouvert sur les parterres, le *On ferme!* des gardiens vous précipitant des galeries de peinture aux allées du jardin, à l'heure où le jour tombant rend aussi vagues les tableaux et les arbres. Quoique petite fille, on sortait de là avec je ne sais quelle attention aux choses d'art, une susceptibilité d'impressions qui vous faisait regarder les becs de gaz allumés dans la brume ou des paquets de violettes étalés sur un éventaire *comme si on les voyait pour la première fois dans un Paris nouveau.*

II

Dans les *Fragments d'un livre inédit*, Mme Alphonse Daudet n'exprime plus ses souvenirs lointains, mais ses impressions récentes, au jour le jour. Ciel de Paris, rues de Paris, femmes de Paris, fleurs, musique, voyages, le monde, les salons, la toilette, le foyer et les enfants, sa plume court au travers de tout cela, plus inquiète, plus aiguë, plus subtile, plus aventureuse que tout à l'heure. Cette fois, elle «goncourise» décidément, avec une petite fièvre, un désir un peu maladif de «rendre l'insaisissable», de «dire ce qui n'a pas été dit». Et parfois, en effet, l'impression est ténue jusqu'à s'échapper et fuir entre les mots, comme une fumée entre des doigts qui ne peuvent la retenir, si souples et agiles qu'ils soient. Mais l'effort même en est charmant. «L'originalité en art me plaît, même erronée», dirons-nous avec Mme Daudet. Et c'est dans leurs livres aussi que les femmes peuvent être «aimables par leurs qualités, et par leurs défauts séduisantes».

La petite fille qui, en sortant du Musée du Luxembourg, croyait découvrir un Paris nouveau, a gardé ses prunelles intelligentes et inventives. Ces notes, très variées, jetées au hasard des heures sur des feuilles volantes, ont presque toutes ceci de commun: qu'elles expriment des sentiments et des idées par des sensations et des images correspondantes—à la fois précises et imprévues—qui plaisent parce qu'elles sont vraies et qu'on ne les attendait pas. Ce sont des rapports, des harmonies secrètes, éloignées, entre les choses, ou entre nos pensées et les objets extérieurs; parfois des comparaisons un peu cherchées, un peu fuyantes, et qui font rêver longtemps; quelquefois tout simplement une fraîche métaphore piquée au bout d'une phrase flexible comme une fleur sur une tige pliante.

Je ne veux point donner d'exemples, car tout y passerait, tout: l'ouvrière malade qui «dans l'inaction du lit reprend des mains de femme, allongées, blanches, aux ongles repoussés…, sa seule manière à elle de devenir une dame…»; les «heures blanches» où les jeunes filles «dorment dans de la neige»; «des petits rires d'enfants qui craquent comme s'ils ouvraient chaque fois un peu plus une intelligence»; et l'insomnie, «ce grelot que la berceuse promène et ramène, roule, fixe, éteint dans la cervelle sonore des petits enfants»; et «l'envers du sourire…, la remise en place, inconsciente et rapide, de deux lèvres menteuses»; et, dans la vieillesse, «les yeux qui reculent dans la pensée, la bouche qui rentre, retirée de bien des tendresses».

Et voici le charme original de ce petit livre. Cette sensibilité fine et chercheuse qui ne va presque jamais sans quelque détraquement de l'esprit ou du coeur, nous la trouvons unie, chez Mme Alphonse Daudet, à la paix de l'âme et à la meilleure santé morale. Ce diabolique et sensuel chantournement du style, cette forme que si souvent, chez d'autres écrivains, recouvre un fond troublant et triste, qui semble surtout faite pour rendre des impressions malfaisantes et qui convient si bien à la peinture des putridités, Mme Alphonse Daudet la fait servir à l'expression des plus élégants et des plus purs sentiments d'une femme, d'une épouse, d'une jeune mère. «C'est, dit-elle, de l'écriture appliquée aux émotions du foyer.» Et ailleurs elle se dit «de la race peu voyageuse, mais voletante, de ces moineaux gris nourris d'une miette aux croisées et chantant pour l'écart lumineux de deux nuages». Un art maladif et un coeur sain, un style quelque peu déséquilibré et une âme en équilibre, tel est le double attrait de ce journal, qui fait rêver d'une toute moderne Pénélope impressionniste.

III

En parcourant ces sortes de feuillets d'album je me suis mis à songer: Quel pourrait être, auprès d'un grand écrivain dont elle serait la compagne, le rôle d'une femme qui aurait ce coeur et cet esprit?

Il arriverait, j'imagine, du fond de son Midi, tout jeune, impressionnable, vibrant à l'excès, avide de sensations qui, chez lui, s'exaspéreraient jusqu'à la souffrance. Il connaîtrait l'enivrement mortel, la vie affolante et jamais apaisée de ceux qui sont trop charmants et qui traînent tous les coeurs après soi. Faible, en proie au hasard et à l'aventure, victime de cette merveilleuse nervosité qui serait la meilleure part de son génie, il gaspillerait ses jours et tous les présents des fées comme un jeune roi capricieux qui s'amuserait à jeter ses trésors à la mer.

Elle le rencontrerait à ce moment. Elle aurait ce qu'il faut pour le comprendre: l'intelligence la plus fine du beau, le goût de la modernité, une imagination d'artiste,—et ce qu'il faut pour le guérir: la santé de l'âme, les vertus familiales héritées d'une race laborieuse bien installée dans son antique et prospère probité. Elle le prendrait, écarterait de lui les influences mauvaises, lui ferait un foyer, une dignité, un bonheur, et, plus jeune que lui, elle lui serait pourtant maternelle. Elle réaliserait pour lui le rêve du poète[74] songeant aux pauvres âmes d'artistes malades:

> Il leur faut une amie à s'attendrir facile,
> Souple à leurs vains soupirs comme aux vents le roseau,
>   Dont le coeur leur soit un asile
>   Et les bras un berceau,
>
> Douce, infiniment douce, indulgente aux chimères,
> Inépuisable en soins calmants ou réchauffants,
>   Soins muets comme en ont les mères,
>   Car ce sont des enfants.
>
> Il leur faut pour témoin, dans les heures d'étude,
> Une âme qu'autour d'eux ils sentent se poser;
>   Il leur faut une solitude
>   Où voltige un baiser…

[Note 74: Sully-Prudhomme.]

Sans elle, le «petit Chose» aurait peut-être continué toute sa vie d'écrire çà et là sur des coins de table d'exquises et brèves fantaisies: elle le forcerait à travailler sans qu'il s'en aperçût et lui ferait écrire de beaux livres.

Et elle serait, sans presque y songer, sa collaboratrice: «On ne peut vivre un certain temps ensemble sans se ressembler un peu; tout contact est un échange.» Sa part dans le travail commun, je ne saurais certes la définir aussi bien qu'elle:

> Notre collaboration, un éventail japonais; d'un côté, sujet, personnages, atmosphère; de l'autre, des brindilles, des pétales de fleurs, la mince continuation d'une branchette, ce qui reste de couleur et de piqûre d'or au pinceau du peintre. Et c'est moi qui fais ce travail menu, avec la préoccupation du dessus et que mes cigognes envolées continuent bien le paysage d'hiver où la pousse verte aux creux bruns des bambous, le printemps étalé sur la feuille principale.

Et elle pourrait apporter autre chose encore dans cette communauté littéraire. Par elle il échapperait au pessimisme pédant et à cette conception brutale de la vie qui est si tristement en faveur. À cause d'elle il resterait clément à la vie; il réserverait toujours un coin dans ses histoires aux braves gens, aux jeunes filles, aux honnêtes femmes, aux âmes élégantes et aux bons coeurs. Elle l'aiderait à sauver du mercantilisme littéraire et des succès déshonorants la délicate fierté de son art. S'il tentait quelque sujet périlleux, s'il voulait peindre quelque misère particulièrement honteuse, une pudeur retiendrait sa plume et il resterait chaste à cause de celle qui le regarde écrire. Et il y aurait ainsi dans son oeuvre deux fois plus de grâce qu'il n'en aurait mis tout seul et la décence dont les hommes anciens faisaient un attribut de la grâce (*gratiæ decentes*). Et partout on y sentirait, même dans les pages les plus évidemment marquées au coin du grand écrivain, même aux endroits où elle n'aurait collaboré que de son regard et de son muet encouragement, l'influence diffuse et légère d'une Béatrix invisible et présente.

À PROPOS D'UN NOUVEAU LIVRE DE CLASSE

ORAISONS FUNÈBRES DE BOSSUET

Nouvelle édition, par M. Jacquinet[75]

[Note 75: Un vol. in-12 (H. Belin).]

Il ne s'agit ici que d'un livre de classe; mais on en fait de charmants depuis une douzaine d'années. Les écoliers d'aujourd'hui sont bien heureux: ils ne sont point exposés à la fâcheuse erreur de la «jeune guenon» de Florian. On leur sert les noix toutes cassées et même on leur épluche les amandes. Des hommes distingués ont bien voulu écrire pour eux des ouvrages pleins de choses et quelquefois originaux sous une forme modeste; et plusieurs ont su apporter, soit dans l'explication des textes classiques, soit dans l'exposition des sciences ou de l'histoire, tout le meilleur de leur esprit et de leur expérience.

Cela peut se dire en toute vérité d'un ouvrage récemment paru: la nouvelle édition des *Oraisons funèbres* de Bossuet, par M. Jacquinet, qui s'adresse aux élèves de rhétorique.

M. Jacquinet, qui a été un des maîtres les plus appréciés de l'École normale et qui a eu pour élèves Prévost-Paradol, Taine, About, Sarcey, me paraît être un remarquable épicurien de lettres. Car c'est bien lui qui a révélé à ses élèves Joubert et Stendhal à une époque où ces deux écrivains, surtout le second, n'avaient pas encore fait fortune; et cela ne l'empêche point d'être un des plus pieux entre les fidèles de Bossuet.

Vous savez qu'ils sont, comme cela, un certain nombre de bossuétistes qui passent une partie de leur vie à s'entraîner sur le grand évêque. Certes on peut placer plus mal ses complaisances et je comprends mieux, à l'endroit d'un si puissant et si impeccable écrivain, cette espèce de culte de latrie que la malveillance un peu pincée du spirituel Paul Albert ou même de M. Renan. Rien n'est plus noble, rien ne fait un tout plus imposant ni plus harmonieux que le génie, l'oeuvre et la vie de Bossuet. Le son que rend sa parole est peut-être unique par la plénitude et l'assurance; car, outre qu'il avait à un degré qui n'a pas été dépassé le don de l'expression, on sent qu'il est vraiment tout entier dans chacune de ses phrases: la force de son verbe est doublée par la sérénité absolue de sa pensée, par je ne sais quel air d'éternité qu'elle a partout. Sa foi est un élément toujours présent et comme une partie intégrante de la beauté de sa parole. Nul n'est plus naturellement ni plus complètement majestueux.

Je ne relèverai pas le reproche puéril qu'on lui a fait de n'être point un «penseur». On peut constater, je crois, en lisant le *Discours sur l'histoire universelle*, la *Connaissance de Dieu* ou les *Élévations*, qu'il a pensé aussi vigoureusement qu'il se pouvait dans les limites de la foi traditionnelle: et prenez garde que la reconnaissance même de ces limites était encore chez lui une oeuvre de sa pensée. Nous ne pensons plus comme lui, voilà tout. Ce qu'il y a d'irritant, c'est que ce prétentieux reproche lui est trop souvent adressé par des gens qui d'abord ne l'ont pas lu et qui ensuite, si Darwin ou Littré n'avaient pas écrit, seraient fort empêchés de «penser» quoi que ce soit.

Il est donc bien difficile de ne pas admirer un tel homme. Mais d'aller jusqu'à l'amour et jusqu'à la prédilection, cela reste un peu surprenant. Car on éprouve d'ordinaire ce sentiment pour des génies moins hauts, plus rapprochés de nous, plus mêlés, chez qui l'on sent plus de faiblesse, une humanité plus troublée. À vrai dire, je crois qu'il y a souvent dans cette tendresse spéciale pour Bossuet (après le premier mouvement de sympathie qu'il faut bien admettre) un peu de gageure, d'application et d'habitude. Silvestre de Sacy nous fait un aimable aveu. On sait qu'il était un des fervents de Bossuet: seulement il avait beau s'exciter, il ne mordait qu'à demi à l'oraison funèbre de Marie-Thérèse, qui, en effet, paraît un peu… longue. Mais, un jour, à force de s'y reprendre, il y mordit, ou, pour parler plus convenablement, il vit, il crut, il fut désabusé: «Cette oraison funèbre de la reine, qu'autrefois, Dieu me pardonne! j'avais trouvée presque ennuyeuse, est un chef-d'oeuvre de grâce et de pureté.» Ainsi, par un scrupule touchant, à force de vouloir trouver du plaisir dans cette lecture redoutable, il en trouva. Mais Dieu n'accorde la faveur de ces révélations qu'aux hommes de bonne volonté.

L'édition de M. Jacquinet rend cette bonne volonté facile. Le texte des *Oraisons funèbres* y est accompagné d'un commentaire perpétuel, grammatical et littéraire, qui est un modèle de clarté, de goût et de mesure. Tous ceux qui ont professé savent combien les commentaires de ce genre sont malaisés et comme il est difficile de se défendre, en expliquant un texte, des éclaircissements superflus et des admirations banales. M. Jacquinet a su éviter ces deux fautes: ses remarques sur la langue ne sont point pour lui un prétexte à un étalage d'érudition, et il a l'admiration lucide, exacte, ingénieuse. Il démêle, avec une sagacité qui n'est jamais en défaut, pourquoi et par où ces phrases sont belles, expressives, éloquentes. Nombre de journalistes et de romanciers apprendraient bien des choses rien qu'en lisant ces notes d'un vieux professeur et pressentiraient peut-être ce que c'est enfin que cet art d'écrire que M. Renan niait récemment avec une si noire et si complète ingratitude.

M. Jacquinet a fait précéder les *Oraisons funèbres* d'une Introduction très substantielle où il nous montre, entre autres choses, que Bossuet a toujours été aussi sincère que le pouvaient permettre les conditions mêmes et les convenances du genre. «Voyez, je vous prie, ajoute M. Jacquinet, si dans notre France démocratique l'oraison funèbre, qui n'est pas du tout morte quoi qu'on dise (elle n'a fait que passer des temples dans les cimetières, en se laïcisant), est devenue plus libre, si elle se pique avec austérité de tout montrer, de tout dire, et s'astreint à des jugements où tout, le mal comme le bien, soit exactement compté.» M. Jacquinet n'a que trop raison sur ce point, et, quant au reste, bien qu'il lui arrive ensuite de rabattre quelque peu dans ses notes les personnages exaltés dans le texte, on trouvera qu'il a très suffisamment lavé Bossuet de l'accusation de flatterie et de complaisance.

Ce n'est pas tout: le soigneux éditeur nous donne une biographie très précise de chaque personnage et, en assez grande abondance, les passages de *Mémoires* ou de *Correspondances* qui nous peuvent éclairer sur son compte. Je remarque ici qu'avec une très innocente habileté M. Jacquinet, qui ne veut pas faire de peine à Bossuet, a un peu trop choisi, parmi les témoignages contemporains, ceux qui s'accordent le mieux avec le jugement de l'orateur et a tu pieusement les autres. Enfin, pour dispenser décidément le lecteur de tout effort, le plan de chaque discours est scrupuleusement résumé à la fin du volume.

Voilà certes une édition modèle. Mais savez-vous l'effet le plus sûr de ce luxe intelligent d'explications et de commentaires? On lit l'Introduction, on parcourt les notes, on effleure les notices, on a plaisir à retrouver là des pages aimables ou belles de Mme de Motteville, de Retz, de Mme de Sévigné, de Mme de La Fayette ou de Saint-Simon. Et puis… on oublie de lire les *Oraisons funèbres*, car ce n'est presque plus la peine, et d'ailleurs ce serait, par comparaison, une lecture bien austère. M. Jacquinet joue ce mauvais tour à Bossuet: il «d'illustre» si bien qu'il ne nous laisse plus le temps de le lire, et l'on a peur aussi que le texte ne soit beaucoup moins agréable que les éclaircissements. Les élèves qui auront cette commode édition entre les mains n'y liront pas un mot de Bossuet. Ils se contenteront des «analyses résumées», les misérables! Et, au fond,—bien entre nous—sauf les morceaux connus (Celui qui règne dans les cieux… Un homme s'est rencontré… Ô nuit désastreuse!… Restait cette redoutable infanterie… Venez, peuples…), qui a jamais lu les *Oraisons funèbres?* Jules Favre autrefois, à ce qu'on assure, et peut-être M. Nisard, et de nos jours M. Ferdinand Brunetière.

On a grand tort pourtant de ne pas les lire. Pourvu qu'on s'y applique un peu, on ne jouit pas seulement du charme impérieux de ce style qui, avec toute sa majesté, est si libre, si hardi, si savoureux, aussi savoureux vraiment que celui de Mme de Sévigné ou de Saint-Simon: grâce aux annotations et aux appendices de M. Jacquinet, qui rafraîchissent nos souvenirs et nous permettent de saisir toutes les intentions et de suppléer aux sous-entendus, on voit revivre les morts illustres sur qui cette grande parole est tombée, et l'on s'aperçoit que c'étaient des créatures de chair et de sang et que presque tous ont eu des figures expressives et originales et des destinées singulières.

Voici Henriette de France, une petite femme sèche et noire, une figure longue, une grande bouche et des yeux ardents; fanatique en religion, avec une foi absolue au droit des couronnes—une reine Frédérique[76] moins jeune, moins aimable et moins belle. Et quelle vie! Des années de lutte enragée et de douleurs sans nom; neuf jours de tempête pendant qu'elle va chercher des soldats à son mari; des chevauchées à la tête des troupes qu'elle ramène et des nuits sous la tente; une évasion au milieu des canonnades; un accouchement tragique entre deux alertes; la mère séparée de sa petite fille, ne sachant ce qu'elle est devenue; puis, en France, l'hospitalité maigre et humiliante, la pension mal payée par Mazarin; pas de bois en plein hiver pendant la Fronde; la veuve du roi décapité pleurant du matin au soir et, parmi ses larmes, prise de gaîtés subites, par des retours inattendus du sang de Henri IV—et la dévotion finale, murée et profonde comme un tombeau, la mort anticipée dans le silence du couvent des Visitandines…

[Note 76: Alphonse Daudet, les *Rois en exil.*]

Et voici la fille, Henriette d'Angleterre: un berceau ballotté dans les hasards de la guerre civile, une enfance triste dans un intérieur froid, gêné et presque bourgeois de reine exilée. Elle sort de là parfaitement simple et bonne, et tous les contemporains, sans exception, vantent sa douceur. De grands yeux, une jolie figure irrégulière dont toute la séduction vient du rayonnement de l'esprit, et si charmante qu'on ne voit plus la taille déviée. La voilà amoureuse et aimée de Louis XIV, puis précipitée du haut de ses espérances, mariée à un homme qui n'aimait pas les femmes; romanesque et trompant son propre coeur dans de périlleuses coquetteries; d'ailleurs vive, intelligente, nullement guindée, amie des hommes de lettres, bonne enfant avec eux; adorable, adorée, triomphante (avec plus d'une blessure au coeur) jusqu'au verre de chicorée et à la «nuit effroyable»…

C'est maintenant une figure plus effacée, mais naïve et douloureuse: la reine Marie-Thérèse, une belle fille blonde et blanche, moutonnière et tendre sous un empois héréditaire d'orgueil royal. Enfant, elle regarde passer, en cachette, d'une fenêtre de l'Escurial, les cavaliers français tout enrubannés et les compare à un jardin qui marche. Elle aime Louis XIV comme une petite pensionnaire; elle souffre pendant vingt ans de ses infidélités comme une petite bourgeoise malheureuse en ménage: toujours blanche, toujours innocente et toujours amoureuse; reine et brebis.

Et, pour faire contraste, voici la princesse palatine, échappée de son couvent, mariée par ambition, toujours endettée, fine, intrigante, allant de Mazarin à Condé et complotant avec Retz, manoeuvrant à l'aise dans l'eau trouble de la Fronde; souverainement belle avec un sourire mystérieux; débauchée, libre penseuse: je ne sais quel air d'aventurière, de princesse ruinée, de grande dame bohème, de Fédora, de Slave énigmatique et perverse longtemps avant l'invention du type. Et tout y est, même, à la suite d'un songe (toutes ces femmes-là croient aux songes), la conversion soudaine et absolue de la vieille pécheresse qui n'a plus rien à attendre des hommes...

Et voici, en regard, une tête correcte de haut fonctionnaire: Michel Le Tellier, esprit lucide, appliqué, adroit et souple, ayant l'art de faire croire au roi que c'est le roi qui fait tout; intègre, mais établissant richement toute sa famille jusqu'aux petits-cousins; froid, figé, impassible, mais pleurant de joie à son lit de mort parce que Dieu lui a laissé le temps de signer la révocation de l'édit de Nantes...

Enfin voici venir le héros violent à la tête d'aigle, le grand Condé. Avez-vous vu son buste au petit Musée de la Renaissance? Un nez prodigieux, des yeux saillants, des joues creuses, une bouche tourmentée, vilaine, soulevée par les longues dents obliques; point de menton: en somme, un nez entre deux yeux étincelants. Le superbe chef de bande, en dépit de la littérature, même de la théologie dont on l'avait frotté! Grand capitaine à vingt ans, fou d'orgueil après ses quatre victoires, fou de colère après seize mois de prison, ivre de haine jusqu'au crime et à la trahison, il revient, lion maté par le renard Mazarin, s'effondrer aux pieds du roi le plus roi qu'on ait jamais vu. Et puis c'est fini, sauf l'éclair de Senef. On ne songe pas assez à ce qu'il y a eu de particulier et de douloureux dans cette destinée. Toute la gloire au commencement! puis une vie ennuyée d'homme de proie dans une société décidément organisée et réglée; une mélancolie de fauve enfermé dans une cage invisible, de vieil aigle attaché sur sa mangeoire, déplumé par places, la tête entre ses deux ailes remontées..., à ce point que le maître des cérémonies funèbres du grand siècle pourra louer la pitié, la bonté et les vertus chrétiennes de ce dernier des barons féodaux.

Voilà ce qu'il faut se dire pour goûter vraiment les *Oraisons funèbres*, et voilà ce que le commentaire de M. Jacquinet nous permet au moins d'imaginer. Et il faut aussi se représenter le lieu, le théâtre, la mise en scène: un de ces catafalques lourds et somptueux, comme nous en décrit Mme de Sévigné, avec d'innombrables cierges et de hauts lampadaires et des figures allégoriques dans le genre «pompeux»; les gentilshommes, les grandes dames en moire, velours et falbalas, en roides et opulentes toilettes; tout l'appareil d'une cérémonie de cour et, sur les figures graves, un air de parade et de représentation. Voyez par là-dessus le Bossuet de Rigaud, front arrondi et dur comme un roc, bouche sévère, face ample et bien nourrie, tête rejetée en arrière; magnifique dans l'écroulement des draperies pesantes et des satins aux belles cassures (il ne traînait pas toutes ces étoffes en chaire, mais je le vois ainsi quand même): Bossuet, gardien et captif volontaire d'un des plus puissants systèmes de dogmes religieux et sociaux qui aient jamais maintenu dans l'ordre une société humaine, et participant, dans toute son attitude, de la majesté des fictions dont il conservait le dépôt. Sur les cadavres «très illustres» enfouis sous cette pompe, il jette les paroles pompeuses qui disent leur néant; et cependant il leur refait une vie terrestre toute pleine de mérites et de vertus, car il le faut, car cela convient, car cela importe au bon ordre des choses humaines. Et tout, l'appareil éclatant des funérailles et les louanges convenues, tout contribue à rendre plus ironique cette majestueuse comédie de la mort où les paroles sonores, préparées d'avance, sur la vanité de toutes choses, ne sont qu'une suprême vanité.

Ainsi on peut passer un bon moment avec les *Oraisons funèbres* si on se contente de les feuilleter et de songer autour, car il faut bien avouer qu'elles sont peut-être moins intéressantes en elles-mêmes que par les spectacles et les images qu'elles évoquent. Quant à les lire d'un bout à l'autre, c'est une grosse affaire. Les figures si vivantes, si marquées, dont je parcourais tout à l'heure la série, s'effacent, s'atténuent, perdent presque tout leur relief par l'embellissement obligatoire de l'éloge officiel. Voulez-vous des portraits sincères? C'est dans les Mémoires et les correspondances qu'il faut les chercher. Restent les belles méditations sur l'universelle vanité, sur la mort, sur la grâce; mais vous les retrouverez, et tout aussi belles, dans les *Sermons*. Aimez-vous enfin les considérations sur le gouvernement des affaires humaines par la Providence, sur Dieu visible dans l'histoire? Vous n'avez qu'à ouvrir le *Discours sur l'histoire universelle*. Et si peut-être ces enseignements paraissent avoir plus de force dans les *Oraisons funèbres*, étant tirés de cas particuliers et présents (et rien d'ailleurs n'est éloquent comme un cercueil), cet avantage n'est que trop balancé par l'artifice nécessaire de ces discours d'apparat. Si M. de Sacy, pour en jouir pleinement, avouait s'y reprendre à plusieurs fois, que dirons-nous, profanes? Je persiste à croire et qu'il y a dans l'oeuvre de Bossuet des parties plus intéressantes que les *Oraisons funèbres* et que la meilleure façon d'accommoder et de faire lire les *Oraisons funèbres* est celle de M. Jacquinet.

ERNEST RENAN

Nul écrivain peut-être n'a tant occupé, hanté, troublé ou ravi les plus délicats de ses contemporains. Qu'on cède ou qu'on résiste à sa séduction, nul ne s'est mieux emparé de la pensée, ni de façon plus enlaçante. Ce grand sceptique a dans la jeunesse d'aujourd'hui des fervents comme en aurait un apôtre et un homme de doctrine. Et quand on aime les gens, on veut les voir.

Les Parisiens excuseront l'ignorance et la naïveté d'un provincial fraîchement débarqué de sa province, qui est curieux de voir des hommes illustres et qui va faisant des découvertes. Je suis un peu comme ces deux bons Espagnols venus du fin fond de l'Ibérie pour voir Tite-Live et «cherchant dans Rome autre chose que Rome même». Le sentiment qui les amenait était naturel et touchant, enfantin si l'on veut, c'est-à-dire doublement humain. Je suis donc entré au Collège de France, dans la petite salle des langues sémitiques.

I

À quoi bon pourtant? N'est-ce point par leurs livres, et par leurs livres seuls, qu'on connaît les écrivains et surtout les philosophes et les critiques, ceux qui nous livrent directement leur pensée, leur conception du monde et, par là, tout leur esprit et toute leur âme? Que peuvent ajouter les traits de leur visage et le son de leur voix à la connaissance que nous avons d'eux? Qu'importe de savoir comment ils ont le nez fait? Et s'ils l'avaient mal fait, par hasard? ou seulement fait comme tout le monde?

Mais non, nous voulons voir. Combien de pieux jeunes gens ont accompli leur pèlerinage au sanctuaire de l'avenue d'Eylau pour y contempler ne fût-ce que la momie solennelle du dieu qui se survit! Heureusement on voit ce qu'on veut, quand on regarde avec les yeux de la foi; et la pauvre humanité a, quoi qu'elle fasse, la bosse irréductible de la vénération.

Au reste, il n'est pas sûr que l'amour soit incompatible avec un petit reste au moins de sens critique. Avez-vous remarqué? Quand on est pris, bien pris et touché à fond, on peut néanmoins saisir très nettement les défauts ou les infirmités de ce que nos pères appelaient l'objet aimé et, comme on est peiné de ne le voir point parfait et qu'on s'en irrite (non contre lui), cette pitié et ce dépit redoublent encore notre tendresse. Nous voulons oublier et nous lui cachons (tout en le connaissant bien) ce qui peut se rencontrer chez lui de fâcheux, comme nous nous cachons à nous-mêmes nos propres défauts, et ce soin délicat tient notre amour en haleine et nous le rend plus intime en le faisant plus méritoire et en lui donnant un air de défi. La critique peut donc fournir à la passion de nouveaux aliments, bien loin de l'éteindre.

Conclusion: ce n'est que pour les tièdes que les grands artistes perdent parfois à être vus de près; mais cette épreuve ne saurait les entamer aux yeux de celui qui est véritablement épris. Et ils y gagnent d'être mieux connus sans être moins aimés.

II

C'est, je crois, le cas pour M. Renan. Une chose me tracassait. Est-il triste décidément, ou est-il gai, cet homme extraordinaire? On peut hésiter si l'on s'en tient à ses livres. Car, s'il conclut presque toujours par un optimisme déclaré, il n'en est pas moins vrai que sa conception du monde et de l'histoire, ses idées sur la société contemporaine et sur son avenir prêtent tout aussi aisément à des conclusions désolées. Le vieux mot: «Tout est vanité», tant et si richement commenté par lui, peut avoir aussi bien pour complément: «À quoi bon vivre?» que: «Buvons, mes frères, et tenons-nous en joie.» Que le but de l'univers nous soit profondément caché; que ce monde ait tout l'air d'un spectacle que se donne un Dieu qui sans doute n'existe pas, mais qui existera et qui est en train de se faire; que la vertu soit pour l'individu une duperie, mais qu'il soit pourtant élégant d'être vertueux en se sachant dupé; que l'art, la poésie et même la vertu soient de jolies choses, mais qui auront bientôt fait leur temps, et que le monde doive être un jour gouverné par l'Académie des sciences, etc., tout cela est amusant d'un côté et navrant de l'autre. C'est par des arguments funèbres que M. Renan, dans son petit discours de Tréguier, conseillait la joie à ses contemporains. Sa gaîté paraissait bien, ce jour-là, celle d'un croque-mort très distingué et très instruit.

M. Sarcey, qui voit gros et qui n'y va jamais par quatre chemins, se tire d'affaire en traitant M. Renan de «fumiste», de fumiste supérieur et transcendant (*XIXe Siècle*, article du mois d'octobre 1884). Eh! oui, M. Renan se moque de nous. Mais se moque-t-il toujours? et jusqu'à quel point se moque-t-il? Et d'ailleurs il y a des «fumistes» fort à plaindre. Souvent le railleur souffre et se meurt de sa propre ironie. Encore un coup, est-il gai, ce sage, ou est-il triste? L'impression que laisse la lecture de ses ouvrages est complexe et ambiguë. On s'est fort amusé; on se sait bon gré de l'avoir compris; mais en même temps on se sent troublé, désorienté, détaché de toute croyance positive, dédaigneux de la foule, supérieur à l'ordinaire et banale conception du devoir, et comme redressé dans une attitude ironique à l'égard de la sotte réalité. La superbe du magicien, passant en nous naïfs, s'y fait grossière et s'y assombrit. Et comment serait-il gai, quand nous sommes si tristes un peu après l'avoir lu?

Allons donc le voir et l'entendre. L'accent de sa voix, l'expression de son visage et de toute son enveloppe mortelle nous renseignera sans doute sur ce que nous cherchons. Que risquons-nous? Il ne se doutera pas que nous sommes là; il ne verra en nous que des têtes quelconques de curieux; il ne nous accablera pas de sa politesse ecclésiastique devant qui les hommes d'esprit et les imbéciles sont égaux; il ne saura pas que nous sommes des niais et ne nous fera pas sentir que nous sommes des importuns.

J'ai fait l'épreuve. Eh bien, je sais ce que je voulais savoir. M. Renan est gai, très gai, et, qui plus est, d'une gaîté comique.

III

L'auditoire du «grand cours» n'a rien de particulier. Beaucoup de vieux messieurs qui ressemblent à tous les vieux messieurs, des étudiants, quelques dames, parfois des Anglaises qui sont venues là parce que M. Renan fait partie des curiosités de Paris.

Il entre, on applaudit. Il remercie d'un petit signe de tête en souriant d'un air bonhomme. Il est gros, court, gras, rose; de grands traits, de longs cheveux gris, un gros nez, une bouche fine; d'ailleurs tout rond, se mouvant tout d'une pièce, sa large tête dans les épaules. Il a l'air content de vivre, et il nous expose avec gaîté la formation de ce *Corpus* historique qui comprend le *Pentateuque* et le livre de Josué et qui serait mieux nommé l'*Hexateuque*.

Il explique comment cette *Torah* a d'abord été écrite sous deux formes à peu près en même temps, et comment nous saisissons dans la rédaction actuelle les deux rédactions primitives, jéhoviste et élohiste; qu'il y a donc eu deux types de l'histoire sainte comme il y a eu plus tard deux Talmuds, celui de Babylone et celui de Jérusalem; que la fusion des deux histoires eut lieu probablement sous Ézéchias, c'est-à-dire au temps d'Esaïe, après la destruction du royaume du Nord; que c'est alors que fut constitué le *Pentateuque*, moins le *Deutéronome* et le *Lévitique*; que le *Deutéronome* vint s'y ajouter au temps de Josias, et le *Lévitique* un peu après.

L'exposition est claire, simple, animée. La voix est un peu enrouée et un peu grasse, la diction très appuyée et très scandée, la mimique familière et presque excessive. Quant à la forme, pas la moindre recherche ni même la moindre élégance; rien de la grâce ni de la finesse de son style écrit. Il parle pour se faire comprendre, voilà tout; et va comme je te pousse! Il ne fait pas les «liaisons». Il s'exprime absolument comme au coin du feu avec des «Oh!», des «Ah!», des «En plein!», des «Pour ça, non!». Il a, comme tous les professeurs, deux ou trois mots ou tournures qui reviennent souvent. Il fait une grande consommation de «en quelque sorte», locution prudente, et dit volontiers: «N'en doutez pas», ce qui est peut-être la plus douce formule d'affirmation, puisqu'elle nous reconnaît implicitement le droit de douter. Voici d'ailleurs quelques spécimens de sa manière. J'espère qu'ils amuseront, étant exactement pris sur le vif.

À propos de la rédaction de la *Torah*, qui n'a fait aucun bruit, qui est restée anonyme, dont on ne sait même pas la date précise parce que tout ce qui est écrit là était déjà connu, existait déjà dans la tradition orale:

Comme ça est différent, n'est-ce pas? de ce qui se passe de nos jours! La rédaction d'un code, d'une législation, on discuterait ça publiquement, les journaux en parleraient, ça serait un événement. Eh bien, la rédaction définitive du *Pentateuque*, ç'a pa'été un événement du tout!…

À propos des historiens orientaux comparés à ceux d'Occident:

Chez les Grecs, chez les Romains, l'histoire est une Muse. Oh! i' sont artistes, ces Grecs et ces Romains! Tite-Live, par exemple, fait une oeuvre d'art; il digère ses documents et se les assimile au point qu'on ne les distingue plus. Aussi on ne peut jamais le critiquer avec lui-même; son art efface la trace de ses méprises. Eh bien! vous n'avez pas ça en Orient, oh! non, vous n'avez pas ça! En Orient, rien que des compilateurs; ils juxtaposent, mêlent, entassent. Ils dévorent les documents antérieurs, ils ne les digèrent pas. Ce qu'ils dévorent reste tout entier dans leurs estomac: vous pouvez retirer les morceaux.

À propos de la date du *Lévitique*:

Ah! je fais bien mes compliments à ceux qui sont sûrs de ces choses-là! Le mieux est de ne rien affirmer, ou bien de changer d'avis de temps en temps. Comme ça, on a des chances d'avoir été au moins une fois dans le vrai.

À propos des lévites:

Oh! le lévitisme, ça n'a pas toujours été ce que c'était du temps de Josias. Dans les premiers temps, comme le culte était très compliqué, il fallait des espèces de sacristains très forts, connaissant très bien leur affaire: c'étaient les lévites. Mais le lévitisme organisé en corps sacerdotal, c'est de l'époque de la reconstruction du temple.

Enfin je recueille au hasard des bouts de phrase: «Bien oui! c'est compliqué, mais c'est pas, encore assez compliqué.»—«Cette rédaction du *Lévitique*, ça a-t-i' été fini? Non, ça a cessé.»—«Ah! parfait, le *Deutéronome*! Ça forme un tout. Ah! celui-là a pa' été coupé!»

J'ai peur, ici, de trahir M. Renan sous prétexte de reproduire exactement sa parole vivante. Je sens très bien que, détachés de la personne même de l'orateur, de tout ce qui les accompagne, les relève et les sauve, ces fragments un peu heurtés prennent un air quasi grotesque. Cela fait songer à je ne sais quel Labiche exégète, à une critique des Écritures exposée par Lhéritier, devant le trou du souffleur, dans quelque monologue fantastique. Eh bien! non, ce n'est pas cela, ma loyauté me force d'en avertir le lecteur. Assurément je ne pense pas que Ramus, Vatable ou Budé aient professé sur ce ton; et c'est un signe des temps que cette absence de tout appareil et cette savoureuse bonhomie dans une des chaires les plus relevées du Collège de France. Mais il n'est que juste d'ajouter que M. Renan s'en tient à la bonhomie. Les familiarités de la phrase ou même de la prononciation sont sauvées par la cordialité du timbre et par la bonne grâce du sourire. Les «Oh!», les «Ah!», les «Pour ça, non!», les «J'sais pas» et les «Ça, c'est vrai», peuvent être risibles, ou vulgaires, ou simplement aimables. Les «négligences» de M. Renan sont dans le dernier cas. Il cause, voilà tout, avec un bon vieil auditoire bien fidèle et devant qui il se sent à l'aise.

Vous saisissez maintenant le ton, l'accent, l'allure de ces conférences. C'est quelque chose de très vivant. M. Renan paraît prendre un intérêt prodigieux à ce qu'il explique et s'amuser énormément. Ne croyez pas ce qu'il nous dit quelque part des sciences historiques, de «ces pauvres petites sciences conjecturales». Il les aime, quoi qu'il dise, et les trouve divertissantes. On n'a jamais vu un exégète aussi jovial. Il éprouve un visible plaisir à louer ou à contredire MM. Reuss, Graff, Kuenen, Welhausen, des hommes très forts, mais entêtés ou naïfs. Le Jéhoviste et l'Élohiste, mêlés «comme deux jeux de cartes», c'est cela qui est amusant à débrouiller! Et lorsque le grand-prêtre Helkia, très malin, vient dire au roi Josias: «Nous avons trouvé dans le temple la loi d'Iaveh», et nous fournit par là la date exacte du *Deutéronome*, 622, M. Renan ne se sent pas de joie!

Mais c'est surtout quand il rencontre (sans la chercher) quelque bonne drôlerie qu'il faut le voir! La tête puissante, inclinée sur une épaule et rejetée en arrière, s'illumine et rayonne; les yeux pétillent, et le contraste est impayable de la bouche très fine qui, entr'ouverte, laisse voir des dents très petites, avec les joues et les bajoues opulentes, épiscopales, largement et même grassement taillées. Cela fait songer à ces faces succulentes et d'un relief merveilleux que Gustave Doré a semées dans ses illustrations de Rabelais ou des *Contes drolatiques* et qu'il suffit de regarder pour éclater de rire. Ou plutôt on pressent là tout un poème d'ironie, une âme très fine et très alerte empêtrée dans trop de matière, et qui s'en accommode, et qui même en tire un fort bon parti en faisant rayonner sur tous les points de ce masque large la malice du sourire, comme si c'était se moquer mieux et plus complètement du monde que de s'en moquer avec un plus vaste visage!

IV

C'est égal, on éprouve un mécompte, sinon une déception. M. Renan n'a pas tout à fait la figure que ses livres et sa vie auraient dû lui faire. Ce visage qu'on rêvait pétri par le scepticisme transcendantal, on y discernerait plutôt le coup de pouce de la *Théologie de Béranger*, qu'il a si délicieusement raillée. J'imagine qu'un artiste en mouvements oratoires aurait ici une belle occasion d'exercer son talent.

—Cet homme, dirait-il, a passé par la plus terrible crise morale qu'une âme puisse traverser. Il a dû, à vingt ans, et dans des conditions qui rendaient le choix particulièrement douloureux et dramatique, opter entre la foi et la science, rompre les liens les plus forts et les plus doux et, comme il était plus engagé qu'un autre, la déchirure a sans doute été d'autant plus profonde. Et il est gai!

Pour une déchirure moins intime (car il n'était peut-être qu'un rhéteur), Lamennais est mort dans la désespérance finale. Pour beaucoup moins que cela, le candide Jouffroy est resté incurablement triste. Pour moins encore, pour avoir non pas douté, mais seulement craint de douter, Pascal est devenu fou. Et M. Renan est gai!

Passe encore s'il avait changé de foi: il pourrait avoir la sérénité que donnent souvent les convictions fortes. Mais ce philosophe a gardé l'imagination d'un catholique. Il aime toujours ce qu'il a renié. Il est resté prêtre; il donne à la négation même le tour du mysticisme chrétien. Son cerveau est une cathédrale désaffectée[77]. On y met du foin; on y fait des conférences: c'est toujours une église. Et il rit! et il se dilate! et il est gai!

[Note 77: Le mot est de M. Alphonse Daudet.]

Cet homme a passé vingt ans de sa vie à étudier l'événement le plus considérable et le plus mystérieux de l'histoire. Il a vu comment naissent les religions; il est descendu jusqu'au fond de la conscience des simples et des illuminés; il a vu comme il faut que les hommes soient malheureux pour faire de tels rêves, comme il faut qu'ils soient naïfs pour se consoler avec cela. Et il est gai!

Cet homme a, dans sa *Lettre à M. Berthelot*, magnifiquement tracé le programme formidable et établi en regard le bilan modeste de la science. Il a eu, ce jour-là, et nous a communiqué la sensation de l'infini. Il a éprouvé mieux que personne combien nos efforts sont vains et notre destinée indéchiffrable. Et il est gai!

Cet homme, ayant à parler dernièrement de ce pauvre Amiel qui a tant pâti de sa pensée, qui est mort lentement du mal métaphysique, s'amusait à soutenir, avec une insolence de page, une logique fuyante de femme et de jolies pichenettes à l'adresse de Dieu, que ce monde n'est point, après tout, si triste pour qui ne le prend pas trop au sérieux, qu'il y a mille façons d'être heureux et que ceux à qui il n'a pas été donné de «faire leur salut» par la vertu ou par la science peuvent le faire par les voyages, les femmes, le sport ou l'ivrognerie. (Je trahis peut-être sa pensée en la traduisant; tant pis! Pourquoi a-t-il des finesses qui ne tiennent qu'à l'arrangement des mots?) Je sais bien que le pessimisme n'est point, malgré ses airs, une philosophie, n'est qu'un sentiment déraisonnable né d'une vue incomplète des choses; mais on rencontre tout de même des optimismes bien impertinents! Quoi! ce sage reconnaissait lui-même un peu auparavant qu'il y a, quoi qu'on fasse, des souffrances inutiles et inexplicables; le grand cri de l'universelle douleur montait malgré lui jusqu'à ses oreilles: et tout de suite après il est gai! Malheur à ceux qui rient! comme dit l'Écriture. Ce rire, je l'ai déjà entendu dans l'*Odyssée*: c'est le rire involontaire et lugubre des prétendants qui vont mourir.

Non, non, M. Renan n'a pas le droit d'être gai. Il ne peut l'être que par l'inconséquence la plus audacieuse ou la plus aveugle. Comme Macbeth avait tué le sommeil, M. Renan, vingt fois, cent fois dans chacun de ses livres, a tué la joie, a tué l'action, a tué la paix de l'âme et la sécurité de la vie morale. Pratiquer la vertu avec cette arrière-pensée que l'homme vertueux est peut-être un sot; se faire «une sagesse à deux tranchants»; se dire que «nous devons la vertu à l'Éternel, mais que nous avons droit d'y joindre, comme reprise personnelle, l'ironie; que nous rendons par là à qui de droit plaisanterie pour plaisanterie», etc., cela est joli, très joli; c'est, un raisonnement délicieux et absurde, et ce «bon Dieu», conçu comme un grec émérite qui pipe les dés, est une invention tout à fait réjouissante. Mais ne jamais faire le bien bonnement, ne le faire que par élégance et avec ce luxe de malices, mettre tant d'esprit à être bon quand il vous arrive de l'être, apporter toujours à la pratique de la vertu la méfiance et la sagacité d'un monsieur qu'on ne prend pas sans vert et qui n'est dupe que parce qu'il le veut bien,—est-ce que cela, à supposer que ce soit possible, ne vous paraît pas lamentable? Dire que Dieu n'existe pas, mais qu'il existera peut-être un jour et qu'il sera la conscience de l'univers quand l'univers sera devenu conscient; dire ailleurs que «Dieu est déjà bon, qu'il n'est pas encore tout-puissant, mais qu'il le sera sans doute un jour»; que «l'immortalité n'est pas un don inhérent à l'homme, une conséquence de sa nature, mais sans doute un don réservé par l'Être, devenu absolu, parfait, omniscient, tout-puissant, à ceux qui auront contribué à son développement»; «qu'il y a du reste presque autant de chances pour que le contraire de tout cela soit vrai» et «qu'une complète obscurité nous cache les fins de l'univers»: ne sont-ce pas là, à qui va au fond, de belles et bonnes négations enveloppées de railleries subtiles? Ne craignons point de passer pour un esprit grossier, absolu, ignorant des nuances. Il n'y a pas de nuances qui tiennent. Douter et railler ainsi, c'est simplement nier; et ce nihilisme, si élégant qu'il soit, ne saurait être qu'un abîme de mélancolie noire et de désespérance. Notez que je ne conteste point la vérité de cette philosophie (ce n'est pas mon affaire): j'en constate la profonde tristesse. Rien, rien, il n'y a rien que des phénomènes. M. Renan ne recule d'ailleurs devant aucune des conséquences de sa pensée. Il a une phrase surprenante où «faire son salut» devient exactement synonyme de «prendre son plaisir où on le trouve», et où il admet des saints de la luxure, de la morphine et de l'alcool. Et avec cela il est gai! Comment fait-il donc?

Quelqu'un pourrait répondre:

—Vous avez l'étonnement facile, monsieur l'ingénu. C'est comme si vous disiez: «Cet homme est un homme, et il a l'audace d'être gai!». Et ne vous récriez point que sa gaieté est sinistre, car je vous montrerais qu'elle est héroïque. Ce sage a eu une jeunesse austère; il reconnaît, après trente ans d'études, que cette austérité même fut une vanité, qu'il a été sa propre dupe, que ce sont les simples et les frivoles qui ont raison, mais qu'il n'est plus temps aujourd'hui de manger sa part du gâteau. Il le sait, il l'a dit cent fois, il est gai pourtant. C'est admirable!

V

Eh bien! non. Je soupçonne cette gaieté de n'être ni sinistre ni héroïque. Il reste donc qu'elle soit naturelle et que M. Renan se contente de l'entretenir par tout ce qu'il sait des hommes et des choses. Et cela certes est bien permis; car, si ce monde est affligeant comme énigme, il est encore assez divertissant comme spectacle.

On peut pousser plus loin l'explication. Il n'y a pas de raison pour que le pyrrhonien ou le négateur le plus hardi ne soit pas un homme gai, et cela même en supposant que la négation ou le doute universel comporte une vue du monde et de la vie humaine nécessairement et irrémédiablement triste, ce qui n'est point démontré. Dans tous les cas, cela ne serait vrai que pour les hommes de culture raffinée et de coeur tendre, car les gredins ne sont point gênés d'être à la fois de parfaits négateurs et de joyeux compagnons. Mais en réalité il n'est point nécessaire d'être un coquin pour être gai avec une philosophie triste. Sceptique, pessimiste, nihiliste, on l'est quand on y pense: le reste du temps (et ce reste est presque toute la vie), eh bien! on vit, on va, on vient, on cause, on voyage, on a ses travaux, ses plaisirs, ses petites occupations de toute sorte.—Vous vous rappelez ce que dit Pascal des «preuves de Dieu métaphysiques»: ces démonstrations ne frappent que pendant l'instant qu'on les saisit; une heure après, elles sont oubliées. Il peut donc fort bien y avoir contraste entre les idées et le caractère d'un homme, surtout s'il est très cultivé. «Le jugement, dit Montaigne, tient chez moi un siège magistral… Il laisse mes appétits aller leur train… *Il fait son jeu à part.*» Pourquoi ne ferait-il pas aussi son jeu à part chez le décevant écrivain des *Dialogues philosophiques*? Essayons donc de voir par où et comment il peut être heureux.

D'abord son optimisme est un parti pris hautement affiché, à tout propos et même hors de propos et aux moments les plus imprévus. Il est heureux parce qu'il veut être heureux: ce qui est encore la meilleure façon qu'on ait trouvé de l'être. Il donne là un exemple que beaucoup de ses contemporains devraient suivre. À force de nous plaindre, nous deviendrons vraiment malheureux. Le meilleur remède contre la douleur est peut-être de la nier tant qu'on peut. Une sensibilité nous envahit, très humaine, très généreuse même, mais très dangereuse aussi. Il faut agir sans se lamenter, et aider le prochain sans le baigner de larmes. Je ne sais, mais peut-être le «pauvre peuple» est-il moins heureux encore depuis qu'on le plaint davantage. Sa misère était plus grande autrefois, et cependant je crois qu'il était peut-être moins à plaindre, précisément parce qu'on le plaignait moins.

Je veux bien, du reste, accorder aux âmes faibles qu'il ne suffit pas toujours de vouloir pour être heureux. La vie, en somme, n'a pas trop mal servi M. Renan, l'a passablement aidé à soutenir sa gageure; et il en remercie gracieusement l'obscure «cause première» à la fin de ses *Souvenirs*. Tous ses rêves se sont réalisés. Il est de deux Académies; il est administrateur du Collège de France; il a été aimé, nous dit-il, des trois femmes dont l'affection lui importait: sa soeur, sa femme et sa fille; il a enfin une honnête aisance, non en biens-fonds, qui sont chose trop matérielle et trop attachante, mais en actions et obligations, choses légères et qui lui agréent mieux, étant des espèces de fictions, et même de jolies fictions.—Il a des rhumatismes. Mais il met sa coquetterie à ce qu'on ne s'en aperçoive point; et puis il ne les a pas toujours.—Sa plus grande douleur a été la mort de sa soeur Henriette; mais le spectacle au moins lui en a été épargné et la longue et terrible angoisse, puisqu'il était lui-même fort malade à ce moment-là. Elle s'en est allée son oeuvre faite et quand son frère n'avait presque plus besoin d'elle. Et qui sait si la mémoire de cette personne accomplie ne lui est pas aussi douce que le serait aujourd'hui sa présence? Et puis cette mort lui a inspiré de si belles pages, si tendres, si harmonieuses! Au reste, s'il est vrai que le bonheur est souvent la récompense des coeurs simples, il me paraît qu'une intelligence supérieure et tout ce qu'elle apporte avec soi n'est point pour empêcher d'être heureux. Elle est aux hommes ce que la grande beauté est aux femmes. Une femme vraiment belle jouit continuellement de sa beauté, elle ne saurait l'oublier un moment, elle la lit dans tous les yeux. Avec cela la vie est supportable ou le redevient vite, à moins d'être une passionnée, une enragée, une gâcheuse de bonheur comme il s'en trouve. M. Renan se sent souverainement intelligent comme Cléopâtre se sentait souverainement belle. Il a les plaisirs de l'extrême célébrité, qui sont de presque tous les instants et qui ne sont point tant à dédaigner, du moins je l'imagine. Sa gloire lui rit dans tous les regards. Il se sent supérieur à presque tous ses contemporains par la quantité de choses qu'il comprend, par l'interprétation qu'il en donne, par les finesses de cette interprétation. Il se sent l'inventeur d'une certaine philosophie très raffinée, d'une certaine façon de concevoir le monde et de prendre la vie, et il surprend tout autour de lui l'influence exercée sur beaucoup d'âmes par ses aristocratiques théories. (Et je ne parle pas des joies régulières et assurées du travail quotidien, des plaisirs de la recherche et, parfois, de la découverte.)—M. Renan jouit de son génie et de son esprit. M. Renan jouit le premier du renanisme.

Il serait intéressant—et assez inutile d'ailleurs—de dresser la liste des contradictions de M. Renan. Son Dieu tour à tour existe ou n'existe pas, est personnel ou impersonnel. L'immortalité dont il rêve quelquefois est tour à tour individuelle et collective. Il croit et ne croit pas au progrès. Il a la pensée triste et l'esprit plaisant. Il aime les sciences historiques et les dédaigne. Il est pieusement impie. Il est très chaste et il éveille assez souvent des images sensuelles. C'est un mystique et un pince-sans-rire. Il a des naïvetés et d'inextricables malices. Il est Breton et Gascon. Il est artiste, et son style est pourtant le moins plastique qui se puisse voir. Ce style paraît précis et en réalité fuit comme l'eau entre les doigts. Souvent la pensée est claire et l'expression obscure, à moins que ce ne soit le contraire. Sous une apparence de liaison, il a des sautes d'idées incroyables, et ce sont continuellement des abus de mots, des équivoques imperceptibles, parfois un ravissant galimatias. Il nie dans le même temps qu'il affirme. Il est si préoccupé de n'être point dupe de sa pensée qu'il ne saurait rien avancer d'un peu sérieux sans sourire et railler tout de suite après. Il a des affirmations auxquelles, au bout d'un instant, il n'a plus l'air de croire, ou, par une marche opposée, des paradoxes ironiques auxquels on dirait qu'il se laisse prendre. Mais sait-il exactement lui-même où commence et où finit son ironie? Ses opinions exotériques s'embrouillent si bien avec ses «pensées de derrière la tête» que lui-même, je pense, ne s'y retrouve plus et se perd avant nous dans le mystère de ces «nuances».

Toutes les fées avaient richement doté le petit Armoricain. Elles lui avaient donné le génie, l'imagination, la finesse, la persévérance, la gaieté, la bonté. La fée Ironie est venue à son tour et lui a dit: «Je t'apporte un don charmant; mais je te l'apporte en si grande abondance qu'il envahira et altérera tous les autres. On t'aimera; mais, comme on aura toujours peur de passer à tes yeux pour un sot, on n'osera pas te le dire. Tu te moqueras des hommes, de l'univers et de Dieu, tu te moqueras de toi-même, et tu finiras par perdre le souci et le goût de la vérité. Tu mêleras l'ironie aux pensers les plus graves, aux actions les plus naturelles et les meilleures, et l'ironie rendra toutes les écritures infiniment séduisantes, mais inconsistantes et fragiles. En revanche, jamais personne ne se sera diverti autant que toi d'être au monde.» Ainsi parla la fée et, tout compte fait, elle fut assez bonne personne. Si M. Renan est une énigme, M. Renan en jouit tout le premier et s'étudie peut-être à la compliquer encore.

Il écrivait, il y a quatorze ans: «Cet univers est un spectacle que Dieu se donne à lui-même; servons les intentions du grand chorège en contribuant à rendre le spectacle aussi brillant, aussi varié que possible.» Il faut rendre cette justice à l'auteur de la *Vie de Jésus* qu'il les sert joliment, «les intentions du grand chorège»! Il est certainement un des «compères» les plus originaux et les plus fins de l'éternelle féerie. Lui reprocherons-nous de s'amuser pour son compte tout en divertissant le divin imprésario? Ce serait de l'ingratitude, car nous jouissons aussi de la comédie selon notre petite mesure; et vraiment le monde serait plus ennuyeux si M. Renan n'y était pas.

APPENDICE

FRAGMENT D'UN DISCOURS PRONONCÉ PAR M. RENAN À QUIMPER, LE 17 AOÛT 1885.

… Moi aussi, j'ai détruit quelques bêtes souterraines assez malfaisantes. J'ai été un bon torpilleur à ma manière; j'ai donné quelques secousses électriques à des gens qui auraient mieux aimé dormir. Je n'ai pas manqué à la tradition des bonnes gens de Goëlo.

Voilà pourquoi, bien que fatigué de corps avant l'âge, j'ai gardé jusqu'à la vieillesse une gaieté d'enfant, comme les marins, une facilité étrange à me contenter.

Un critique me soutenait dernièrement que ma philosophie m'obligeait à être toujours éploré. Il me reprochait comme une hypocrisie ma bonne humeur, dont il ne voyait pas les vraies causes.

Eh bien! je vais vous les dire.

Je suis très gai, d'abord parce que, m'étant très peu amusé quand j'étais jeune, j'ai gardé, à cet égard, toute ma fraîcheur d'illusions; puis, voici qui est plus sérieux: je suis gai, parce que je suis sûr d'avoir fait en ma vie une bonne action; j'en suis sûr. Je ne demanderais pour récompense que de recommencer. Je me plains d'une seule chose, c'est d'être vieux dix ans trop tôt.

Je ne suis pas un homme de lettres, je suis un homme du peuple; je suis l'aboutissant de longues files obscures de paysans et de marins. Je jouis de leurs économies de pensée; je suis reconnaissant à ces pauvres gens qui m'ont procuré, par leur sobriété intellectuelle, de si vives jouissances.

Là est le secret de notre jeunesse.

Nous sommes prêts à vivre quand tout le monde ne parle plus que de mourir. Le groupe humain auquel nous ressemblons le plus, et qui nous comprend le mieux, ce sont les Slaves; car ils sont dans une position analogue à la nôtre, neufs dans la vie et antiques à la fois…

FERDINAND BRUNETIÈRE[78]

[Note 78: *Études sur l'histoire de la littérature française; Nouvelles études.* 2 vol. in-12 (Hachette).—*Histoire et littérature*; le *Roman naturaliste.* 2 vol. in-12 (Calmann-Lévy).]

M. Ferdinand Brunetière, qui aime peu, n'est point aimé passionnément. Les jeunes, ceux de la nouvelle école, le méprisent, le conspuent, l'égorgeraient volontiers. Les professeurs de l'Université le disent pédant, afin de paraître légers. Il a contre lui les faux érudits et les érudits trop entêtés d'érudition. Il n'a pour lui ni les frivoles ni les sensibles ou les nerveux. Les femmes le lisent peu. Les sympathies qu'il inspire sont rares et austères. Avec cela, il est quelqu'un; son avis compte, on sent qu'il n'est jamais négligeable. En un mot, il a l'autorité.

L'autorité, pourrait-on dire en empruntant une tournure à La Bruyère, n'est pas incompatible avec le mérite, et elle ne le suppose pas non plus. Du moins elle suppose encore autre chose. Elle appartient le plus souvent et le plus vite à ceux qui ont coutume de juger avec assurance et d'après des principes arrêtés. Elle dépend aussi de la façon d'écrire et de la maison où l'on écrit. Mais, si elle peut s'accroître par là, ce n'est point par là, je pense, qu'elle se fonde ou qu'elle dure. Même la force d'affirmation, toute seule, ne la soutiendrait pas longtemps. L'autorité de la roide parole de M. Brunetière a d'autres causes: ses qualités d'abord—et ses défauts ensuite.

I

M. Brunetière est fort savant; il a mieux qu'une teinture de toutes choses. Sur le XVIIe et le XVIIIe siècle, son érudition est imperturbable. Il est visible qu'il a lu tous les classiques, et tout entiers. Cela n'a l'air de rien: combien, même parmi les gens du «métier», en ont fait autant? Histoire, philosophie, romans, poésie, beaux-arts et de tous les pays, il sait tout; on dirait qu'il a tout vu et tout lu. Toujours on sent sous sa critique un fonds solide et étendu de connaissances multiples et précises, placées dans un bon ordre. Il a donc ce premier mérite, aussi rare que modeste, de connaître toujours parfaitement les choses sur lesquelles il écrit, et même les alentours.

M. Brunetière a l'esprit naturellement philosophique. Sa grande science des livres et de l'histoire, en lui permettant des comparaisons perpétuelles, a développé en lui cet esprit. Il n'est pas un livre qui ne lui en rappelle beaucoup d'autres, et bientôt une idée générale se dégage de ces rapprochements: l'oeuvre n'est plus isolée, mais a son rang dans une série, liée à d'autres oeuvres par quelque point particulier. Aussi ne verrez-vous presque jamais M. Brunetière s'enfermer dans un livre pour l'étudier en lui-même et le définir par son charme propre. Ce n'est pour lui qu'un point de départ ou un exemple à l'appui d'une théorie, une occasion d'écrire un chapitre d'histoire littéraire ou d'agiter une question d'esthétique. Sa critique n'est jamais insignifiante ou simplement aimable. Elle ne nous laisse point nous complaire dans nos préférences irréfléchies; elle ouvre l'esprit, et, si elle irrite souvent, elle fait penser.

M. Brunetière est un doctrinaire. Ces études historiques et ces dissertations, il ne s'y livre point par simple curiosité, pour le simple plaisir de la recherche. Il aime juger. Il croit que les oeuvres de l'esprit ont une valeur absolue et constante en dehors de ceux à qui elles sont soumises, lecteurs ou spectateurs; et cette valeur, il prétend la fixer avec précision. Il croit à une hiérarchie des plaisirs esthétiques. Ferme sur ses théories, jamais il n'hésite dans l'application, beaucoup plus sensible d'ailleurs à la joie de comparer, de peser, de classer, qu'à celle de goûter et de faire goûter même les livres qui lui sont le plus chers, même les bibles sur lesquelles il a comme moulé ses préceptes et auxquelles il rapporte tout. Or cette foi, cette assurance imposent: c'est une grande force. Et, d'autre part, l'unité de la doctrine, l'habitude de tout juger (même quand on ne le dit pas) d'après les mêmes principes ou d'après les mêmes exemplaires de perfection, donne à la critique quelque chose de majestueux, de solide et de rassurant.

M. Brunetière est un esprit très libre en dehors des cas où ses doctrines essentielles sont directement intéressées. Il n'est point dupe des mots, ni des hommes, ni des réputations, ni des modes; en tout il cherche à aller au fond des choses. Et notez qu'il est aussi bien défendu contre le préjugé académique que contre le préjugé naturaliste. S'il était dupe de quelque chose, ce serait plutôt de sa défiance même à l'endroit de la mode et de toute opinion qui a pour elle un certain nombre de sots. Il ne me paraît se tromper, quelquefois, que par une crainte excessive de donner dans la badauderie. Au reste, s'il se trompe, c'est par de fortes raisons, et fortement déduites. Il a certainement dégonflé beaucoup de vessies. Quand il ne s'agit pas des contemporains, au sujet desquels il se tient sur la défensive et garde l'air méfiant, quand il parle des classiques, on ne saurait souhaiter une critique plus libre—cette vérité mise à part, qu'ils sont incomparables. Mais cela ne lui donne que plus de sécurité pour en parler à son aise. Et alors son orthodoxie a souvent je ne sais quelle allure hardie et paradoxale, réformant çà et là les jugements traditionnels ou bien, pour nous faire enrager, nous montrant les classiques aussi vivants que nous et découvrant chez eux une foule de choses que nous croyons avoir inventées.

M. Brunetière est très intelligent (je donne ici au mot toute sa force). Des adolescents le traitent de pion et disent: «Il ne comprend pas.» Au contraire, il est visible qu'il comprend toujours; mais souvent il n'aime pas. Il a beaucoup d'aveux comme celui-ci: «Ce que l'on ne peut pas disputer au réalisme, naturalisme, impressionnisme, ou de quelque autre nom qu'on l'appelle, c'est qu'il n'y a de ressource, de salut et de sécurité pour l'artiste et pour l'art que l'exacte imitation de la nature. Là est le secret de la force, et là—ne craignons pas de le dire—la justification du mouvement qui ramène tous nos écrivains, depuis quelques années, des sommets nuageux du romantisme d'autrefois au plat pays de la réalité.» Il est vrai qu'après cela viennent les *distinguo*. Mais enfin, s'il a combattu un si beau combat contre les excès du naturalisme et du japonisme, ce n'est point qu'il ne saisisse parfaitement ce que sont ces nouveaux procédés de l'art, à quel sentiment, à quelle espèce de curiosité ils répondent, quel genre de plaisir ils peuvent donner. Il place ce plaisir assez bas et ne le goûte point, voilà tout. Il a, d'ailleurs, presque rendu justice à Flaubert et très exactement défini ce que Flaubert a pu apporter de nouveau dans le roman. Rien ne manque à cette étude, au moins en ce qui regarde *Madame Bovary*, que l'accent de la sympathie. M. Brunetière a fort bien indiqué aussi ce qu'il y a de neuf dans les procédés de M. Alphonse Daudet et ce que c'est que l'impressionnisme. N'a-t-il pas reconnu à M. Émile Zola la simplicité d'invention, l'ampleur et la force? Je sais bien que le compliment tient une ligne, et la condamnation cinquante pages; mais remarquez que la banalité romanesque ne lui est pas moins odieuse que le naturalisme facile. Jamais il n'a loué, jamais il n'a seulement nommé tel romancier «idéaliste» estimé pourtant des bourgeois. Et même il admire Darwin, aime M. Renan et considère M. Taine, quoiqu'ils soient à la mode.

M. Brunetière n'en est pas moins éminemment grincheux. Il me semble qu'il doit le savoir et je suis sûr qu'il ne lui déplaît pas de se l'entendre dire. Il ne lui suffit pas d'avoir raison: il a raison avec humeur et il n'est pas fâché d'être désagréable en pensant bien. Il y a de l'Alceste chez lui. Il est certain qu'il a maltraité M. Zola beaucoup plus que ne l'exigeaient la justice et le bon goût. Il a montré une extrême dureté contre MM. de Goncourt, leur portant même gratuitement des coups détournés quand ils n'étaient pas en cause. Là où ses croyances littéraires sont directement menacées, il frappe, non certes comme un aveugle, mais comme un sourd. Personne, dans un livre dont la «poétique» lui paraît fausse, ne fait meilleur marché de ce qui peut s'y trouver d'ailleurs de distingué et d'intéressant. Il pratique cette espèce de détachement avec une véritable férocité, et qui m'étonne et m'afflige toujours. «Un mauvais arbre ne saurait porter de bons fruits»; il ne sort pas de là: c'est un terrible justicier. Quelquefois seulement, par un souci des moeurs oratoires, on dirait qu'il cherche à envelopper sa sentence de formes courtoises; ou bien il se dérobe, il refuse de dire ce qu'il pense, et mieux vaudrait alors pour le «prévenu» qu'il le dît crûment. C'est tout à fait le «Je ne dis pas cela» du *Misanthrope*. Et le rapprochement vient d'autant mieux que, comme Alceste mettait au-dessus de tout la chanson du roi Henri, M. Brunetière éprouve un sensible plaisir à exagérer ses principes, à leur donner un air de défi. Ce critique a, comme certains politiques, le goût de l'impopularité.

Un Nisard moins aimable, moins élégant, moins délicat, mais vigoureux, militant et autrement muni de science, d'idées, de raisons et d'esprit philosophique; un orthodoxe audacieux et provocant comme un hérésiarque: voilà M. Brunetière.

Son style est très particulier. Il est, chose rare aujourd'hui, presque constamment périodique. La phrase ample, longue, savamment aménagée et équilibrée, exprime quelque chose de complet, présente à la fois l'idée principale et, dans les incidentes, tout ce qui l'explique, la renforce ou la modifie. Une seule de ces périodes contient tout ce que nous dirions en une demi-douzaine de petites phrases se modifiant et se complétant l'une l'autre. L'écrivain multiplie les *si*, les *comme*, les *d'autant*, et ne s'embarrasse point du nombre des *qui* et des *que*. Ses paragraphes sont bâtis comme ses périodes: la liaison est presque aussi forte entre elles qu'entre les membres dont elles sont composées. Il fait un usage excellent des *car*, des *mais*, des *aussi bien*, des *tout de même que*. Il apporte autant de coquetterie à faire saillir les articulations du style que d'autres à les dissimuler. Et l'on peut dire aussi que ses études sont composées tout entières comme ses phrases et comme ses paragraphes. Ce sont systèmes de blocs unis par des crampons apparents.

Ce qu'il y a de remarquable, c'est qu'un mouvement continu anime et pousse ces masses énormes. Je ne sais ce qui étonne le plus chez M. Brunetière, de sa lourdeur travaillée ou de sa verve puissante.

Sa langue, comme son style, nous ramène autant qu'il se peut au XVIIe siècle. Il s'applique à rendre aux mots le sens exact qu'ils avaient dans cet âge d'or. Traiter des questions toutes modernes avec la phrase de Descartes et le vocabulaire de Bossuet, voilà le problème qu'a souvent résolu M. Brunetière.

Cet archaïsme est très savoureux. Et ne croyez pas que vous trouverez cela aisément autre part que chez lui. Je n'apprendrai à personne quelle grande naïveté ç'a été de croire que Cousin parlait la langue du XVIIe siècle; mais je me figure que M. Brunetière la parle, lui, aussi parfaitement que Bersot parlait celle du commencement du XVIIIe siècle.

II

J'ai largement loué M. Brunetière, et de grand coeur. Je puis faire maintenant quelques modestes réserves d'une âme plus tranquille.

Et, puisque je parlais à l'instant même de son style, il se peut que, pour être accompli dans son genre, il ne soit pas cependant sans reproche, et que, ce qu'il est, il le soit trop exclusivement. Le ciel me préserve de faire peu de cas de la précision et de la propriété des termes dans un temps où l'à peu près s'étale partout dans les livres et où des auteurs même célèbres ne savent qu'imparfaitement leur langue! Et Dieu me garde aussi de reprocher à un écrivain doué d'une originalité décidée, de qualités tranchées et fortes, de n'avoir point les qualités contraires! Mais enfin M. Brunetière met la précision à si haut prix qu'il semble que tout ce qui ne peut s'exprimer avec une exactitude rigoureuse n'existe point pour lui. Et pour tant il est presque inévitable que le critique, en étudiant certains livres, accueille en chemin telle idée, reçoive telle impression qu'il ne peut rendre qu'avec une demi-propriété de termes, par des demi-jours, par des à peu près intelligents dont chacun, pris à part, ne satisfait point, mais qui, si on les prend ensemble, donnent l'expression poursuivie. On en trouve d'innombrables exemples dans Sainte-Beuve. Or celui qui ne consent pas à cette exactitude moindre dans l'expression de certaines nuances de la pensée, du sentiment, de la sensation, peut être encore le critique-né de bien des livres; l'est-il de tous? N'y en a-t-il pas qui lui échappent en partie et sur lesquels, si je puis dire, sa juridiction n'est pas absolue?

Puis, si M. Brunetière a la vigueur, la finesse, un esprit coupant, souvent une subtilité sèche, il n'a point la grâce, et, comme j'ai dit, je ne le lui reprocherai point; mais voilà, c'est qu'il ne l'a pas du tout, pas même par hasard, pas même un peu. Sa façon d'écrire, extraordinairement tendue, la lui interdit. Après cela, il est peut-être téméraire de dire jusqu'à quel point un écrivain manque de grâce, et, au surplus, on peut s'en passer.

Enfin, le style de M. Brunetière est sans doute très curieux dans son archaïsme savant; mais, si on voulait lui appliquer la règle qu'il applique aux autres, quelle recherche, quelle affectation, et combien éloignée du naturel de la plupart des classiques! Quels embarras il fait avec ses *qui*, ses *que*, ses *aussi bien* et ses *tout de même que*! Est-il assez content de parler la bonne langue, la meilleure, la seule! Il ne prend pas garde qu'écrire comme Bossuet, ce ne serait peut-être pas écrire selon la syntaxe et avec le vocabulaire de Bossuet, mais écrire aussi bien dans la langue d'aujourd'hui que Bossuet dans celle de son temps. La langue de M. Edmond de Goncourt est, pour M. Brunetière, le plus affecté des jargons; mais n'est-ce pas une affectation presque égale d'écrire comme il y a deux siècles, ou d'écrire comme il est possible qu'on écrive dans cent ans? Je compare ici, non précisément, les deux styles (M. Brunetière aurait trop d'avantages), mais les deux manies. Je conviens d'ailleurs que j'exagère un peu ma critique; mais, comme dit l'autre, ma remarque subsiste, réduite à ce que l'on voudra.

On en peut faire une autre. Il arrive à cet écrivain si sûr, si muni contre la piperie des mots, de sacrifier plus que de raison à la symétrie de ses dissertations et de nous tromper, si j'ose dire, par l'appareil logique de ses développements[79]. Son goût de la régularité parfaite nous joue ou peut-être lui joue de ces tours. Sa passion lui en joue d'autres, et aussi son goût du paradoxe, par lequel il est d'ailleurs si intéressant. On sait qu'un paradoxe, c'est une vérité, trop vieille ou trop jeune. Vous pensez bien que ceux de M. Brunetière sont surtout des vérités trop vieilles. Or ces vérités, c'est fort bien de les rajeunir, de nous les montrer aussi insolentes et attirantes que des mensonges; mais il est trop vrai que, dans sa joie triomphante de heurter les opinions courantes, de découvrir la vanité et la vieillerie de bien des nouveautés prétendues, il arrive à ce juge sévère d'abuser des mots comme un autre ou de donner dans l'outrance. Ainsi dans son ingénieuse *Théorie du lieu commun*. Que l'invention ne soit pas dans le fond, qu'un vieux sujet ne soit point pour cela un sujet banal, nous le voulons bien. Que les sujets et les personnages des drames de Victor Hugo, pour être inventés de toutes pièces, n'en vaillent pas mieux, passe encore. Mais pourquoi ajouter que c'est justement ce qui n'est pas vieux comme le monde, ce qui n'est pas dans «l'éternel fonds humain», qui est banal? Banale, Lucrèce Borgia? Banal, Ruy-Blas? Vraiment il suffirait de dire qu'ils sonnent faux, qu'ils sont bizarres et extravagants. «Il n'y a de banal, *au mauvais sens du mot*, que les types dont le modèle a cessé d'être sous nos yeux», etc. M. Brunetière donne donc d'abord au mot banal un sens favorable qu'il n'a jamais eu, puis «un mauvais sens» qu'il n'a pas davantage. Mais c'est pur sophisme d'imposer comme cela aux mots des significations imprévues pour être plus désagréable aux gens dont on ne partage pas le sentiment.

[Note 79: Par exemple, dans l'étude sur Flaubert, M. Brunetière annonce qu'il va nous montrer les procédés de l'auteur de *Madame Bovary*, «comment il construit la phrase, le paragraphe, le livre tout entier». En réalité, M. Brunetière ne nous le montre pas: ses remarques ne valent que pour certaines phrases et pour quelques paragraphes.]

De même, on peut être de son avis quand il trouve puériles certaines manifestations de la haine de Flaubert contre les bourgeois; mais, quand il ajoute que rien précisément n'est plus bourgeois que cette haine des bourgeois, et cela pour se donner le plaisir de traiter Flaubert de bourgeois, je ne puis voir là qu'un jeu d'esprit indigne d'un esprit aussi sérieux. Et remarquez que M. Brunetière ne fait qu'user, sous une forme savante, d'un argument essentiellement enfantin: «Banal, le vieux fonds de l'homme? *Pas tant que vous!*—Vous méprisez les bourgeois? *Bourgeois vous même!*»

III

Comme il a ses manies, M. Brunetière a peut-être ses préjugés. J'appelle préjugé (comme tout le monde) l'opinion des autres quand je ne la partage pas; mais j'appelle aussi préjugé une croyance que vous estimez appuyée sur la raison et qui n'est pourtant, en réalité, qu'une préférence de votre tempérament ou un sentiment tourné en doctrine. Or il me paraît que M. Brunetière a des croyances de cette espèce. Non pas qu'il ne cherche et ne trouve même de bonnes raisons pour leur donner une autre valeur que celle de préférences et de goûts personnels; mais il ne parvient pas à m'ôter mes doutes, et, du reste, quand il me convaincrait, il ne me persuaderait pas.

Ces préjugés, je n'en prendrai des exemples que dans les études de M. Brunetière sur nos contemporains. Ce sont celles qui m'intéressent le plus, et d'ailleurs je l'y trouve tout entier, puisqu'il ne juge les écrivains d'aujourd'hui que par comparaison avec ceux du XVIIe siècle et que l'opinion qu'il a de ceux-ci est contenue dans le jugement qu'il porte sur ceux-là.

D'abord il croit fermement à la hiérarchie des genres; il classe avec une extrême assurance; il a, sans doute, des instruments de précision pour déterminer exactement la qualité du plaisir qu'il goûte ou que les autres doivent goûter. *Madame Bovary* est un chef-d'oeuvre, et il l'a dit maintes fois: mais il se croirait perdu d'honneur s'il n'ajoutait presque aussitôt: Oui, mais un chef-d'oeuvre «d'ordre inférieur». Une fois, il se demande avec angoisse: «Est-ce même une oeuvre d'art? Est-ce surtout du roman? Je n'oserais en répondre.» De même, il reconnaît la supériorité de Dickens, mais dans un genre «évidemment inférieur» (ce genre est le roman réaliste sentimental). De même aussi, après avoir fort bien défini l'«impressionnisme» des *Rois en exil*, il se dit qu'après tout ce n'est là qu'une «forme inférieure de l'art» et met tranquillement le chef-d'oeuvre d'Alphonse Daudet au-dessous de *Manon Lescaut* et de *Gil Blas*, qui pourtant ne sont encore que des «oeuvres secondaires». Il semble bien que, pour lui, ce qui fait la valeur d'une oeuvre, ce n'est pas seulement le talent de l'écrivain, mais le genre aussi auquel elle appartient, et les genres supérieurs, c'est, je suppose, l'oraison funèbre, la tragédie, le roman idéaliste. Mais justement cette assurance à classer s'explique par les autres préjugés de M. Brunetière: ce sont eux qui nous diront d'après quels principes il classe.

Il croit à la nécessité de ce qu'il appelait dans son premier article «un rayon d'idéal».

> … Non pas certes que les plus humbles et les plus dédaignés d'entre nous n'aient le droit d'avoir aussi leur roman, à condition toutefois que dans la profondeur de leur abaissement on fasse luire un rayon d'idéal, et qu'au lieu de les enfermer dans le cercle étroit où les a jetés, qui la naissance et qui le vice, nous les en tirions au contraire pour les faire mouvoir dans cet ordre de sentiments qui dérident tous les visages, qui mouillent tous les yeux et font battre les coeurs.

Plus tard, et dans un sentiment moins banal, il se contentera, il est vrai, de «quoi que ce soit de plus fort ou de plus fin que le vulgaire», et la «finesse des sens» d'Emma Bovary lui sera un suffisant «rayon d'idéal». Mais encore lui en faut-il. Il n'admet pas qu'on puisse s'intéresser à des personnages qui ne sont que «plats ou ignobles», et c'est parce que tous les personnages de l'*Éducation sentimentale* sont ignobles ou plats, c'est «parce que l'auteur a commencé par éliminer de la réalité tout ce qu'elle peut contenir de généreux et de franc, que ce roman est illisible».

Eh bien, je ne me sens pas convaincu. Je mets tout au pire. Je ne me demande point s'il n'y a pas dans l'*Éducation sentimentale* des personnages très suffisamment sympathiques; Mme Arnoux, Louise Roque, Dussardier, même Pellerin et quelques autres tels qu'un peu de mésestime et d'ironie n'exclut point une sorte d'affection pour eux. Et je ne cherche pas non plus si les personnages de *Gil Blas*, que M. Brunetière met pourtant très haut, sont d'une qualité morale supérieure à ceux de l'*Éducation sentimentale*. Je suppose un roman tel que M. Zola lui-même n'en a point écrit, dont *tous* les acteurs soient effectivement plats ou ignobles et ne soient que cela; je suppose en même temps, bien entendu, que l'auteur n'est point un médiocre écrivain. Mais alors, s'ils ne m'intéressent assurément pas en tant qu'ignobles et plats, ils m'intéresseront peut-être en tant que vrais et vivants; car chacun d'eux pourra l'être en particulier, lors même que, pris ensemble, ils donneraient une idée fausse de la moyenne de l'humanité. Si ce n'est eux, c'est leur peinture qui m'attachera. À plus forte raison puis-je aimer l'*Éducation sentimentale*, et, en effet, je l'aime beaucoup, mais beaucoup! Et si le livre pêche par quelque endroit, ce que je suis prêt à reconnaître, ce n'est point peut-être par les personnages, mais par l'action et la composition.

Non seulement la platitude générale des personnages déplaît à M. Brunetière: il condamne, comme une cause d'infériorité dans l'art, le parti pris ironique et méprisant de l'écrivain. Il croit à la nécessité d'un certain optimisme, ou du moins de la «sympathie pour les misères et les souffrances de l'humanité». Mais d'abord cette sympathie peut s'exprimer de bien des façons: il y a un mépris de l'humanité qui n'est point exclusif d'une sorte de pitié et qui, d'autre part, implique justement un idéal très élevé de générosité, de désintéressement, de bonté. Et je crois que, malgré tout, c'était bien le cas pour ce pauvre Flaubert, qui était un si excellent homme, mais entier dans tous ses sentiments, comme un enfant; et même je ne trouve point son ironie si sèche: seulement ce serait trop long à montrer. Je mets encore ici tout au pire. Je suppose que l'écrivain «déteste les hommes, s'enfonce dans le mépris d'eux et de leurs actes»: cette misanthropie peut être un sentiment injuste; il me paraît qu'elle est aussi un sentiment fort esthétique; je ne vois point, en tout cas, en quoi elle va contre l'art. Est-il nécessaire d'avoir de la sympathie morale pour ce qu'on peint? Il me semble bien que la sympathie artistique suffit, que le principal est de faire des peintures vivantes, et que c'est même le tout de l'art, le reste étant forcément autre chose: morale, religion, métaphysique.

C'est bien de faire cas de la psychologie; mais M. Brunetière en fait un grand mystère. Par exemple, celle de *Madame Bovary* lui paraît bonne, mais de second ordre: pourquoi? «Flaubert, qui débrouille si bien les effets successifs et accumulés du milieu extérieur sur la direction des appétits et des passions du personnage, ce qu'il ignore, ou ce qu'il ne comprend pas, ou ce qu'il n'admet pas, c'est l'existence du milieu intérieur.» Et nous voyons plus loin qu'aux yeux de M. Brunetière, le *nec plus ultra* de la psychologie, c'est, pour dire la chose en gros, la peinture de la lutte entre le devoir et la passion, entendez ce qu'on trouve presque uniquement chez les classiques.

Là encore je résiste. D'abord, quand je lis dans Flaubert des passages comme celui-ci: «Cet esprit, positif au milieu de ses enthousiasmes, qui avait aimé l'église pour ses fleurs, la musique pour les paroles des romances, et la littérature pour ses excitations passionnelles», etc., ou bien: «Incapable de comprendre ce qu'elle n'éprouvait pas, comme de croire à tout ce qui ne se manifestait point par des formes convenues, elle se persuada sans peine que la passion de Charles n'avait plus rien d'exorbitant», et cent autres passages de même force, je me dis que ce sont pourtant bien là des vues sur l'*intérieur* d'une âme! Et quand même ce n'en seraient pas? Je ne vois pas comment et par où l'observation du «milieu intérieur» est d'un ordre plus élevé que l'étude des effets du dehors sur ce milieu. Avouez au moins qu'il y a bien des âmes où vous chercheriez en vain ce conflit de la volonté et du désir qu'il vous faut absolument. Et ce bon combat, je ne sais, mais je ne vois pas que la description en soit nécessairement une si grande merveille. Il y a des procédés pour cela: chaque fait extérieur éveillera régulièrement chez votre personnage deux sentiments opposés dont il s'agit seulement de varier les proportions, selon les moments, avec vraisemblance et finesse: passion et remords chez Phèdre; plaisir d'être aimée et peur d'aimer chez Mme de Clèves. C'est quelque chose à coup sûr; mais c'est quelque chose aussi que de bien noter les effets de l'extérieur sur une âme qui ne lutte pas. La première peinture est-elle plus difficile? Non (et même l'arbitraire y doit être beaucoup plus fréquent que dans l'autre). Est-elle plus intéressante? Pourquoi?—Plus belle? Mais tout dépend de l'exécution[80].—Plus consolante? plus noble? plus fortifiante? Mais c'est d'art qu'il s'agit, et non de morale.

> [Note 80: «Puisque l'invention n'est pas dans le fond, où donc est-elle? Je réponds: Dans la forme, et dans la forme uniquement.» (*Histoire et littérature*, p. 47.)]

Outre cette psychologie du «milieu intérieur», M. Brunetière exige ce qu'il appelle «da vérité humaine». C'est un lieu commun, qu'un personnage de théâtre ou de roman doit, pour être vivant, avoir quelque chose de particulier qui n'appartienne qu'à lui et à son temps, et quelque chose de général qui appartienne à tous ceux de la même espèce dans tous les temps. Or cette part du général, il semble qu'elle ne soit jamais assez grande pour M. Brunetière. Il la juge trop petite dans les *Rois en exil*: il n'y trouve pas la «vérité humaine» du fond,—l'homme, «d'homme vrai». Et c'est pour cela qu'il met, au-dessus des *Rois en exil*, *Gil Blas* et *Manon Lescaut* où en effet le «particulier» tient une place assez modeste et effacée.

Il est évident qu'il n'y a pas grand'chose à lui répondre et que c'est une affaire d'appréciation personnelle. Pourtant, s'il est vrai que le particulier, le spécial, l'individuel abondent dans les *Rois en exil* (et c'est pour cela que j'aime tant ce livre), le général en est-il donc absent? Il me paraît bien que, parmi le très grand nombre de leurs traits propres et accidentels, on trouverait aussi chez Frédérique, chez Christian, chez Méraut, chez Rosen, *la* reine, *le* viveur au coeur faible, *l'*enthousiaste d'une idée, le chambellan fidèle, quelque chose enfin qui sera certainement compris dans tous les temps. Il faut être d'un esprit bien austère pour tant aimer le «général», et d'un courage bien assuré pour en fixer avec tant de sérénité la dose indispensable.

Je ne voudrais pas commettre gratuitement une impertinence facile et, si je comparais *Madame Bovary* et *Athalie* par exemple, ce ne serait point pour m'amuser, mais pour mieux dégager encore le principe des jugements de M. Brunetière. Je suppose qu'*Athalie* et *Madame Bovary* sont, dans des genres très divers et tout compensé, deux oeuvres de perfection égale. Il est clair que M. Brunetière n'en mettra pas moins la tragédie de Racine fort au-dessus du roman de Flaubert. Je demande ingénument pourquoi. Car enfin je vois bien que le style de Racine est plus noble, plus abstrait, plus majestueux; mais celui de Flaubert est assurément plus coloré et plus plastique. Les deux oeuvres sont peut-être aussi solidement composées l'une que l'autre et, si la grandeur et l'extrême simplification ont leur prix, le détail multiple et vivant a le sien. L'âme d'Emma n'est point celle de Joad; mais elle est tout aussi profondément étudiée. La mort d'Emma donne bien une émotion aussi forte que la mort d'Athalie. Les effets ne sont pas les mêmes dans la tragédie et le roman, les conditions mêmes et les conventions des deux genres étant différentes; mais ces effets sont peut-être équivalents. Je ne parle point de l'impression dernière et totale que laissent les deux oeuvres, de leur retentissement dans la conscience, dans l'imagination, dans l'intelligence: je paraîtrais trop prévenu. Qu'est-ce donc qui fait quand même, pour M. Brunetière, la supériorité d'*Athalie*? Il reste que ce soit la plus haute qualité intellectuelle, morale et sociale des personnages, et la plus grande dignité de l'action, c'est-à-dire, en somme, quelque chose de tout à fait étranger à l'exécution et d'extérieur, si je puis dire, à ce qui est proprement l'oeuvre d'art; quelque chose qui n'augmente ni ne diminue le mérite et la puissance de l'artiste et qui ne suppose chez lui que certains goûts et certaines préférences.

J'ai été très frappé d'un mot de M. Brunetière sur *Madame Bovary*: «Tout conspire pour achever, *je ne veux pas dire la beauté*, mais la perfection de l'oeuvre.» On ne saurait avouer plus clairement qu'on fait dépendre la beauté, non de l'art même, mais de la qualité de la matière où il s'applique, ou tout au moins que cette qualité de la matière, si elle ne constitue pas à elle seule la beauté, en est une condition absolue. Et je me défie d'une esthétique qui distingue si résolument la beauté de la perfection.

Mais ces caractères dont l'absence empêche M. Brunetière de reconnaître belle une oeuvre moderne qu'il avoue parfaite, ne sont-ce point précisément ceux qui sont communs aux oeuvres les plus admirées du XVIIe siècle? J'avais donc raison de dire que ses principes ne sont peut-être que des sentiments qu'il érige en lois. Il loue ou blâme les livres selon qu'ils suivent ou enfreignent les règles qu'il a dégagées de ses modèles préférés, si bien qu'au fond ce qui est beau, c'est ce qui lui plaît.

Le XVIIe siècle lui plait étrangement. Il a beau affecter avec ses grands écrivains l'indépendance d'esprit qu'il porte partout ailleurs; ce n'est qu'une feinte. Au fond, il leur passe tout, car il les aime; il les trouve meilleurs que nous et plus originaux, et il ne voudrait pas avouer, bien que sa sincérité l'y force quelquefois, qu'on ait inventé quoi que ce soit depuis eux. N'essayez pas de lui dire: «Ils sont plus parfaits que nous et pensent mieux; mais enfin nous sommes peut-être plus intelligents, plus ouverts, plus nerveux, plus amusants par nos défauts et notre inquiétude même». Vous verrez de quel mépris il vous traitera.

Cette foi absolue, qui communique tant de vie et de mouvement à sa critique, il la justifie, comme j'ai dit, par les meilleures raisons du monde. J'essaye d'y entrer et je les comprends; mais—que voulez-vous?—je ne les sens pas toujours.

Et, par exemple, je trouve assurément que Bossuet est un très grand écrivain; même je ne vois pas qu'il soit aussi vide d'idées personnelles, aussi dénué d'originalité de pensée que l'ont voulu Rémusat et Paul Albert. Mais je ne saurais m'élever jusqu'à l'excès d'admiration, de vénération, d'enthousiasme, où monte M. Brunetière, qui fait de Bossuet «le plus grand nom de son temps» et, par suite, de toute la littérature française. Sincèrement, j'ai beau faire, j'ai toujours besoin d'un effort pour lire Bossuet. Il est vrai que, dès que j'en ai lu quelques pages, je sens bien qu'après tout il est, comme on dit aujourd'hui, «très fort»; mais il ne me fait presque pas plaisir, tandis que souvent, ouvrant au hasard un livre d'aujourd'hui ou d'hier (je ne dis pas n'importe lequel, ni le livre d'un grimaud ou d'un sous-disciple), il m'arrive de frémir d'aise, d'être pénétré de plaisir jusqu'aux moelles,—tant j'aime cette littérature de la seconde moitié du XIXe siècle, si intelligente, si inquiète, si folle, si morose, si détraquée, si subtile,—tant je l'aime jusque dans ses affectations, ses ridicules, ses outrances, dont je sens le germe en moi et que je fais mien tour à tour! Et, pour parler à peu près sérieusement, faisons les comptes. Si peut-être Corneille, Racine, Bossuet n'ont point aujourd'hui d'équivalents, le grand siècle avait-il l'équivalent de Lamartine, de Victor Hugo, de Musset, de Michelet, de George Sand, de Sainte-Beuve, de Flaubert, de M. Renan? Et est-ce ma faute, à moi, si j'aime mieux relire un chapitre de M. Renan qu'un sermon de Bossuet, le *Nabab* que la *Princesse de Clèves* et telle comédie de Meilhac et Halévy qu'une comédie même de Molière? Rien ne prévaut contre ces impressions plus fortes que tout, qui tiennent à la nature même de l'esprit et au tempérament. Et c'est pourquoi je ne trouve point à redire à celles de M. Brunetière. Seulement qu'il soit établi, encore une fois, que ses «principes» ne sont aussi que des préférences personnelles.

IV

Ces préférences, réduites en système, l'ont certainement rendu, non pas injuste, mais chagrin, mais défiant à l'égard d'une grande partie de la littérature contemporaine, quoiqu'il se soit peut-être adouci depuis son premier article sur: le *Réalisme en* 1875 et qu'il ait été un jour presque clément à Flaubert et, maintes fois, presque caressant pour M. Alphonse Daudet; mais, en somme, sa critique des contemporains est restée surtout négative: il leur en veut plus de ce qui leur manque qu'il ne leur sait gré de ce qu'ils ont. Cela m'afflige, et voici pourquoi.

Quelles sont les qualités dont l'absence rend une oeuvre damnable, quels que soient d'ailleurs ses autres mérites, aux yeux de M. Brunetière? C'est d'abord la clarté du dessein, l'unité du plan, la correction de la forme, la décence (et j'avoue que, si une oeuvre peut valoir encore quelque chose sans ces qualités, elle vaut mieux quand elle les possède). Mais c'est aussi, nous l'avons vu, un certain optimisme, la sympathie pour l'homme exprimée directement, l'observation du «milieu intérieur» et, sous les déguisements de la mode, de l'éternel fond moral de l'humanité. Or, s'il est fâcheux que cela ne se trouve point dans certaines oeuvres, je remarque que cela était peut-être plus facile à y mettre que ce que l'artiste y a mis; qu'un livre où se rencontrent toutes ces qualités peut être fort médiocre, qu'un livre où elles manquent peut être encore fort intéressant et séduisant; et j'en conclus que, s'il y a de certaines critiques qu'on a bien le droit ou même le devoir de formuler, on ne serait pas mal avisé de le faire modestement.

Je me souviens d'un vieil article de M. Étienne sur les *Contemplations* et d'une étude de M. Saint-René Taillandier sur la *Tentation de saint Antoine*, qui, dans l'âge heureux où l'on manque de sagesse, m'avaient rempli de la plus furieuse indignation. M. Étienne reprochait d'un bout à l'autre à Victor Hugo son obscurité, sa déraison, son mauvais goût. M. Taillandier, examinant avec conscience la «sotie» de Flaubert, n'y trouvait point de clarté, point d'intelligence de l'histoire, point de bon sens, point de décence, point de sens moral, point d'idéal. Tous deux avaient raison; mais, comme j'étais très jeune, je me disais: «Hé! professeurs éminents que vous êtes, bon goût, bon sens, bon ordre, moralité, idéal, c'est ce que tout honnête lettré peut mettre dans un livre! Moi-même je l'y mettrais si je voulais! Mais la splendeur, la sonorité, le lyrisme débordant, la profusion d'images éclatantes des *Contemplations*; mais l'étrangeté et la perfection plastique de la *Tentation*, voilà ce dont Hugo et Flaubert étaient seuls capables! Il eût mieux valu qu'ils y joignissent le bon goût et le bon sens; mais, après tout, je n'attache pas un si haut prix à ce que je puis posséder ou acquérir tout comme un autre et, où il ne manque que ce que vous et moi aurions pu apporter, je ne suis pas tenté de réclamer si fort. Car ces qualités communes peuvent contribuer à la perfection d'une oeuvre; mais, toutes seules, elles feraient pauvre figure, et, au contraire, une originalité puissante vaut encore beaucoup et emporte ou séduit, même sans elles.»

J'allais sans doute trop loin. Il y a des règles nécessaires dont la violation empêche une oeuvre de valoir tout son prix (encore l'interprétation de ces règles peut-elle être plus ou moins rigoureuse). Mais j'avais peut-être raison d'admirer quand même les *Contemplations* et la *Tentation* et de croire que la vraie beauté d'un livre est quelque chose d'intime et de profond qui ne saurait être atteint par des manquements même aux règles de la rhétorique et des convenances; que l'écrivain vaut avant tout par une façon de voir, de sentir, d'écrire, qui soit bien à lui et qui le place au-dessus du commun—je ne dis pas n'importe comment ni par quelque singularité facile et apprise.

Mais il faut aimer pour bien comprendre et jusqu'au fond. Or il y a plusieurs écrivains de notre temps, même intéressants et rares, que M. Brunetière n'aime pas, et justement parce qu'il ne trouve pas chez eux ces indispensables qualités communes qu'exigeait M. Étienne de Victor Hugo et qui surabondent chez les grands écrivains du XVIIe siècle. En outre, il a, si j'ose dire, l'esprit trop philosophique, trop préoccupé de théories, pour se laisser prendre bonnement à d'autres livres que ceux sur lesquels il est d'avance pleinement renseigné et rassuré. Comme sa pente est de classer, et aussi de rattacher les auteurs les uns aux autres, d'expliquer la filiation des livres, de soulever des questions générales, ce souci le détourne de pénétrer autant qu'il le pourrait dans l'intelligence et dans le sentiment d'une oeuvre nouvelle. Son premier mouvement est de la comparer aux «modèles» et, cependant qu'il se hâte de la juger, il oublie d'en jouir, de chercher quelle est enfin sa beauté particulière et si l'auteur, malgré les fautes et les partis pris, n'aurait point par hasard quelque originalité et quelque puissance, des impressions, une vue des choses qui lui appartienne et qui le distingue. Mais M. Brunetière n'entre que dans les âmes d'il y a deux cents ans: dans les nôtres, il ne daigne. Il avoue quelque part qu'il y a dans l'oeuvre de M. Zola quelques centaines de pages qui sont belles: que ne parle-t-il un peu de celles-là? Mais il aime mieux déduire de combien de façons les autres sont mauvaises. Hé! oui, il y a dans M. Zola beaucoup de grossièretés inutiles, et ses romans ne sont peut-être pas aussi vrais qu'il le croit. Hé! non, ce n'est pas un psychologue aussi fin que La Rochefoucauld, ni un écrivain aussi sûr que Flaubert. Et après? Il n'y en a pas moins chez M. Zola une originalité singulière, quelque chose qui diffère de ce qu'on rencontre chez Balzac et chez Flaubert lui-même; et c'est cela qu'il serait utile de définir après l'avoir senti.

En résumé, M. Brunetière est un juge excellent des classiques parce qu'il les aime. Ailleurs, je serais souvent tenté de le récuser, ou du moins il me paraît qu'on peut comprendre tout autrement que lui, d'une manière à la fois plus équitable et plus prudente, la critique des contemporains.

Ce n'est peut-être point par la critique de leurs défauts qu'il est bon de commencer. Elle est souvent trop aisée et a de grandes chances d'être stérile. La critique qui ramène tout dès l'abord à des questions générales d'esthétique est intéressante en elle-même, mais ne nous apprend presque rien sur les livres qui en sont le prétexte, ou même est très commode pour les défigurer. Celle qui tâche à marquer la place des oeuvres dans l'histoire littéraire et à en expliquer l'éclosion est souvent hâtive. Celle qui les classe tout de suite est bien orgueilleuse et s'expose à des démentis. Au reste, ces divers genres de critique viendront en leur lieu. Mais n'est-il pas juste et nécessaire de commencer, autant que possible sans idée préconçue, par une lecture sympathique des oeuvres, afin d'arriver à une définition de ce qu'elles contiennent d'original et de propre à l'écrivain? Et ce n'est pas une si petite affaire qu'on pourrait le croire, ni si vite réglée.

Cela ne revient point à mettre au début, par une fiction naïve, tous les écrivains sur le même rang. Cette étude sympathique doit être précédée d'une espèce de déblayement et de triage, qui se fait naturellement. Il est visible qu'il y a des livres qui ne sont pas matière de critique, des livres non avenus (et le nombre des éditions n'y fait rien). D'autre part, sauf quelques cas douteux, on sent très bien et il est établi entre mandarins vraiment lettrés que tels écrivains, quels que soient d'ailleurs leurs défauts et leurs manies, «existent», comme on dit, et valent la peine d'être regardés de près. L'auteur de l'*Assommoir* est un de ceux-là, même pour M. Brunetière, et M. Edmond de Goncourt en est aussi, malgré tout,—et plus sûrement encore les deux Goncourt en sont. Et de même M. Feuillet, M. Cherbuliez, M. Theuriet. Mais beaucoup de sous-naturalistes et de sous-idéalistes n'en sont pas.

Or tous ceux qui en sont, c'est-à-dire tous ceux qui, dans quelque endroit de leur oeuvre, nous donnent quelque impression esthétique un peu forte et un peu prolongée, on a le droit de les critiquer à coup sûr, mais non de les traiter durement, et il faut, avant tout, leur savoir gré du plaisir qu'ils nous ont fait. Car le beau, où qu'il se trouve et si mal accompagné qu'il soit, est toujours le beau, et on peut dire qu'il est partout égal à lui-même ou que, s'il a des degrés, ces degrés sont essentiellement variables selon les tempéraments, les caractères, les dispositions d'esprit, et selon le jour, l'heure et le moment. *Germinie Lacerteux*, que M. Brunetière traite avec tant de mépris, est certainement un livre moins parfait et moins solide que *Madame Bovary*; mais les meilleures pages de *Germinie* ont pu me plaire et me remuer autant, quoique d'autre façon, que l'histoire même d'Emma. À qui m'a donné une fois ce grand plaisir, je suis prêt à beaucoup pardonner. C'est sans doute une sottise de dire à un critique qui vous semble inclément pour un livre qu'on aime: «Faites-en donc autant, pour voir!» Mais je voudrais qu'il se le dît à lui-même. Je sais bien que les auteurs ont parfois, de leur côté, des dédains peu intelligents à l'endroit des critiques. J'ai entendu un jeune romancier soutenir avec moins d'esprit que d'assurance que le dernier des romanciers et des dramaturges est encore supérieur au premier des critiques et des historiens, et que, par exemple, tel fournisseur du *Petit journal* l'emporte sur M. Taine, lequel n'invente pas d'histoires. Ce jeune homme ne savait même pas qu'il y a plusieurs espèces d'invention. Je ne lui en veux point: il entre dans la définition d'un bon critique de comprendre plus de choses qu'un jeune romancier et d'être plus indulgent.

Ainsi, c'est dans un esprit de sympathie et d'amour qu'il convient d'aborder ceux de nos contemporains qui ne sont pas au-dessous de la critique. On devra d'abord analyser l'impression qu'on reçoit du livre; puis on essayera de définir l'auteur, on décrira sa «forme», on dira quel est son tempérament, ce que lui est le monde et ce qu'il y cherche de préférence, quel est son sentiment sur la vie, quelle est l'espèce et quel est le degré de sa sensibilité, enfin comment il a le cerveau fait. Bref, on tâchera de déterminer, après l'impression qu'on a reçue de lui, l'impression que lui-même reçoit des choses. On arrive alors à s'identifier si complètement avec l'écrivain qu'on aime que, lorsqu'il commet de trop grosses fautes, cela fait de la peine, une peine réelle; mais en même temps on voit si bien comment il s'y est laissé aller, comment ses défauts font partie de lui-même, qu'ils paraissent d'abord inévitables et comme nécessaires et bientôt, mieux qu'excusables, amusants. Et c'est pourquoi, encore qu'il y ait beaucoup à dire sur *Bouvard et Pécuchet* et que ce soit un livre franchement mauvais à le juger d'après les principes de M. Brunetière, je l'ouvre volontiers, je le lis toujours avec plaisir, çà et là avec délices. C'est que j'y retrouve Flaubert dans le plein épanouissement ou plutôt, car il n'y a là rien d'épanoui, dans l'extrême rétrécissement de ses manies et de ses partis pris d'artiste; mais enfin je l'y retrouve, avec des traits plus précis, plus sèchement et durement définis que partout ailleurs. Et cela même me plaît. Car ce qu'il y a d'intéressant, en dernière analyse, dans une oeuvre d'art, c'est la transformation et même la déformation du réel par un esprit; c'est cet esprit même, pourvu qu'il soit hors de pair.

Et ce qu'on aime en vous, madame, c'est vous-même.

Ce que j'aime dans le livre le plus manqué de Flaubert, c'est encore Flaubert. Ce qui me plaît dans l'article le plus sévère de M. Brunetière, c'est M. Brunetière. Je me garderai donc de lui souhaiter en finissant un peu d'indulgence, un peu de frivolité, un peu de dépravation: il n'aurait qu'à y perdre! Du moins il n'est pas absolument sûr qu'il y gagnerait, tandis que, tel qu'il est, et quoique je ne sente pas comme lui une fois sur dix, je n'ai aucune peine (on excusera la solennité de la formule) à saluer en lui un maître.

ÉMILE ZOLA

Il y a des écrivains et des artistes dont le charme intime, délicat, subtil, est très difficile à saisir et à fixer dans une formule. Il y en a aussi dont le talent est un composé très riche, un équilibre heureux de qualités contraires; et ceux-là, il n'est pas non plus très aisé de les définir avec précision. Mais il en est d'autres chez qui prédominent hautement, de façon brutale et exorbitante, une faculté, un goût, une manie; des espèces de monstres puissants, simples et clairs, et dont il est agréable de dessiner à grands traits la physionomie saillante. On peut, avec eux, faire quelque chose comme de la critique à fresque.

M. Émile Zola est certainement de ces vigoureux «outranciers», surtout depuis l'*Assommoir*. Mais, comme il semble bien qu'il se connaisse peu lui-même, comme il a fait tout ce qu'il a pu pour donner au public une idée absolument fausse de son talent et de son oeuvre, il est peut-être bon, avant de chercher ce qu'il est, de dire ce qu'il n'est pas.

I

M. Zola n'est pas un esprit critique, quoiqu'il ait écrit le *Roman expérimental* ou plutôt parce qu'il l'a écrit, et M. Zola n'est point un romancier véridique, quoique ce soit sa grande prétention.

Il est impossible d'imaginer une équivoque plus surprenante et plus longuement soutenue et développée que celle qui fait le fond de son volume sur le *Roman expérimental*. Mais on s'est assez moqué de cette assimilation d'un roman avec une expérience de chimie pour qu'il soit inutile d'y revenir. Il reste que, pour M. Zola, le roman *doit* serrer la réalité du plus près qu'il se peut. Si c'est un conseil, il est bon, mais banal. Si c'est un dogme, on s'insurge et on réclame la liberté de l'art. Si M. Zola croit prêcher d'exemple, il se trompe.

On est tout prêt à reconnaître avec M. Zola que bien des choses dans le romantisme ont vieilli et paraissent ridicules; que les oeuvres qui nous intéressent le plus aujourd'hui sont celles qui partent de l'observation des hommes tels qu'ils sont, traînant un corps, vivant dans des conditions et dans un «milieu» dont ils subissent l'influence. Mais aussi M. Zola sait bien que l'artiste, pour transporter ses modèles dans le roman ou sur la scène, est *forcé* de choisir, de ne retenir de la réalité que les traits expressifs et de les ordonner de manière à faire ressortir le caractère dominant soit d'un milieu, soit d'un personnage. Et puis c'est tout. Quels modèles doit-on prendre? Dans quelle mesure peut-on choisir et, par suite, élaguer? C'est affaire de goût, et de tempérament. Il n'y a pas de lois pour cela: celui qui en édicte est un faux prophète. L'art, même naturaliste, est nécessairement une transformation du réel: de quel droit fixez-vous la limite qu'elle ne doit point dépasser? Dites-moi pourquoi je dois goûter médiocrement *Indiana* ou même *Julia de Trécoeur* et *Méta Holdenis*. Et quelle est cette étrange et pédantesque tyrannie qui se mêle de régenter mes plaisirs? Élargissons nos sympathies (M. Zola lui-même y gagnera) et permettons tout à l'artiste, sauf d'être médiocre et ennuyeux. Je consens même qu'il imagine, en arrangeant ses souvenirs, des personnages dont la réalité ne lui offre pas de modèles, pourvu que ces personnages aient de l'unité et qu'ils imitent les hommes de chair et d'os par une logique particulière qui préside à leurs actions. Je l'avoue sans honte, j'aime encore Lélia, j'adore Consuelo et je supporte jusqu'aux ouvriers de George Sand: ils ont une sorte de vérité et expriment une part des idées et des passions de leur temps.

Ainsi M. Zola, sous couleur de critique littéraire, n'a jamais fait qu'ériger son goût personnel en principe: ce qui n'est ni d'un esprit libre ni d'un esprit libéral. Et par malheur il l'a fait sans grâce, d'un air imperturbable, sous forme de mandements à la jeunesse française. Par là il a agacé nombre d'honnêtes gens et leur a fourni de si bonnes raisons de ne le point comprendre, qu'ils sont fort excusables d'en avoir usé. Car voici ce qui est arrivé. D'une part, ces bonnes gens ont traité d'absurdes les théories de M. Zola; mais en même temps ils ont affecté de les prendre au mot et se sont plu à montrer qu'elles n'étaient pas appliquées dans ses romans. Ils ont donc condamné ces romans pour avoir manqué à des règles qu'eux-mêmes venaient de condamner tout d'abord. Ils ont dit, par exemple: Nana ne ressemble guère aux courtisanes que l'on connaît; vos bourgeois de *Pot-Bouille* ressemblent encore moins à la moyenne des bourgeois; en outre, vos livres sont pleins d'ordures et la proportion de l'ignoble y est certainement plus forte que dans la réalité: donc, ils ne valent pas le diable. Bref, on s'est servi contre M. Zola des armes qu'il avait lui-même fournies et on a voulu lui faire porter la peine des théories dont il nous a rebattu les oreilles.

C'est peut-être de bonne guerre; mais ce n'est pas d'une critique équitable, car les romans de M. Zola pourraient aller contre ses doctrines, et n'en être pas moins de belles oeuvres. Je voudrais donc le défendre (sans lui en demander la permission) et contre ses «détracteurs» et contre ses propres illusions. «C'est faux, lui crie-t-on, et c'est malpropre par-dessus le marché.» Je voudrais montrer ingénument que, si les peintures de M. Zola sont outrées et systématiques, c'est par là qu'elles sont imposantes, et que, si elles sont souvent horribles, elles le sont peut-être avec quelque force, quelque grandeur et quelque poésie.

M. Zola n'est point un critique et n'est point un romancier «naturaliste» au sens où il l'entend. Mais M. Zola est un poète épique et un poète pessimiste. Et cela est surtout sensible dans ses derniers romans.

J'entends par poète un écrivain qui, en vertu d'une idée ou en vue d'un idéal, transforme notablement la réalité, et, ainsi modifiée, la fait vivre. À ce compte, beaucoup de romanciers et d'auteurs dramatiques sont donc des poètes; mais ce qui est intéressant, c'est que M. Zola s'en défend et qu'il l'est pourtant plus que personne.

Si l'on compare M. Daudet avec M. Zola, on verra que c'est M. Daudet qui est le romancier naturaliste, non M. Zola; que c'est l'auteur du *Nabab* qui part de l'observation de la réalité et qui est comme possédé par elle, tandis que l'auteur de l'*Assommoir* ne la consulte que lorsque son siège est fait, et sommairement et avec des idées préconçues. L'un saisit des personnages réels, et presque toujours singuliers, puis cherche une action qui les relie tous entre eux et qui soit en même temps le développement naturel du caractère ou des passions des principaux acteurs. L'autre veut peindre une classe, un groupe, qu'il connaît en gros, et qu'il se représente d'une certaine façon avant toute étude particulière; il imagine ensuite un drame très simple et très large, où des masses puissent se mouvoir et où puissent se montrer en plein des types très généraux. Ainsi M. Zola invente beaucoup plus qu'il n'observe; il est vraiment poète si l'on prend le mot au sens étymologique, qui est un peu grossier—et poète idéaliste, si l'on prend le mot au rebours de son sens habituel. Voyons donc quelle sorte de simplification hardie ce poète applique à la peinture des hommes, des choses et des milieux, et nous ne serons pas loin de le connaître tout entier.

II

Tout jeune, dans les *Contes à Ninon*, M. Zola ne montrait qu'un goût médiocre pour la «vérité vraie» et donnait volontiers dans les caprices innocents d'une poésie un peu fade. Il n'avait certes rien d'un «expérimentateur». Mais déjà il manquait d'esprit et de gaîté et se révélait çà et là descripteur vigoureux des choses concrètes par l'infatigable accumulation des détails.

Maintenant qu'il a trouvé sa voie et sa *matière*, il nous apparaît, et de plus en plus, comme le poète brutal et triste des instincts aveugles, des passions grossières, des amours charnelles, des parties basses et répugnantes de la nature humaine. Ce qui l'intéresse dans l'homme, c'est surtout l'animal et, dans chaque type humain, l'animal particulier que ce type enveloppe. C'est cela qu'il aime à montrer, et c'est le reste qu'il élimine, au rebours des romanciers proprement idéalistes. Eugène Delacroix disait que chaque figure humaine, par une hardie simplification de ses traits, par l'exagération des uns et la réduction des autres, peut se ramener à une figure de bête: c'est tout à fait de cette façon que M. Zola simplifie les âmes.

Nana offre un exemple éclatant de cette simplification. Qu'est-elle qu'une conception *a priori*, la plus générale et par suite la moins ragoûtante, de la courtisane? Nana n'est point une Manon Lescaut ou une Marguerite Gautier et n'est point non plus une Mme Marneffe ou une Olympe Taverny. Nana est une belle bête au corps magnifique et malfaisant, stupide, sans grâce et sans coeur, ni méchante ni bonne, irrésistible par la seule puissance de son sexe. C'est la «Vénus terrestre» avec de «gros membres faubouriens». C'est la femme réduite à sa plus simple et plus grossière expression. Et voyez comment l'auteur échappe par là au reproche d'obscénité volontaire. Ayant ainsi conçu son héroïne, il était condamné par la logique des choses à écrire le livre qu'il a écrit: n'étant ni spirituelle, ni méchante, ni passionnée, Nana ne pouvait être d'un bout à l'autre que… ce qu'elle est. Et pour la faire vivante, pour expliquer le genre d'attrait qu'elle exerce sur les hommes, le loyal artiste était bien obligé de s'enfoncer dans les détails que l'on sait. Ajoutez qu'il ne pouvait guère y avoir d'intérêt dramatique ni de progression dans ces aventures de la chair toute crue. Les caprices de ses sens ne marquent point les phases d'un développement ou d'un travail intérieur. Nana est obscène et immuable comme le simulacre de pierre qu'adoraient à certains jours les filles de Babylone. Et, comme ce simulacre plus grand que nature, elle a par moments quelque chose de symbolique et d'abstrait: l'auteur relève l'ignominie de sa conception par je ne sais quelle sombre apothéose qui fait planer sur tout Paris une Nana impersonnelle, et, lui ôtant sa honte avec sa conscience, lui communique la grandeur des forces naturelles et fatales. Lorsque M. Zola parvient à revêtir cette idée d'une forme concrète, comme dans le grand tableau des courses, où Paris, hurlant autour de Nana, semble saluer en elle la reine de l'impudicité et ne sait plus trop s'il acclame la fille ou la jument, c'est bien vraiment de l'art idéaliste et de la pure poésie.

Voulez-vous des exemples moins frappants à première vue, mais plus significatifs encore, de cette façon de concevoir et de construire un personnage? Vous les trouverez dans le *Bonheur des dames* et la *Joie de vivre*. Remarquez que ce sont deux romans «vertueux», c'est-à-dire où la vertu nous est peinte et finalement triomphe. Mais quelle vertu? L'histoire de Denise, de cette fille pauvre et sage qui épouse son patron au dénouement, c'est une donnée de berquinade. Or voyez ce que cette berquinade est devenue: si Nana est vicieuse à la manière d'une bête, c'est comme une bête aussi que Denise est vertueuse, c'est grâce à son tempérament parfaitement équilibré, à sa belle santé physique. L'auteur tient à ce qu'on ne s'y trompe pas, à ce qu'on n'aille pas la prendre par hasard pour une héroïne ni croire qu'elle fait exprès d'être sage, et il y revient je ne sais combien de fois. On ne saurait imaginer peinture plus immodeste d'une vierge. Et c'est de la même manière que Pauline est bonne et dévouée. Si elle a à combattre un moment, c'est contre une influence physiologique, et ce n'est pas sa volonté qui triomphe, mais sa santé. Tout cela est dit fort expressément. Ainsi, par la suppression du libre arbitre, par l'élimination du vieux fonds de la psychologie classique qui consistait essentiellement dans la lutte de la volonté et de la passion, M. Zola arrive à construire des figures d'une beauté imposante et grossière, de grandioses et frustes images des forces élémentaires —mauvaises et meurtrières à la façon de la peste ou bonnes et bienfaisantes à la façon du soleil et du printemps.

Seulement toute psychologie un peu fine disparaît. Le plus grand effort de M. Zola ne va qu'à nous peindre le progrès non combattu d'une idée fixe, d'une manie ou d'un vice. Immuables ou toujours emportés dans le même sens, tels sont ses personnages. Même quand il nous expose un cas très particulier, très moderne, et qui paraît être surtout psychologique, comme celui de Lazare dans la *Joie de vivre*, il trouve moyen d'y appliquer encore, et dans le même esprit, ses procédés de simplification. Oh! il a bientôt fait d'effacer les nuances trop subtiles de sentiment ou de pensée, de débrouiller les complexités des maladies mentales et, là encore, de trouver l'animal sous l'homme! Lazare devait sans doute représenter toute une partie de la jeune génération, si intéressante par le besoin de sensations rares, par le dégoût de l'action, par la dépravation et l'énervement de la volonté, par le pessimisme pédant et peut-être sincère: or tout le pessimisme de Lazare se réduit finalement à la peur physique de la mort et, Pauline étant dévouée comme une bonne chienne, c'est comme un chien peureux que Lazare est pessimiste.

III

M. Zola emploie, pour composer les ensembles, la même méthode d'audacieuse simplification. Prenons par exemple *Pot-Bouille*: non que ce soit le meilleur de ses romans, mais c'est un de ceux où s'étale le plus franchement sa manière. Les procédés grossissants qui, simplifiant la réalité, en font saillir outre mesure certains caractères, reviennent de dix pages en dix pages.—C'est la domesticité de la maison commentant d'une fenêtre à l'autre, dans la puante cour intérieure, les aventures des bourgeois, déchirant les voiles avec d'obscènes gouailleries. C'est l'antithèse ironique que fait la gravité décente du grand escalier avec ce qui se passe derrière les belles portes d'acajou: cela revient après toutes les scènes particulièrement ignobles, comme un refrain de ballade. Et, de même que la maison a son grand escalier et ses portes d'acajou, toujours l'oncle Bachelard a son nez rouge, Duveyrier ses taches sanguinolentes, Mme Josserand sa vaste poitrine, Auguste Vabre son oeil gauche tiré par la migraine; et le petit père Josserand a ses bandes, et le vieux Vabre a ses fiches, et Clotilde a son piano. M. Zola use et abuse du procédé des «signes particuliers». Et partout nous le voyons choisir, abstraire, outrer. Si de toute la magistrature il a pu tirer un Duveyrier (qui d'ailleurs n'est guère plus magistrat que notaire ou charcutier), et de toutes les bourgeoises de Paris une Mme Josserand, c'est assurément par une sélection aussi hardie que celle par où sont extraites du faubourg Saint-Germain les femmes de M. Octave Feuillet. Ajoutez une autre application du même procédé, par laquelle M. Zola a pu réunir dans une seule maison tant de méprisables personnages et, de toutes les maisons bourgeoises de Paris, extraire celle-là.

Ainsi les conventions surabondent. Pas une figure qui ne soit *hyperbolique* dans l'ignominie ou dans la platitude; leur groupement même est un fait *exceptionnel*; les moindres détails ont été visiblement *choisis* sous l'empire d'une idée unique et tenace, qui est d'avilir la créature humaine, d'enlaidir encore la laideur des vices inconscients et bas. Si bien qu'au bout de quelque temps la fausseté de certains détails ne choque plus, n'apparaît même plus dans l'exagération générale. On a sous les yeux le tableau dru, cru, plus grand que nature, mais harmonieux, monotone même, de la crasse, de la luxure et de la bêtise bourgeoise: tableau plus qu'idéal, sibyllin par la violence continue, presque apocalyptique. C'est la bourgeoisie qui est ici «la Bête». La maison de la rue de Choiseul devient un «temple» où d'infâmes mystères s'accomplissent dans l'ombre. M. Gourd, le concierge, en est «de bedeau». L'abbé Mauduit, triste et poli, est «le maître des cérémonies», ayant pour fonction de «couvrir du manteau de la religion les plaies de ce monde décomposé» et de «régler le bel ordre des sottises et des vices». À un moment—caprice d'une imagination grossière et mystique,—l'image du Christ saignant surgit sur ce cloaque. L'immeuble Vabre devient on ne sait quelle vision énorme et symbolique. L'auteur finit par prêter à ses personnages son oeil grossissant. Le propriétaire a loué une mansarde à une fille enceinte: le ventre de cette femme obsède M. Gourd. Ce ventre «lui semble jeter son ombre sur la propreté froide de la cour… et emplir l'immeuble d'une chose déshonnête dont les murs gardent un malaise».—«Dans les commencements, explique-t-il, ça se voyait à peine; c'était possible; je ne disais trop rien. Enfin, j'espérais qu'elle y mettrait de la discrétion. Ah bien! oui. Je le surveillais, il poussait à vue d'oeil, il me consternait par ses progrès rapides. Et regardez, regardez aujourd'hui! Elle ne tente rien pour le contenir, elle le lâche… Une maison comme la nôtre affichée par un ventre pareil!» Voilà des images et des fioritures assez inattendues sur les lèvres d'un portier. Étrange monde où les concierges parlent comme des poètes, et tous les autres comme des concierges!

Parcourez les *Rougon-Macquart*: vous trouverez dans presque tous les romans de M. Zola (et sûrement dans tous les derniers) quelque chose d'analogue à cette prodigieuse maison de la rue de Choiseul, quelque chose d'inanimé, forêt, mer, cabaret, magasin, qui sert de théâtre ou de centre au drame; qui se met à vivre d'une vie surhumaine et terrible; qui personnifie quelque force naturelle ou sociale supérieure aux individus et qui prend enfin des aspects de Bête monstrueuse, mangeuse d'âmes et mangeuse d'hommes. La Bête dans *Nana*, c'est Nana elle-même. Dans la *Faute de l'abbé Mouret*, la Bête, c'est le parc du Paradou, cette forêt fantastique où tout fleurit en même temps, où se mêlent toutes les odeurs, où sont ramassées toutes les puissances amoureuses de Cybèle, et qui, comme une divine et irrésistible entremetteuse, jette dans les bras l'un de l'autre Serge et Albine, puis endort la petite faunesse de ses parfums mortels. C'est, dans le *Ventre de Paris*, l'énormité des Halles centrales qui font fleurir autour d'elles une copieuse vie animale et qui effarent et submergent le maigre et rêveur Florent. C'est, dans l'*Assommoir*, le cabaret du père Colombe, le comptoir d'étain et l'alambic de cuivre pareil au col d'un animal mystérieux et malfaisant qui verse aux ouvriers l'ivresse abrutissante, la paresse, la colère, la luxure, le vice inconscient. C'est, dans le *Bonheur des dames*, le magasin de Mouret, basilique du commerce moderne, où se dépravent les employés et s'affolent les acheteuses, formidable machine vivante qui broie dans ses engrenages et qui mange les petits boutiquiers. C'est, dans la *Joie de vivre*, l'Océan, d'abord complice des amours et des ambitions de Lazare, puis son ennemi, et dont la victoire achève de détraquer la faible tête du disciple de Schopenhauer. M. Zola excelle à donner aux choses comme le frémissement de cette âme dont il retire une partie aux hommes et, tandis qu'il fait vivre une forêt, une halle, un comptoir de marchand de vin, un magasin de nouveautés d'une vie presque humaine, il réduit les créatures tristes ou basses qui s'y agitent à une vie presque animale.

Mais enfin, de quelque vie que ce soit, même incomplète et découronnée, il les fait vivre; il a ce don, le premier de tous. Et non seulement les principales figures, mais, au second plan, les moindres têtes s'animent sous les gros doigts de ce pétrisseur de bêtes. Elles vivent à peu de frais sans doute, le plus souvent en vertu d'un signe grossièrement et énergiquement particulier; mais elles vivent, chacune à part et toutes ensemble. Car il sait encore animer les groupes, mettre les masses en mouvement. Il y a dans presque tous ses romans, autour des protagonistes, une quantité de personnages secondaires, un *vulgum pecus* qui souvent marche en bande, qui fait le fond de la scène et qui s'en détache et prend la parole par intervalles, à la façon du choeur antique. C'est, dans la *Faute de l'abbé Mouret*, le choeur des horribles paysans; dans l'*Assommoir*, le choeur des amis et des parents de Coupeau; dans *Pot-Bouille*, le choeur des domestiques; dans le *Bonheur des dames*, le choeur des employés et celui des petits commerçants; dans la *Joie de vivre*, le choeur des pêcheurs et celui des mendiants. Par eux les figures du premier plan se trouvent mêlées à une large portion d'humanité; et, comme cette humanité, ainsi qu'on a vu, est mêlée elle-même à la vie des choses, il se dégage de ces vastes ensembles une impression de vie presque uniquement bestiale et matérielle, mais grouillante, profonde, vaste, illimitée.

IV

L'impression est triste et M. Zola le veut ainsi. Jamais peut-être le parti pris pessimiste ne s'était porté à de pareils excès. Et le mal n'a fait que croître depuis ses premiers romans. Du moins, dans les commencements de son épopée fangeuse, on voyait encore éclater quelque chose comme l'ivresse du naturalisme antique (exaspérée, il est vrai, par la notion chrétienne du péché et par la «nervosité» moderne). Dans l'exubérante pastorale de Miette et de Silvère (la *Fortune des Rougon*), dans les noces paradisiaques de l'abbé Mouret et d'Albine, même dans l'idylle bestiale de Cadine et de Marjolin parmi les montagnes de légumes des Halles, M. Zola paraissait du moins glorifier l'amour physique et ses oeuvres. Mais il semble qu'il ait maintenant la haine et la terreur de toute cette chair dont il est obsédé. Il cherche à l'avilir; il s'attarde aux bas-fonds de la bête humaine, au jeu des forces du sang et des nerfs en ce qu'elles ont de plus insultant pour l'orgueil humain. Il fouille et étale les laideurs secrètes de la chair et ses malfaisances. Il multiplie autour de l'adultère les circonstances qui le dégradent, qui le font plat et écoeurant (*Une page d'amour*, *Pot-Bouille*). Il conspue l'amour, le réduit à un besoin tyrannique et à une fonction malpropre (*Pot-Bouille*). La meilleure part de ses romans est un commentaire forcené du *Surgit amari aliquid...* De la femme il ne voit plus que les mystérieuses souillures de son sexe (*Pot-Bouille*, la *Joie de vivre*). Avec l'ardeur sombre d'un fakir, il maudit la vie dans sa source et l'homme dès les entrailles de sa mère. Dans l'homme il voit la brute, dans l'amour l'accouplement, dans la maternité l'accouchement. Il remue longuement et tristement les glaires, les humeurs, tous les dessous de l'humanité physique. L'horrible et lamentable tableau que les couches nocturnes de «ce souillon d'Adèle»! Et quel drame pathologique, quel rêve de carabin morose que l'atroce accouchement de Louise dans la *Joie de vivre*!

Et ni les horreurs de clinique ne lui suffisent, ni les pourritures morales, encore que la collection en soit complète, allant des amours de Maxime à celles de Léon Josserand en passant par les fantaisies de Baptiste, de Satin, de la petite Angèle et de la maigre Lisa. Il lui faut des curiosités physiologiques, le cas de Théophile Vabre ou celui de Mme Campardon. La mine est inépuisable, et, s'il faut qu'avec les sottises et les luxures il combine maintenant les infirmités corporelles, l'histoire des Rougon-Macquart aura encore de beaux chapitres.

Donc la bestialité et l'imbécillité sont aux yeux de M. Zola le fond de l'homme. Son oeuvre nous présente un si prodigieux amas d'êtres idiots ou en proie au «sixième sens» qu'il s'en exhale—comme un miasme et une buée d'un fumier,—pour la plupart des lecteurs un écoeurement profond, pour d'autres une tristesse noire et pesante. Expliquerons-nous cet étrange parti pris de l'auteur de *Pot-Bouille*? Dira-t-on que c'est qu'il goûte la force par-dessus toutes choses et que rien n'est plus fort que ce qui est aveugle, rien n'est plus fort que les instincts de l'animalité ni que la veulerie et l'avachissement (aussi a-t-il beaucoup plus de brutes que de gredins), et rien n'est plus invariable, plus formidable par son éternité, son universalité et son inconscience, que la bêtise? Ou plutôt n'est-ce pas que M. Zola voit en effet le monde comme il le peint? Oui, il y a chez lui un pessimisme d'ascète tenté et, devant la chair et ses aventures, une ébriété morose qui l'envahit tout entier et qu'il ne pourrait pas secouer quand il le voudrait. S'il est vrai que les hommes d'aujourd'hui reproduisent, avec plus de complication, les types des siècles passés, M. Zola a été, dans le haut moyen âge, un moine très chaste et très sérieux, mais trop bien portant et d'imagination trop forte, qui voyait partout le diable et qui maudissait la corruption de son temps dans une langue obscène et hyperbolique.

C'est donc une grande injustice que d'accuser M. Zola d'immoralité et de croire qu'il spécule sur les mauvais instincts du lecteur. Au milieu des basses priapées, parmi les visions de mauvais lieu ou de clinique, il reste grave. S'il accumule certains détails, soyez sûrs que c'est chez lui affaire de conscience. Comme il prétend peindre la réalité et qu'il est persuadé qu'elle est ignoble, il nous la montre telle, avec les scrupules d'une âme délicate à sa façon, qui ne veut pas nous tromper et qui nous fait bonne mesure. Parfois il s'oublie; il brosse de vastes peintures d'où l'ignominie de la chair est absente; mais tout à coup un remords le traverse; il se souvient que la bête est partout et, pour ne pas manquer à son devoir, au moment où on s'y attendait le moins, il glisse un détail impudique et comme un *mémento* de l'universelle ordure. Ces sortes de repentirs sont surtout remarquables dans le développement des rôles de Denise et de Pauline (*Au Bonheur des dames* et la *Joie de vivre*). Et, comme j'ai dit, une mélancolie affreuse se lève de toute cette physiologie remuée.

V

Si l'impression est triste, elle est puissante. Je fais bien mon compliment à ces esprits fins et délicats pour qui la mesure, la décence et la correction sont si bien le tout de l'écrivain que, même après la *Conquête de Plassans*, la *Faute de l'abbé Mouret*, l'*Assommoir* et la *Joie de vivre*, ils tiennent M. Zola en petite estime littéraire et le renvoient à l'école parce qu'il n'a pas fait de bonnes humanités et que peut-être il n'écrit pas toujours parfaitement bien. Je ne saurais me guinder à un jugement aussi distingué. Qu'on refuse tout le reste à M. Zola, est-il possible de lui dénier la puissance créatrice, restreinte à ce qu'on voudra, mais prodigieuse dans le domaine où elle s'exerce? J'ai beau m'en défendre, ces brutalités mêmes m'imposent, je ne sais comment, par leur nombre, et ces ordures par leur masse. Avec des efforts réguliers d'Hercule embourbé, M. Zola met en monceaux les immondices des écuries d'Augias (on a même dit qu'il en apportait). On admire avec effroi combien il y en a et ce qu'il a fallu de travail pour en faire un si beau tas. Une des vertus de M. Zola, c'est la vigueur infatigable et patiente. Il voit bien les choses concrètes, tout l'extérieur de la vie, et il a, pour rendre ce qu'il voit, une faculté spéciale: c'est de pouvoir retenir et accumuler une plus grande quantité de détails qu'aucun autre descripteur de la même École, et cela, froidement, tranquillement, sans lassitude ni dégoût et en donnant à toute chose la même saillie nette et crue. En sorte que l'unité de chaque tableau n'est plus, comme chez les classiques, dans la subordination des détails (toujours peu nombreux) à l'ensemble, mais, si je puis dire, dans leur interminable monochromie. Oui, cet artiste a une merveilleuse puissance d'entassement dans le même sens. Je crois volontiers ce qu'on raconte de lui, qu'il écrit toujours du même train et fait chaque jour le même nombre de pages. Il construit un livre comme un maçon fait un mur, en mettant des moellons l'un sur l'autre, sans se presser, indéfiniment. Vraiment cela est beau dans son genre, et c'est peut-être une des formes de la longue patience dont parle Buffon et qui serait du génie. Ce don, joint aux autres, ne laisse pas de lui faire une robuste originalité.

Néanmoins beaucoup persistent à lui refuser ce qui, dit-on, conserve les oeuvres: le style. Mais ici il faudrait d'abord distinguer entre ses ouvrages de critique ou de polémique et ses romans. Les livres où il avait à exprimer des idées abstraites ne sont pas toujours, en effet, bien écrits, soit que l'embarras et l'équivoque de la pensée se soient communiqués au style, ou que M. Zola soit naturellement incapable de rendre des idées avec une entière exactitude. La forme de ses romans est beaucoup plus défendable. Mais là encore il faut distinguer. M. Zola n'a jamais été un écrivain impeccable ni très sûr de sa plume; mais dans ses premiers romans (jusqu'à *Nana*, à ce qu'il me semble) il s'appliquait davantage; son style était plus tourmenté et plus riche. Il y a, même à ne considérer que la forme, des pages vraiment très belles, d'un grand éclat et d'une suffisante pureté, dans la *Fortune des Rougon* et dans la *Faute de l'abbé Mouret*. Depuis *Nana*, en même temps que sous prétexte de vérité il oublie de plus en plus la décence, on peut dire que sous couleur de simplicité et en haine du romantisme (qui est à la fois son père et sa bête noire) il s'est mis à dédaigner un peu le style, à écrire beaucoup plus vite, largement et de haut, sans trop se soucier du détail de la phrase. Dans l'une et l'autre de ces deux manières, mais surtout dans la seconde, il n'est pas difficile de relever des fautes assez choquantes et particulièrement cruelles pour les personnes habituées au commerce des classiques, pour les gens de forte éducation universitaire, pour les vieux professeurs qui savent bien leur langue: des impropriétés, des disparates étranges, un mélange surprenant d'expressions recherchées, «poétiques», comme on disait autrefois, et de locutions basses ou triviales, certains tics de style, parfois des incorrections, et surtout une outrance continuelle; jamais de nuances, point de finesse... Eh! oui, tout cela est vrai, et j'en suis très fâché. Mais d'abord cela n'est pas vrai partout, il s'en faut. Et puis comme, dans ces romans, tout est largement construit, fait pour être embrassé d'ensemble et de loin, il ne faut pas chicaner sur les phrases, mais prendre cela comme cela a été écrit, par grands morceaux et par blocs, et juger de ce que vaut ce style par l'effet total d'un tableau. On reconnaîtra qu'en somme tel amas de phrases qui ne sont point toutes irréprochables finit pourtant par nous donner une vision vaste et saisissante des objets, et que ce style grossissant, sans nuances et quelquefois sans précision, est éminemment propre, par ses exagérations monotones et ses insistances multipliées, à rendre avec grandeur les grands ensembles de choses concrètes.

VI

Germinal, le dernier roman paru, confirme merveilleusement la définition que j'ai tentée de l'oeuvre de M. Zola. Tout ce que j'ai cru voir dans les romans antérieurs surabonde dans *Germinal*, et on peut dire que jamais ni la morosité de M. Zola et sa faculté épique, ni les procédés dont elles comportent et commandent l'emploi, ne se sont plus puissamment étalés que dans ce livre grandiose et sombre.

Le sujet est très simple: c'est l'histoire d'une grève, ou plutôt c'est le poème de la grève. Des mineurs, à la suite d'une mesure qui leur paraît inique, refusent de descendre dans les fosses. La faim les exaspère jusqu'au pillage et au meurtre. L'ordre est rétabli par la troupe. Le jour où les ouvriers redescendent, la fosse est noyée et quelques-uns des principaux personnages restent au fond. Cette dernière catastrophe, oeuvre d'un ouvrier nihiliste, est le seul trait qui distingue cette grève de tant d'autres.

C'est donc l'histoire, non d'un homme ou de quelques hommes, mais d'une multitude. Je ne sache pas que dans aucun roman on ait fait vivre ni remué de pareilles masses. Cela tantôt grouille et fourmille, tantôt est emporté d'un mouvement vertigineux par une poussée d'instincts aveugles. Le poète déroule avec sa patience robuste, avec sa brutalité morne, avec sa largeur d'évocation, une série de vastes et lamentables tableaux, composés de détails monochromes qui s'entassent, s'entassent, montent et s'étalent comme une marée: une journée dans la mine, une journée au coron, une réunion des révoltés la nuit dans une clairière, la promenade furieuse de trois mille misérables dans la campagne plate, le heurt de cette masse contre les soldats, une agonie de dix jours dans la fosse noyée…

M. Zola a magnifiquement rendu ce qu'il y a de fatal, d'aveugle, d'impersonnel, d'irrésistible dans un drame de cette sorte, la contagion des colères rassemblées, l'âme collective des foules, violente et aisément furieuse. Souvent il ramasse les têtes éparses en une masse formidable, et voici de quel souffle il la pousse:

> … Les femmes avaient paru, près d'un millier de femmes, aux cheveux épars, dépeignées par la course, aux guenilles montrant la peau nue, des nudités de femelles lasses d'enfanter des meurt-de-faim. Quelques-unes tenaient leur petit entre les bras, le soulevaient, l'agitaient ainsi qu'un drapeau de deuil et de vengeance. D'autres, plus jeunes, avec des gorges gonflées de guerrières, brandissaient des bâtons, tandis que les vieilles, affreuses, hurlaient si fort que les cordes de leurs cous décharnés semblaient se rompre. Et les hommes déboulèrent ensuite, deux mille furieux, des galibots, des haveurs, des raccommodeurs, une masse compacte qui roulait d'un seul

bloc, serrée, confondue, au point qu'on ne distinguait ni les culottes déteintes ni les tricots de laine en loques, effacés dans la même uniformité terreuse. Les yeux brûlaient; on voyait seulement les trous de bouches noires chantant la *Marseillaise*, dont les strophes se perdaient en un mugissement confus, accompagné par le claquement des sabots sur la terre dure. Au-dessus des têtes, parmi le hérissement des barres de fer, une hache passa, portée toute droite, et cette hache unique, qui était comme l'étendard de la bande, avait, dans le ciel clair, le profil aigu d'un couperet de guillotine…

La colère, la faim, ces deux mois de souffrances et cette débandade enragée au travers des fosses avaient allongé en mâchoires de bêtes fauves les faces placides des houilleurs de Montson. À ce moment, le soleil se couchait; les derniers rayons, d'un pourpre sombre, ensanglantaient la plaine. Alors la route sembla charrier du sang; les femmes, les hommes continuaient à galoper, saignant comme des bouchers en pleine tuerie…

Pourtant il fallait bien que le drame se concentrât dans quelques individus: le poète nous a donc montré, du côté des ouvriers la famille Maheu et son «logeur» Étienne, du côté de la Compagnie la famille Hennebeau, et dans les deux camps une quarantaine de figures secondaires; mais toujours, autour de ces figures, la multitude grouille et gronde. Étienne lui-même, le meneur de la grève, est plus entraîné qu'il n'entraîne.

Ces têtes qui un moment émergent et se distinguent de la foule, c'est Maheu, le brave homme, le ruminant résigné et raisonnable qui peu à peu devient enragé;—la Maheude avec Estelle, sa dernière, *toujours* pendue à sa mamelle blême, la Maheude à qui la faim, les fusils des soldats et la mine tuent son homme et ses enfants et qui apparaît à la fin comme une *Mater dolorosa*, une Niobé stupide et terrible;—Catherine, l'ingénue de cette noire épopée, *toujours* en culotte de herscheuse, qui a l'espèce de beauté, de pudeur et de charme qu'elle peut avoir;—Chaval, le «traître», qui «gueule» *toujours*;—Étienne, l'ouvrier socialiste, tête trouble et pleine de rêves, d'une nature un peu plus fine que ses compagnons, avec de soudaines colères, l'alcoolisme hérité de Gervaise Coupeau;—Alzire, la petite bossue, si douce et faisant *toujours* la petite femme;—le vieux Mouque qui ne parle qu'une fois, et le vieux Bonnemort qui crache noir, *toujours*;—Rasseneur, l'ancien ouvrier devenu cabaretier, révolutionnaire gras, onctueux et prudent;—Pluchart, le commis-voyageur en socialisme, *toujours* enroué et pressé;—Maigrat, l'épicier pacha, qui se paye sur les femmes et les filles des mineurs;—Mouquette, la bonne fille, la gourgandine naïve;—la Pierronne, fine mouche, gourgandine propre;—Jeanlin, l'avorton maraudeur aux pattes cassées, avec des taches de rousseur, des oreilles écartées et des yeux verts, qui tue un petit soldat en traîtrise, pour rien, par instinct et pour le plaisir;—Lydie et Bébert, *toujours* terrorisés par Jeanlin;—la Brûlé, la vieille à qui la mine a tué son mari, *toujours* hurlant et agitant des bras de sorcière;—Hennebeau, le directeur, fonctionnaire exact et froid avec une plaie au coeur, mari torturé par une Messaline qui ne se refuse qu'à lui;—Négrel, le petit ingénieur brun, sceptique, brave et amant de sa tante;—Deneulin, l'industriel énergique et aventureux;—les Grégoire, actionnaires gras et bons, et Cécile et Jeanne et Lucie et Levaque et Bouteloup et le père Quandieu et le petit soldat Jules;— et le vieux cheval Bataille, «gras, luisant, l'air bonhomme», et le jeune cheval Trompette, hanté au fond de la mine d'une vision de prés et de soleil (car M. Zola aime les bêtes et leur donne pour le moins autant d'âme qu'aux hommes: on se rappelle le chien Mathieu et la chatte Minouche dans la *Joie de vivre*);— à part de tout ce monde, le Russe Souvarine, blond avec des traits de fille, *toujours* silencieux, dédaigneux et doux: toutes figures fortement marquées d'un «signe particulier» dont la mention revient régulièrement, et qui, je ne sais comment et presque par la seule vertu de ce signe répété, se dressent et vivent.

Leur vie est surtout extérieure; mais justement le drame que M. Zola a conçu n'exigeait pas plus de psychologie qu'il n'en peut donner. L'âme d'une pareille masse, ce sont des instincts fort simples. Les êtres inférieurs qui s'agitent au premier plan sont mus, comme ils devaient l'être, par des nécessités physiques et par des idées fort grossières qui se font *images* et qui, à la longue, les fascinent et les mettent en branle. «... Tout le malheur disparaissait, comme balayé par un grand coup de soleil; et, sous un éblouissement de féerie, la justice descendait du ciel.... Une société nouvelle poussait en un jour, ainsi que dans les songes, une ville immense, d'une splendeur de mirage, où chaque citoyen vivait de sa tâche et prenait sa part des joies communes...» La vie intérieure d'Étienne lui-même devait se réduire à peu de chose, car il est à peine au-dessus de ses compagnons: des aspirations vers la justice absolue, des idées confuses sur les moyens; tantôt l'orgueil de penser plus que les autres et tantôt le sentiment presque avoué de son insuffisance; le pédantisme de l'ouvrier qui a lu et le découragement après l'enthousiasme; des goûts de bourgeois et des dédains intellectuels se mêlant à sa ferveur d'apôtre... C'est tout et c'est assez. Quant à Souvarine, c'est de propos délibéré que M. Zola le laisse énigmatique et ne nous le présente que par l'extérieur: son nihilisme n'est là que pour faire un contraste saisissant avec le socialisme incertain et sentimental de l'ouvrier français et pour préparer la catastrophe finale. On dit, et c'est peut-être vrai, que M. Zola ne possède pas à un très haut degré le don d'entrer dans les âmes, de les décomposer, d'y noter les origines et les progrès des idées et des sentiments ou le retentissement des mille influences du dehors: aussi n'a-t-il pas voulu faire ici l'histoire d'une âme, mais celle d'une foule.

Et ce n'est pas non plus un drame de sentiments qu'il a voulu écrire, mais un drame de sensations, un drame tout matériel. Les sentiments se réduisent à des instincts ou en sont tout proches, et les souffrances sont surtout des souffrances physiques: ainsi, quand Jeanlin a les jambes cassées, quand la petite Alzire meurt de faim, quand Catherine monte par le «goyot» les sept cents mètres d'échelles ou quand elle agonise dans la fosse aux bras d'Étienne, coudoyée par le cadavre de Chaval. On dira qu'il est facile de serrer le coeur ou mieux de pincer les nerfs à ce prix et que c'est là du plus grossier mélodrame. Croyez-vous? Mais ces morts et ces tortures, c'est le drame même: M. Zola n'a pas eu l'intention de composer une tragédie psychologique. Et il y a là autre chose que la description de spectacles atroces: la pitié morose du romancier, sa compassion qu'un parti pris de philosophie pessimiste tourne en impassibilité cruelle—pour nous et pour lui. Il n'est pas de ceux pour qui la douleur morale est plus noble que la souffrance physique. En quoi plus noble, puisque nos sentiments sont aussi involontaires que nos sensations? Et puis, soyons sincères, n'est-ce pas la souffrance du corps qui est la plus terrible? et n'est-ce pas surtout par elle que le monde est mauvais?

Et voici, pour ces holocaustes de chair, le bourreau et le dieu, deux «Bêtes». Le bourreau, c'est la mine, la bête mangeuse d'hommes. Le dieu, c'est cet être mystérieux à qui appartient la mine et qui s'engraisse de la faim des mineurs; c'est l'idole monstrueuse et invisible, accroupie quelque part, on ne sait où, comme un dieu Mithra dans son sanctuaire. Et tour à tour, régulièrement, les deux bêtes sont évoquées, la bête qui tue, et l'autre, là-bas, celle qui fait tuer. Et nous entendons par intervalles «la respiration grosse et longue» de la bête qui tue (c'est le bruit de la pompe d'épuisement). Elle vit, elle vit si bien qu'à la fin elle meurt:

> … Et l'on vit alors une effrayante chose; on vit la machine, disloquée sur son massif, les membres écartelés, lutter contre la mort: elle marcha, elle détendit sa bielle, son genou de géante, comme pour se lever; mais elle expirait, broyée, engloutie. Seule, la haute cheminée de trente mètres restait debout, secouée, pareille à un mât dans l'ouragan. On croyait qu'elle allait s'émietter et voler en poudre, lorsque tout d'un coup elle s'enfonça d'un bloc, bue par la terre, fondue ainsi qu'un cierge colossal, et rien ne dépassait, pas même la pointe du paratonnerre. C'était fini; la bête mauvaise, accroupie dans ce creux, gorgée de chair humaine, ne soufflait plus son haleine grosse et longue. Tout entier, le Voreux venait de couler à l'abîme.

Et que d'autres évocations symboliques! Le lambeau sanglant arraché par les femmes à Maigrat, c'est encore une bête méchante enfin écrasée sur qui l'on piétine et l'on crache. Le vieux Bonnemort, idiot, déformé, hideux, étranglant

Cécile Grégoire, grasse, blonde et douce, c'est l'antique Faim irresponsable se jetant par un élan fatal sur l'irresponsable Oisiveté. Et à chaque instant, par des procédés franchement, naïvement étalés et auxquels on se laisse prendre quand même, le poète mêle sinistrement la nature à ses tableaux pour les agrandir et les «horrifier». Le *meeting* des mineurs se meut dans de blêmes effets de lune, et la promenade des trois mille désespérés dans la lueur sanglante du soleil couchant. Et c'est par un symbole que le livre se conclut: Étienne quitte la mine par une matinée de printemps, une de ces matinées où les bourgeons «crèvent en feuilles vertes» et où les champs «tressaillent de la poussée des herbes». En même temps il entend sous ses pieds des coups profonds, les coups des camarades tapant dans la mine: «Encore, encore, de plus en plus distinctement, comme s'ils se fussent rapprochés du sol, les camarades tapaient. Aux rayons enflammés de l'astre, par cette matinée de jeunesse, c'était de cette rumeur que la campagne était grosse. Des hommes poussaient: une armée noire, vengeresse, qui germait lentement dans les sillons, grandissant pour les récoltes du siècle futur, et dont la germination allait faire bientôt éclater la terre.» Et de là le titre du livre.

Que veut dire cette fin énigmatique? Qu'est-ce que cette révolution future? S'agit-il de l'avènement pacifique des déshérités ou de la destruction du vieux monde? Est-ce le règne de la justice ou la curée tardive des plus nombreux? Mystère! ou simplement rhétorique! Car tout le reste du roman ne contient pas un atome d'espoir ou d'illusion. Je reconnais d'ailleurs la haute impartialité de M. Zola: les gros mangeurs, on ne les voit pas, et ils ne voient pas. Nous n'apercevons que les Grégoire, de petits actionnaires, de bonnes gens à qui les mangés tuent leur fille. Et quant au directeur Hennebeau, il est aussi à plaindre que ces affamés: «Sous la fenêtre les hurlements éclatèrent avec un redoublement de violence: Du pain! du pain! du pain!—Imbéciles! dit M. Hennebeau entre ses dents serrées; est-ce que je suis heureux?»

Souffrance et désespoir en haut et en bas! Mais au moins ces misérables ont pour se consoler la Vénus animale. Ils «s'aiment» comme des chiens, pêle-mêle, partout, à toute heure. Il y a un chapitre où l'on ne peut faire un pas sans marcher sur des couples. Et c'est même assez étonnant chez ces hommes de sang lourd, éreintés de travail, dans un pays pluvieux et froid. On «s'aime» au fond de la mine noyée, et c'est après dix jours d'agonie qu'Étienne y devient l'amant de Catherine. Et j'aimerais mieux qu'il ne le devînt pas, la pudeur instinctive qu'ils ont éprouvée jusque-là l'un en face de l'autre étant à peu près le seul vestige d'humanité supérieure que l'écrivain ait laissé subsister dans son bestial poème.

Çà et là, dans cette épopée de douleur, de faim, de luxure et de mort, éclate la lamentation d'Hennebeau, qui donne la morale de l'histoire et exprime évidemment la pensée de M. Zola. «Une amertume affreuse, lui empoisonnait la bouche…, *l'inutilité de tout, l'éternelle douleur de l'existence.*»

Quel était l'idiot qui mettait le bonheur de ce monde dans le partage de la richesse? Ces songe-creux de révolutionnaires pouvaient bien démolir la société et en rebâtir une autre, ils n'ajouteraient pas une joie à l'humanité, ils ne lui retireraient pas une peine, en coupant à chacun sa tartine. Même ils élargiraient le malheur de la terre, ils feraient un jour hurler jusqu'aux chiens de désespoir, lorsqu'ils les auraient sortis de la tranquille satisfaction des instincts pour les hausser à la souffrance inassouvie des passions. Non, le seul bien était de ne pas être, et, si l'on était, d'être l'arbre, d'être la pierre, moins encore, le grain de sable qui ne peut saigner sous le talon des passants.

Un troupeau de misérables, soulevé par la faim et par l'instinct, attiré par un rêve grossier, mû par des forces fatales et allant, avec des bouillonnements et des remous, se briser contre une force supérieure: voilà le drame. Les hommes apparaissant, semblables à des flots, sur une mer de ténèbres et d'inconscience: voilà la vision philosophique, très simple, dans laquelle ce drame se résout. M. Zola laisse aux psychologues le soin d'écrire la monographie de chacun de ces flots, d'en faire un centre et comme un microcosme. Il n'a que l'imagination des vastes ensembles matériels et des infinis détails extérieurs. Mais je me demande si personne l'a jamais eue à ce degré.

VII

J'y reviens en terminant, et avec plus de sécurité après avoir lu *Germinal*: n'avais-je pas raison d'appeler M. Zola un poète épique? et les caractères dominants de ses longs récits, ne sont-ce pas précisément ceux de l'épopée? Avec un peu de bonne volonté, en abusant un tant soit peu des mots, on pourrait poursuivre et soutenir ce rapprochement, et il y aurait un grand fond de vérité sous l'artifice de ce jeu de rhétorique.

Le sujet de l'épopée est un sujet national, intéressant pour tout un peuple, intelligible à toute une race. Les sujets choisis par M. Zola sont toujours très généraux, peuvent être compris de tout le monde, n'ont rien de spécial, d'exceptionnel, de «curieux»: c'est l'histoire d'une famille d'ouvriers qui sombre dans l'ivrognerie, d'une fille galante qui affole et ruine les hommes, d'une fille sage qui finit par épouser son patron, d'une grève de mineurs, etc., et tous ces récits ensemble ont au moins la prétention de former l'histoire typique d'une seule famille. L'histoire des *Rougon-Macquart* est donc, ainsi qu'un poème épique, l'histoire ramassée de toute une époque. Les personnages, dans l'épopée, ne sont pas moins généraux que le sujet et, comme ils représentent de vastes groupes, ils apparaissent plus grands que nature. Ainsi les personnages de M. Zola, bien que par des procédés contraires: tandis que les vieux poètes tâchent à diviniser leurs figures, on a vu qu'il animalise les siennes[81]. Mais cela même ajoute à l'air d'épopée; car il arrive, par le mensonge de cette réduction, à rendre à des figures modernes une simplicité de types primitifs. Il meut des masses, comme dans l'épopée. Et les *Rougon-Macquart* ont aussi leur merveilleux. Les dieux, dans l'épopée, ont été à l'origine les personnifications des forces naturelles: M. Zola prête à ces forces, librement déchaînées ou disciplinées par l'industrie humaine, une vie effrayante, un commencement d'âme, une volonté obscure de monstres. Le merveilleux des *Rougon-Macquart*, c'est le Paradou, l'assommoir du père Colombe, le magasin d'Octave Mouret, la mine de *Germinal*. Il y a dans l'épopée une philosophie naïve et rudimentaire. De même dans les *Rougon-Macquart*. La seule différence, c'est que la sagesse des vieux poètes est généralement optimiste, console, ennoblit l'homme autant qu'elle peut, tandis que celle de M. Zola est noire et désespérée. Mais c'est de part et d'autre la même simplicité, la même ingénuité de conception. Enfin et surtout l'allure des romans de M. Zola est, je ne sais comment, celle des antiques épopées, par la lenteur puissante, le large courant, l'accumulation tranquille des détails, la belle franchise des procédés du conteur. Il ne se presse pas plus qu'Homère. Il s'intéresse autant (dans un autre esprit) à la cuisine de Gervaise que le vieil aède à celle d'Achille. Il ne craint point les répétitions; les mêmes phrases reviennent avec les mêmes mots, et d'intervalle en intervalle on entend dans le *Bonheur des dames* le «ronflement» du magasin, dans *Germinal* la «respiration grosse et longue» de la machine, comme dans l'*Iliade* le grondement de la mer, polyphlosthoio thalassês.

[Note 81: «Zola: le Buffon du XIXe siècle.» (Saca Oquendo.)]

Si donc on ramasse maintenant tout ce que nous avons dit, il ne paraîtra pas trop absurde de définir les *Rougon-Macquart*: une épopée pessimiste de l'animalité humaine.

GUY DE MAUPASSANT

Dois-je, avant à parler de M. Guy de Maupassant, m'excuser auprès du lecteur, qui a sans doute des moeurs, m'entourer de précautions oratoires, affirmer que je n'approuve point les faits et gestes de Mme Bonderoi ou de M. Tourneveau ni l'indulgence visible du conteur à leur égard, et n'insinuer qu'il a quelque talent qu'après avoir fait sévèrement les réserves les plus expresses sur la nature des sujets qu'il préfère et des gaîtés qu'il nous procure—oh! bien malgré nous? Ou bien faut-il prendre des airs, comme Théophile Gautier dans une préface connue, conspuer les pudeurs bourgeoises, les vertus rances et les chastetés suries, déclarer que les gens convenables sont toujours laids et font d'ailleurs des horreurs dans l'ombre, proclamer le droit de l'artiste à l'indécence et dire sérieusement que l'art purifie tout? Ni l'un ni l'autre. Je n'ai pas à morigéner M. de Maupassant, qui écrit comme il lui plaît. Je regrette seulement, pour lui, que son oeuvre lui ait fait des admirateurs un peu mêlés et que beaucoup de sots l'apprécient pour tout autre chose que pour son grand talent. Il est cruel de voir l'antique «philistin», en quête de certaines truffes, ne pas faire de différence entre celles de M. de Maupassant et les autres. Et voilà pourquoi je déplore qu'il ne soit pas toujours décent. Mais, au reste, si ses contes n'étaient remarquables que par le sans-gêne de l'auteur, je n'en parlerais point; et il va sans dire que, voulant les relire ici en bonne compagnie pour en tirer des remarques, je passerai vite où il faudra.

Nous ne nous occuperons que de ses contes, c'est-à-dire de la partie la plus considérable de son oeuvre, de celle où il est tout à fait hors de pair.

I

Le conte est chez nous un genre national. Sous le nom de fabliau, puis de nouvelle, il est presque aussi vieux que notre littérature. C'est un goût de la race, qui aime les récits, mais qui est vive et légère et qui, si elle les supporte longs, les préfère parfois courts, et, si elle les aime émouvants, ne les dédaigne pas gaillards. Le conte a donc été contemporain des chansons de geste et il a préexisté aux romans en prose.

Naturellement, il n'est point le même à toutes les époques. Très varié au moyen âge, tour à tour grivois, religieux, moral ou merveilleux, il est surtout grivois (parfois tendre) au XVIe et au XVIIe siècle. Au siècle suivant, la «philosophie» et la «sensibilité» y font leur entrée, et aussi un libertinage plus profond et plus raffiné.

Dans ces dernières années, le conte, assez longtemps négligé, a eu comme une renaissance. Nous sommes de plus en plus pressés; notre esprit veut des plaisirs rapides ou de l'émotion en brèves secousses: il nous faut du roman condensé s'il se peut, ou abrégé si l'on n'a rien de mieux à nous offrir. Des journaux, l'ayant senti, se sont avisés de donner des contes en guise de premiers-Paris, et le public a jugé que, contes pour contes, ceux-là étaient plus divertissants. Il s'est donc levé toute une pléiade de conteurs: Alphonse Daudet d'abord et Paul Arène; et, dans un genre spécial, les conteurs de la *Vie parisienne*: Ludovic Halévy, Gyp, Richard O'Monroy; et ceux du *Figaro* et ceux du *Gil Blas*: Coppée, Théodore de Banville, Armand Silvestre, Catulle Mendès, Guy de Maupassant, chacun ayant sa manière, et quelques-uns une fort jolie manière.

Ces petits récits de nos contemporains ne ressemblent pas tout à fait, comme on pense, à ceux des conteurs de notre ancienne littérature, de Bonaventure Despériers, de La Fontaine, de Grécourt ou de Piron. On sait quel est le thème habituel de ces patriarches, le sujet presque unique de leurs plaisanteries. Et ces choses-là font toujours rire, et les personnes même les plus graves n'y résistent guère. Pourquoi cela? On comprend que certaines images soient agréables, car l'homme est faible; mais pourquoi font-elles rire? Pourquoi les côtés grossiers de la comédie de l'amour mettent-ils presque tout le monde en liesse? C'est qu'en effet c'est bien une comédie: c'est que le contraste est ironique et réjouissant entre le ton, les sentiments de l'amour, et ce qu'il y a de facilement grotesque dans ses rites. Et c'est une comédie aussi que nous donne la révolte éternelle et invincible de l'instinct dont il s'agit, dans une société dûment réglée et morigénée, tout emmaillotée de lois, traditions et croyances préservatrices,—cette révolte éclatant volontiers au moment le plus imprévu, sous l'habit le plus respectable, démentant tout à coup la dignité la plus rassurée ou l'ingénuité la plus rassurante et déjouant l'autorité la plus forte ou les précautions les mieux prises. Et peut-être aussi que les bons tours que la nature inférieure joue aux conventions sociales flattent l'instinct de rébellion et le goût de libre vie qu'apporte tout homme venant en ce monde. Il est donc inévitable que ces choses fassent rire, voulût-on faire le renchéri et le délicat, et il y avait bien quelque philosophie dans les faciles gaîtés de nos pères.

Ce vieux fonds inépuisable se retrouve chez nos conteurs d'aujourd'hui, surtout chez trois ou quatre que je n'ai pas besoin de nommer. Mais il est curieux de chercher ce qui s'y ajoute, particulièrement chez M. de Maupassant. Il me paraît avoir le tempérament et les goûts des conteurs d'antan et j'imagine qu'il aurait conté sous François Ier comme Bonaventure Despériers, et sous Louis XIV comme Jean de La Fontaine. Voyons donc ce qu'il tient apparemment de son siècle, de la littérature ambiante, et nous dirons après cela comment et par où nous le tenons quand même pour un classique en son genre.

II

Je crois que l'on peut dire, sans se tromper trop lourdement, que les contes de M. de Maupassant sont à peu près pour nous ce qu'étaient ceux de La Fontaine pour ses contemporains. Le rapprochement des deux recueils pourra donc suggérer des réflexions instructives sur les différences des temps et des conteurs.

On lit les contes de La Fontaine sur les bancs du collège, avec un Virgile tout prêt pour couvrir, au moindre mouvement du «pion», le volume prohibé. Les malins de l'institution Morenval les lisent même à la chapelle pendant la courte messe du dimanche, et s'en vantent. Du moins ils croient les lire, mais ils n'y cherchent qu'une chose. Après le collège, on dévore la littérature contemporaine, et, si par hasard se rencontraient de nouveau sous votre main les petits récits qui charmaient Henriette d'Angleterre, on les trouverait fades. Mais plus tard, quand on a tout lu et qu'on est sinon blasé, du moins rassis; quand on sait se détacher des choses qu'on lit, en jouir comme d'un amusement qui n'intéresse et n'émeut que l'intelligence, les contes de La Fontaine, vus dans leur jour, à la façon d'un joli spectacle un peu lointain, peuvent être fort divertissants. Ce joyeux monde, presque tout artificiel, nous plaît par là même. Sept ou huit figures, toujours les mêmes, comme dans la comédie italienne: le moine ou le curé, le muletier ou le paysan, le bonhomme de mari marchand ou juge à Florence, le jouvenceau, la nonnain, la niaise, la servante et la bourgeoise, chacun ayant son rôle et sa physionomie immuable et ne faisant jamais que ce qui est dans ses attributions; tous, sauf quelquefois les maris, contents de vivre, de belle et raillarde humeur, et tous, de la trogne enluminée au minois encadré dans la guimpe, occupés d'une seule chose au monde, d'une chose sans plus; pour théâtre, un couvent, un jardin, une chambre d'auberge ou un vague palais d'Italie; des tours pendables, déguisements, substitutions, quiproquos, des fables légères fondées sur des hasards et des crédulités invraisemblables; un extrême naturel, une bonhomie délicieuse dans toute cette fantaisie, et çà et là un brin de réalité, des traits pris sur le vif, mais épars, accrochés à la rencontre; quelquefois aussi un petit coin de paysage senti, un petit filet de vraie tendresse et une petite ombre de mélancolie... Voilà, dans leur ensemble, les contes de La Fontaine. L'artifice et l'uniformité des personnages et des sujets n'empêchent point ces bagatelles d'être charmantes par le tour de main, par la grâce incommunicable; mais on prévoit tout de suite en quoi vont différer les contes d'aujourd'hui de ceux d'il y a deux siècles.

Je voudrais trouver un conte du Bonhomme et une historiette de M. de Maupassant dont la donnée fût à peu près pareille, en sorte que le rapprochement seul des deux récits nous éclairât sur ce que nous cherchons. Mais je n'en découvre point, justement parce que M. de Maupassant emprunte ses sujets et les détails de ses récits à la réalité proche et vivante. À moins qu'on ne puisse voir, à la grande rigueur, quelque ressemblance entre la *Clochette*, si l'on veut, et *Une partie de campagne*, car il s'agit ici et là de l'éternelle «oaristys» et d'un garçon menant une fille dans les bois, au printemps. Le conte de La Fontaine a cinquante vers; il est délicieux et, par hasard, d'une vraie poésie, légère et exquise. Vous vous rappelez le jouvenceau

Qui dans les prés, sur le bord d'un ruisseau,
Vous cajolait la jeune bachelette
Aux blanches dents, aux pieds nus, au corps gent,
Pendant qu'Io, portant une clochette,
Aux environs allait l'herbe mangeant…

puis ledit «bachelier» détournant «sur le coi de la nuit» une génisse dont il a étoupé la clochette, et le dernier vers, d'un charme prolongé, indéfini:

Ô belles, évitez
Le fond des bois et leur vaste silence.

Or voyez comme dans *Une partie de campagne* tout se précise et se «réalise»; rappelez-vous M. et Mme Dufour, leur fille Henriette sur la balançoire dans une guinguette de Bezons, et les deux canotiers, et le petit bois de l'Ile-aux-Anglais, et la promenade de la mère faisant pendant à celle de la fille, et à l'arrière-plan M. Dufour et le jeune homme aux cheveux jaunes, le futur, tout cela donnant à l'idylle une saveur de réalité ironique et tour à tour triste et grotesque. Remarquez que l'héroïne de La Fontaine est une bachelette «au corps gent»: celle de M. de Maupassant est une grande fille brune. Cette différence n'a l'air de rien: elle est pourtant grosse de conséquences; elle implique deux poétiques diverses.

De même, on peut se demander ce que serait devenue sous la plume de M. de Maupassant la *Courtisane amoureuse*. Le conte est fort joli, et vraiment touchant et tendre; mais cela se passe n'importe où, en Italie, je crois; le «milieu» est nul, les personnages n'ont aucun trait individuel. (Qu'on ne prenne point ceci pour une critique; ce n'est qu'une remarque). Il est évident que M. de Maupassant, rencontrant le même sujet, l'eût traité tout autrement. Constance, je suppose, ne serait plus la créature gracieuse et seulement à demi réelle du conte italien: ce serait une «fille» et qui aurait quelque signe particulier. Lui, serait un étudiant, ou un rapin, ou un commis en nouveautés. L'histoire commencerait, j'imagine, à Bullier, se dénouerait dans quelque autre coin non moins réel, et il y aurait beaucoup de choses vues et, autour de l'action, beaucoup de petits détails significatifs, attendrissants, pittoresques ou cruels. Mais, au fait, j'y songe: les trente premières pages de *Sapho*, qu'est-ce autre chose que la *Courtisane amoureuse* accommodée au goût d'à présent?

Ce qui nous plaît n'est donc plus tout à fait ce qui plaisait à nos pères, et tout d'abord le conte, chez M. de Maupassant, est devenu réaliste. Parcourez ses données: vous reconnaîtrez dans presque toutes un petit fait saisi au passage, intéressant à quelque titre, comme témoignage de la bêtise, de l'inconscience, de l'égoïsme, parfois même de la bonté humaine, ou réjouissant par quelque contraste imprévu, par quelque ironie des choses, dans tous les cas quelque chose d'*arrivé*, ou tout au moins une observation faite sur le vif et qui peu à peu a revêtu dans l'esprit de l'écrivain la forme vivante d'une historiette.

Et alors, au lieu des muletiers, jardiniers et manants des anciens contes, au lieu de Mazet et du compère Pierre, nous avons des paysans et des paysannes comme maître Vallin et sa servante Rose, maître Omont, maître Hauchecorne, maître Chicot et la mère Magloire, et combien d'autres (*Une fille de ferme*, la *Ficelle*, les *Sabots*, le *Petit fût*, etc.)! Au lieu des dignes marchands et hommes de loi pareils de sort et de figure, voici M. Dufour, quincaillier; M. Caravan, commis principal au ministère de la marine; Morin, mercier (*Une partie de campagne*, *En famille*, etc.). Au lieu des joyeuses commères ou des nonnains sournoises, voici la petite Mme Lelièvre, Marroca, Rachelet Francesca Rondoli (*Une ruse*, *Marroca*, *Mademoiselle Fifi*, les *Soeurs Rondoli*). Et je ne dirai pas par quels couvents M. de Maupassant remplace ceux de La Fontaine.

Une conséquence de ce réalisme, c'est que ces contes ne sont pas toujours gais. Il y en a de tristes, il y en a surtout d'extrêmement brutaux. Cela était inévitable. La plupart des sujets sont empruntés à des classes et à des «milieux» où les instincts sont plus forts et plus aveugles. Dès lors il n'est guère possible qu'on rie toujours. Presque tous les personnages s'enlaidissent ou s'assombrissent rien qu'en passant de l'atmosphère artificielle des vieux contes gaulois à la lumière crue du monde réel. Et, par exemple, quelle différence entre la «bachelette», la fille galante conçue d'une façon générale, en l'air, comme une créature aimable et piquante

Qui fait plaisir aux enfants sans souci,

et la fille comme elle est, dans toute la vérité de sa condition, de ses allures, de son langage, classée et, mieux que classée, inscrite! Ce n'est plus du tout la même figure, mais plus du tout. Et ainsi pour les autres.

Joignez qu'en dépit de sa gaieté naturelle, M. de Maupassant, comme beaucoup d'écrivains de sa génération, affecte une morosité, une misanthropie qui communique à plusieurs de ses récits une saveur âpre à l'excès. Il est évident qu'il aime et recherche les manifestations les plus violentes de l'amour réduit au désir (*Fou?*, *Marroca*, la *Bûche*, la *Femme de Paul*, etc.) et de l'égoïsme, de la brutalité, de la férocité naïve. Pour ne parler que de ses paysans, en voici qui mangent du boudin sur le cadavre de leur grand-père qu'ils ont fourré dans la huche afin de pouvoir coucher dans leur unique lit. Un autre, un aubergiste, ayant intérêt à la mort d'une vieille femme, s'en débarrasse gaiement en la tuant d'eau-de-vie, de «fil en dix». Un autre, un brave homme, prend de force sa servante, puis, l'ayant épousée, la bat comme plâtre parce qu'elle ne lui donne pas d'«éfants». D'autres, ceux-là hors la loi, braconniers et écumeurs de Seine, s'amusent royalement à tuer un vieil âne avec un fusil chargé de sel; et je vous recommande aussi les gaietés de saint Antoine avec son Prussien (*Un réveillon*, le *Petit fût*, *Une fille de ferme*, *l'Âne*, *Saint Antoine*).

M. de Maupassant ne recherche pas avec moins de prédilection les plus ironiques rapprochements d'idées ou de faits, les combinaisons de sentiments les plus imprévues, les plus choquantes, les plus propres à froisser en nous quelque illusion ou quelque délicatesse morale—le comique et le sensuel se mêlant toujours, par bonheur, à ces combinaisons presque sacrilèges, non précisément pour les purifier, mais pour empêcher qu'elles ne soient pénibles.—Tandis que d'autres nous peignaient la guerre et ses effets sur les champs de bataille ou dans les familles, M. de Maupassant, se taillant dans la matière commune une part bien à lui, nous montrait les contrecoups de l'invasion dans un monde spécial et jusque dans des maisons qu'on désigne d'ordinaire par des périphrases. On se rappelle l'étonnant sacrifice de Boule-de-Suif et la conduite et les sentiments impayables de ses obligés, et dans *Mademoiselle Fifi* la révolte de Rachel, le coup de couteau, la fille dans le clocher, puis reconduite et embrassée par le curé, épousée enfin par un patriote sans préjugés. Notez que Rachel et Boule-de-Suif sont certainement, avec miss Harriet, le petit Simon, le curé d'*Un baptême* (je crois bien que c'est tout), les personnages les plus sympathiques des contes. Voyez aussi la pension Tellier conduite par «Madame» à la première communion de sa nièce, et les contrastes ineffables qui en résultent; et le «truc» du capitaine Sommerive pour dégoûter le petit André du lit de sa maman, et l'impression très particulière qui se dégage de ce conte (le *Mal d'André*), dont on se demande s'il a le droit d'être drôle, encore qu'il le soit «terriblement».

Il y a dans ces histoires et dans quelques autres une brutalité triomphante, un parti pris de considérer les hommes comme des animaux comiques ou tristes, un large mépris de l'humanité qui devient indulgent, il est vrai, aussitôt qu'entre en jeu… *divumque hominumque voluptas, alma Venus*: tout cela sauvé la plupart du temps par la rapidité et la franchise du récit, par la gaieté quand même, par le naturel parfait et aussi (j'ose à peine le dire, mais cela s'expliquera) par la profondeur même de la sensualité de l'artiste, laquelle au moins nous épargne presque toujours la grivoiserie.

Car il y a, ce me semble, une grande différence entre les deux, et qu'il est utile d'indiquer, la grivoiserie étant plutôt dans les contes d'autrefois et la sensualité dans ceux d'aujourd'hui. La grivoiserie consiste peut-être essentiellement à *faire de l'esprit* sur de certains sujets; c'est un badinage de collégien ou de vieillard vicieux; elle implique au fond quelque chose de défendu, et par suite l'idée d'une règle, et c'est même de là que lui vient son ragoût. La sensualité ignore cette règle, ou l'oublie; elle jouit franchement des choses et s'en donne l'ivresse. Elle n'est pas toujours gaie, elle tourne même volontiers à la mélancolie. Elle peut être ignoble si elle se renferme dans la sensation initiale; et c'est alors la *delectatio morosa* des théologiens. Mais il va sans dire qu'elle ne se comporte jamais ainsi chez un artiste: au contraire, par un mouvement naturel et invincible, elle devient poésie. Elle fait vibrer tout l'être, met en branle l'imagination et, par le sentiment du fini et du fugitif, l'intelligence même et jusqu'à la raison raisonnante. Peu à peu la sensation infime s'épanouit en rêve panthéiste ou se subtilise en désenchantement suprême. *Surgit amari aliquid.* La sensualité est donc quelque chose de moins frivole et de plus esthétique que la grivoiserie. Bonne ou mauvaise, je ne sais; à coup sûr dissolvante, destructrice du vouloir et menaçante pour la foi morale.

Il faut avouer qu'elle envahit de plus en plus notre génération. C'est, dit-on, que nous avons les nerfs plus délicats, plus de tentations de ce côté, et, d'autre part, des croyances peu robustes et une très petite force de résistance. De grands esprits ont été atteints de cet agréable mal au tournant de l'âge mûr, et surtout ceux dont la jeunesse a été sévère. On sent, en lisant la *Femme* et l'*Amour*, que Michelet n'était pas tranquille. La préoccupation des femmes est devenue excessive dans les derniers écrits d'un de nos plus illustres contemporains: dites-moi s'il n'y a pas, en certains endroits de la *Fontaine de Jouvence*, le regret presque avoué d'avoir renoncé à sa part du banquet, le sentiment très poignant de quelque chose d'irréparable; en somme, et quoique étoupé de litotes, de nuances, de phrases légères et fuyantes, le cri de désir et de désespoir du vieux Faust reconnaissant qu'il a lâché la proie pour l'ombre… «Plus tard je vis bien la vanité de cette vertu comme de toutes les autres; je reconnus en particulier que la nature ne tient pas du tout à ce que l'homme soit chaste.» Cette déclaration est propre à nous faire frémir, nous les simples, venant d'un membre de l'Institut. S'il est vrai que la nature «ne tient pas», à ce que dit le vieux Prospero (et elle le montre assez!), je crois pourtant que la société a quelque intérêt à ce que cette vertu ne soit pas trop discréditée et à ce qu'elle soit pratiquée, en gros, par les individus: elle a peut-être son prix, sinon en elle-même, au moins comme étant d'ordinaire la meilleure épreuve de la volonté et la plus décisive: car qui s'est vaincu de ce côté peut beaucoup sur soi. Mais ne nous donnons pas le ridicule de moraliser quand les grands-prêtres s'égayent. Je prie seulement qu'on ne prenne point ceci pour une digression; car tout ce que j'ai dit ou cité, on voit quel avantage M. de Maupassant en peut tirer et quelle innocence lui font les apophtegmes des sages de notre temps.

Quoi qu'il en soit, si, épurée et n'étant plus qu'un souvenir et un regret, elle s'allie même aux spéculations du scepticisme le plus délicat, la sensualité s'accorde encore mieux avec le pessimisme et la brutalité dans l'art; car, étant de sa nature inassouvissable et finalement troublante et douloureuse (*animal triste…*), elle ne porte point à voir le monde par ses plus nobles côtés et, se sentant fatale, elle étend volontiers à tout cette fatalité qui est en elle. Or M. de Maupassant est extraordinairement sensuel; il l'est avec complaisance, il l'est avec fièvre et emportement; il est comme hanté par certaines images, par le souvenir de certaines sensations. On comprend que j'hésite ici à administrer les preuves: qu'on veuille bien relire, par exemple, l'histoire de Marroca ou celle de cet amant qui tue par jalousie le cheval de sa maîtresse (*Fou*). On verra, en feuilletant les contes que, s'il arrive à M. de Maupassant d'être simplement grivois ou gaulois (et dans ce cas tout est sauvé par le rire), plus souvent encore il a la grande sensualité, celle qui—comment dirai-je?— ne se localise point, mais qui déborde partout et fait de l'univers physique sa proie délicieuse: et alors tout est sauvé par la poésie. À la sensation initiale et grossière s'ajoutent les impressions des objets environnants, du paysage, des lignes, des couleurs, des sons, des parfums, de l'heure du jour ou de la nuit. Il jouit profondément des odeurs (Voyez *Une idylle*, les *Soeurs Rondoli*, etc.); c'est qu'en effet les sensations de cet ordre sont particulièrement voluptueuses et amollissantes. Mais, à vrai dire, il jouit du monde entier, et chez lui le sentiment de la nature et l'amour s'appellent et se confondent.

Cette façon de sentir, qui n'est pas neuve, mais qui est intéressante chez l'auteur de tant de récits joyeux, on la trouvait déjà dans sa première oeuvre, dans son livre de vers, d'un si grand souffle et malgré les fautes, d'une poésie si ardente. Les trois pièces capitales sont trois drames d'amour en pleine nature et que la mort dénoue. Quel amour? Une force irrésistible, un désir fatal qui nous fait communier avec l'univers physique (car le désir est l'âme du monde) et qui conduit les amants, par l'inassouvissement à la tristesse, et, par la rage de s'assouvir, à la mort (*Au bord de l'eau*). L'auteur du *Cas de Mme Luneau* a débuté par des vers qui font songer à la poésie de Lucrèce et à la philosophie de Schopenhauer: et c'est bien en effet ce qu'il y a *sous* la plupart de ses contes.

Ainsi, au vieux et éternel fonds de gauloiserie on voit combien se sont ajoutés d'éléments nouveaux: l'observation de la réalité, et plus volontiers de la réalité plate ou violente; au lieu de l'ancienne gaillardise, une sensualité profonde, élargie par le sentiment de la nature, mêlée souvent de tristesse et de poésie. Toutes ces choses ne se rencontrent pas à la fois dans tous les contes de M. de Maupassant: je donne l'impression d'ensemble. Au milieu de ses robustes gaîtés il a parfois, naturelle ou acquise, une vision pareille à celle de Flaubert ou de M. Zola; il est atteint, lui aussi, de la plus récente maladie des écrivains, j'entends le pessimisme et la manie singulière de faire le monde très laid et très brutal, de le montrer gouverné par des instincts aveugles, d'éliminer presque par là la psychologie, la bonne vieille «étude du coeur humain», et en même temps de s'appliquer à rendre dans un détail et avec un relief où l'on n'ait pas encore atteint ce monde si peu intéressant en lui-même et qui ne l'est plus que comme matière d'art: en sorte que le plaisir de l'écrivain et de ceux qui le goûtent et qui entrent entièrement dans sa pensée n'est plus qu'ironie, orgueil, volupté égoïste. Nul souci de ce qu'on appelait l'idéal, nulle préoccupation de la morale, nulle sympathie pour les hommes, mais peut-être une pitié méprisante pour l'humanité ridicule et misérable; en revanche, une science subtile à jouir du monde en tant qu'il tombe sous les sens et qu'il est propre à les délecter; l'intérêt qu'on refuse aux choses accordé tout entier à l'art de les reproduire sous une forme aussi plastique qu'il se peut; en somme, une attitude de dieu misanthrope, railleur et lascif. Plaisir étrange, proprement diabolique et où quelqu'un de Port-Royal —ou peut-être, dans un autre canton de la pensée, M. Barbey d'Aurevilly— reconnaîtrait un effet du péché originel, un legs du curieux et faible Adam, un présent du premier révolté. Je m'amuse à parler en idéaliste grognon, et il est probable que je force les traits rien qu'en les ramassant; mais certainement cet orgueilleux et voluptueux pessimisme est au fond d'une grande partie de la littérature d'aujourd'hui. Or cette façon de voir et de sentir se rencontre peu dans les derniers siècles; ce pessimisme de névropathes n'est guère chez nos classiques: comment donc ai-je dit que M. Guy de Maupassant en était un?

III

Il l'est par la forme. Il joint à une vue du monde, à des sentiments, à des préférences que les classiques n'eussent point approuvées, toutes les qualités extérieures de l'art classique. Ç'a été aussi, du reste, une des originalités de Flaubert; mais elle apparaît plus constante et moins laborieuse chez M. de Maupassant.

«Qualités classiques, forme classique», c'est bientôt dit. Qu'est-ce que cela signifie au juste? Cela emporte une idée d'excellence; cela implique aussi la clarté, la sobriété, l'art de la composition; cela veut dire enfin que la raison, avant l'imagination et la sensibilité, préside à l'exécution de l'oeuvre et que l'écrivain domine sa matière.

M. de Maupassant domine merveilleusement la sienne, et c'est par là qu'il est un maître. Du premier coup il nous a conquis par des qualités qu'on a d'autant plus goûtées qu'elles passent pour caractéristiques de notre génie national, qu'on les retrouvait là où l'on n'eût pas trop songé à les réclamer, et qu'au surplus elles nous reposaient des affectations fatigantes d'autres écrivains. En trois ou quatre ans il est devenu célèbre et il y a longtemps qu'on n'avait vu une réputation littéraire aussi soudainement établie. Ses vers sont de 1880. On sentit tout de suite qu'il y avait autre chose dans *Vénus rustique* que le témoignage d'un tempérament très chaud. Puis vint *Boule-de-Suif*, cette merveille. En même temps M. Zola nous apprenait dans une chronique que l'auteur était aussi râblé que son style, et cela nous faisait plaisir. Depuis, M. de Maupassant n'a cessé d'écrire avec aisance de petits chefs-d'oeuvre serrés.

Sa prose est d'une qualité excellente, et si nette, si droite, si peu cherchée! Il a bien, comme tout le monde aujourd'hui, d'habiles alliances de mots, des trouvailles d'expression; mais cela est toujours si naturel chez lui, si bien venu et si spontanément qu'on ne s'en avise qu'après coup. Remarquez aussi la plénitude, l'équilibre, le bon aménagement de sa phrase quand par hasard elle s'allonge un peu, et comme elle retombe «carrément» sur ses pieds. Ses vers déjà, quoique la poésie y fût abondante et forte, étaient plutôt des vers de prosateur (un peu comme ceux d'Alfred de Musset). Cela se reconnaissait à divers signes, par exemple au peu d'attention qu'il accorde à la rime, au peu de soin qu'il prend de la mettre en valeur, et encore à cette marque, que la phrase se meut et se développe indépendamment du système de rimes ou de la strophe et continuellement la déborde. Voici les premiers vers du volume:

Les fenêtres étaient ouvertes. Le salon
Illuminé jetait des lueurs d'incendies,
Et de grandes clartés couraient sur le gazon.
Le parc là-bas semblait répondre aux mélodies
De l'orchestre, et faisait une rumeur au loin.

Les quatre premiers vers sont, par l'arrangement des rimes, un quatrain que dépasse la fin d'une phrase, apportant une rime nouvelle: c'est donc une sorte d'enjambement d'une strophe sur l'autre… Tout le long du recueil quelque chose d'assez difficile à préciser trahit chez le poète une vocation de prosateur.

Classique par le naturel de sa prose, par le bon aloi de son vocabulaire et par la simplicité du rythme de ses phrases, M. de Maupassant l'est encore par la qualité de son comique. Je crains de l'avoir tout à l'heure étrangement poussé au noir. Mettons seulement qu'il n'a pas la gaîté légère; que, les choses ayant souvent deux côtés (sans compter les autres), celles dont il a coutume de nous faire rire ne sont guère moins lamentables que risibles, et qu'enfin ce qui est ou paraît si comique, c'est presque toujours, en dernière analyse, quelque difformité ou quelque souffrance physique ou morale. Mais cette espèce de cruauté du rire, on la trouverait chez les plus grands rieurs et les plus admirés. Et puis il y en a bien aussi, de ces contes, qui sont purement drôles et sans arrière-goût. Bref, si M. de Maupassant n'est pas médiocrement brutal, il n'est pas non plus médiocrement gai. Et son comique vient des choses mêmes et des situations; il n'est pas dans le style ni dans l'esprit du conteur: M. de Maupassant ne fait jamais d'esprit et peut-être n'en a-t-il pas, au sens où l'entendent les boulevardiers. Mais quoi! il a le don, en racontant uniment des histoires, sans traits, sans mots, sans intentions, sans contorsions, d'exciter des gaîtés démesurées et des éclats de rire intarissables. Relisez seulement *Boule-de-Suif,* la *Maison Tellier,* la *Bouille,* le *Remplaçant, Décoré,* la *Patronne,* la fin des *Soeurs Rondoli* ou, dans l'*Héritage,* l'affaire de Lesable avec le beau Maze. Or cela est peut-être bien du grand art dans de petits sujets et, comme rien n'est plus classique que d'obtenir de puissants effets par des moyens très simples, on trouvera que l'épithète de classique ne convient pas mal ici.

M. de Maupassant a l'extrême clarté dans le récit et dans la peinture de ses personnages. Il distingue et met en relief, avec un grand art de simplification et une singulière sûreté, les traits essentiels de leur physionomie. Quelque entêté de psychologie dira: Ce n'est pas étonnant; ils sont si peu compliqués! Et encore il ne les peint que par l'extérieur, par leurs démarches et leurs actes!—Hé! que voulez-vous? L'âme de Mme Luneau ou de maître Omont est fort simple en effet, et les nuances et les conflits et les embrouillamini délicats d'idées et de sentiments ne se rencontrent guère dans les régions où se plaît M. de Maupassant. Mais qu'y faire? Le monde est ainsi et nous ne pouvons pas être tous des Obermann, des Horace ou des Mme de Mortsauf. Et je dirais ici, si c'était le lieu, que l'analyse psychologique n'est peut-être pas un si grand mystère que l'on croit...—Mais miss Harriet, monsieur? Comment en vient-elle à aimer ce jeune peintre? Quel mélange cet amour doit faire avec les autres sentiments de cette demoiselle! L'histoire de son passé, ses souffrances, ses luttes intérieures, voilà qui serait intéressant!—Je crois, hélas! que ce serait fort banal, et que justement miss Harriet nous amuse et nous reste dans la mémoire parce qu'elle n'est qu'une *silhouette* bizarre, ridicule et touchante. Il y a dans tous ces contes tout autant de «psychologie» qu'il en fallait. Il y en a dans la *Ficelle*; il y en a, d'un autre genre, dans le *Réveil* et, si vous voulez une alliance originale de sentiments mêlés eux-mêmes à des sensations rares (quelque chose comme du Pierre Loti, mais avec un peu plus de verbes et moins d'adjectifs), vous en trouverez un spécimen dans la jolie fantaisie de *Châli*.

M. de Maupassant a encore un autre mérite qui, sans être propre aux classiques, se rencontre plus fréquemment chez eux et qui devient assez rare chez nous. Il a au plus haut point l'art de la composition, l'art de tout subordonner à quelque chose d'essentiel, à une idée, à une situation, en sorte que d'abord tout la prépare et que tout ensuite contribue à la rendre plus singulière et plus frappante et à en épuiser les effets. Dès lors, point de ces digressions où s'abandonnent tant d'autres «sensitifs» qui ne se gouvernent point, qui s'écoulent comme par des fentes et s'y plaisent. De descriptions ou de paysages, juste ce qu'il en faut pour «établir le milieu», comme on dit; et des descriptions fort bien *composées* elles-mêmes, non point faites de détails interminablement juxtaposés et d'égale valeur, mais brèves et ne prenant aux choses que les traits qui ressortent et qui résument. On peut étudier cet art très franc dans d'assez longs récits comme *Boule-de-Suif*, *En famille*, *Un héritage*. Mais voyez un peu comme dans *Ce cochon de Morin* la première page prépare, explique, justifie l'incartade du pauvre homme; puis comme tout contribue à faire plus plaisante l'exclamation qui revient régulièrement sur «ce cochon de Morin»; comme tous les détails de la séduction d'Henriette par le négociateur

Labarbe rendent la ritournelle plus imprévue, plus savoureuse, la remplissent pour ainsi dire d'un sens de plus en plus fort et ironique, et comme le comique en devient profond et irrésistible, tout à la fin, dans la bouche du mari d'Henriette.—Clairs, simples, liés et vigoureux, d'une drôlerie succulente et foncière, tels sont presque tous ces petits contes: et ils marchent d'un train!…

Il est assez curieux que, de tous les conteurs et romanciers qui mènent aujourd'hui quelque tapage, ce soit le plus osé peut-être et le plus indécent qui se rapproche le plus de la sobre perfection des classiques vénérables; qu'on puisse constater dans *Boule-de-Suif* l'application des excellentes règles inscrites aux traités de rhétorique, et que l'*Histoire d'une fille de ferme*, tout en alarmant leur pudeur, soit propre à satisfaire les humanistes les plus munis de préceptes et de doctrine. Et pourtant cela est ainsi. On peut sans doute rattacher M. de Maupassant à quelques contemporains. Visiblement il procède de Flaubert: il a souvent, avec plus de gaieté, le genre d'ironie du vieux pessimiste et, avec plus d'aisance et quelque chose de moins plastique, sa forme arrêtée et précise. Il a de M. Zola, avec une morosité moins sombre et une allure moins épique, le goût de certaines brutalités. Et enfin je ne sais quoi chez lui fait rêver par endroits d'un Paul de Kock qui saurait écrire. Un professeur de ma connaissance (celui qui définit Plutarque «de La Bruyère apôtre d'un confessionnal païen») n'hésiterait pas à appeler M. de Maupassant un Zola sobre et gai, un Flaubert facile et détendu, un Paul de Kock artiste et misanthrope. Mais qu'est-ce que cela veut dire, sinon qu'il est bien lui-même, avec un fonds de sentiments et d'idées par où il est de son temps, et avec des qualités de forme par où il fait songer aux vieux maîtres et échappe aux affectations à la mode, mièvrerie, jargon, obscurité, surabondance et dédain de la composition.

Ai-je besoin de dire maintenant que, bien qu'un sonnet sans défauts vaille un long poème, un conte est sans doute un chef-d'oeuvre à moins de frais qu'un roman; que, d'ailleurs, même dans les contes de M. de Maupassant on trouverait, en cherchant bien, quelques fautes et notamment des effets forcés, des outrances de style çà et là (comme quand il nous montre, dans la *Maison Tellier*, pour obtenir un contraste plus fort, des premiers communiants «jetés sur les dalles par une dévotion brûlante» et «grelottants d'une fièvre divine»:—à la campagne! dans un village de Normandie! de petits Normands!)? Faut-il ajouter qu'on ne saurait tout avoir et que je ne me le représente pas du tout écrivant la *Princesse de Clèves* ou seulement *Adolphe*?—Assurément aussi il y a des choses qu'il est permis d'aimer autant que les *Contes de la Bécasse*. On peut même préférer à l'auteur de *Marroca* tel artiste à la fois moins classique et moins brutal, et l'aimer, je suppose, pour le raffinement même et la distinction de ses défauts. Mais il reste à M. de Maupassant d'être un écrivain à peu près irréprochable dans un genre qui ne l'est pas, si bien qu'il a de quoi désarmer les austères et plaire doublement aux autres.

J.-K. HUYSMANS

Faire partie d'une École, être enrôlé sous un drapeau, cela peut être utile à l'écrivain qui débute, mais cela peut ensuite se retourner contre lui. Les lecteurs superficiels ne sont pas éloignés de regarder, encore aujourd'hui, les auteurs des *Soirées de Médan* comme de simples imitateurs d'Émile Zola. On met à part Guy de Maupassant dont l'originalité saute aux yeux; mais, pour les autres, on se figure volontiers que le goût des réalités brutales est leur tout; que ce caractère, qui leur est commun, est aussi leur unique caractère; qu'ils sont pareils et indiscernables. Pourtant MM. Huysmans, Céard, Hennique diffèrent de leur maître par plus d'un côté et ne se ressemblent point entre eux. M. Huysmans, surtout, a sa vision du monde, ses manies et sa forme, et est assurément un des écrivains les plus personnels de la jeune génération.

Allez au fond de son oeuvre: vous trouverez d'abord un Flamand très épris du détail, avec un vif sentiment du grotesque; puis le plus dégoûté, le plus ennuyé et le plus méprisant des pessimistes; un artiste enfin, très incomplet, mais très volontaire, très conscient et raffiné jusqu'à la maladie: le représentant détraqué des outrances suprêmes d'une fin de littérature.

Voyons comment s'est développé ce qu'il y a de personnel dans son talent jusqu'au jour où il s'est lui-même décrit et défini; comment l'esprit de des Esseintes perce dans ses premiers romans, comment tout y est déjà pris *à rebours* et comment tout y prépare le livre qui porte ce titre inquiétant.

I

Sac au dos est peut-être le récit le plus vraiment triste des *Soirées de Médan*, celui qui implique la conception la plus méprisante des choses humaines. C'est la guerre vue dans les wagons de bestiaux et dans les salles puantes d'hôpital, une interminable enfilade de détails médiocres et misérablement douloureux. L'unité d'intérêt, où est-elle? Dans les entrailles du héros (il ne s'agit point des «entrailles» prises au figuré). Sa préoccupation dominante est celle-ci: quand pourra-t-il se soulager dans un endroit propre? La bassesse excessive et paradoxale de la donnée, la vision très nette et un peu fiévreuse des détails infimes de la vie extérieure, un atroce sentiment de la platitude et de l'ennui de l'existence, un style brusque, inégal et violent, voilà ce qui frappe déjà dans *Sac au dos* et ce que vous retrouverez dans les autres romans de M. Huysmans.

C'était le temps héroïque du roman naturaliste, le temps où beaucoup croyaient (et quelques-uns le croient encore) que la peinture exclusive et farouche des hideurs de la réalité est le dernier mot de l'art. Dès lors, quel meilleur sujet que l'histoire d'une fille hystérique dans le Paris populaire ou bohème? Marthe, dépravée de bonne heure, est chanteuse de café-concert, traverse une maison de filles, se partage entre un vieux cabotin de Bobino et un homme de lettres, vit quelque temps avec l'artiste qui se lasse d'elle, puis avec le cabot, devenu marchand de vin et qui la bat quand il est ivre. Entretenue un moment par un imbécile qui l'ennuie et qu'elle lâche, elle rentre enfin, éreintée, abrutie, dans la maison de joie. Le cabot alcoolique finit par l'hôpital, l'homme de lettres par le mariage.

Voici maintenant les *Soeurs Vatard*: Céline qui fait la noce, Désirée qui est sage et rêve d'un honnête mariage. Toutes deux, bonnes filles. Céline a d'abord pour amant Anatole, un alphonse loustic, puis le peintre impressionniste Cyprien Tibaille, qui l'aime parce qu'elle est «peuple», tout en souffrant de sa bêtise et qui la traite du reste comme un être inférieur: si bien qu'elle le quitte un beau jour pour revenir à Anatole.—Désirée pendant ce temps-là aime un brave ouvrier un peu timide, Auguste. Mais ils finissent par se fatiguer l'un de l'autre et chacun se marie de son côté. Et puis c'est tout.

À travers ces deux romans (dont le premier surtout, *Marthe*, est très imparfait), éclate un don précieux, le don de saisir et de fixer les détails des objets extérieurs, et aussi le don d'exprimer, en traits véhéments et crus, les côtés grotesques de la vie. M. Huysmans doit tenir cet héritage de ses aïeux flamands. Il a des silhouettes et des scènes qui rappellent Téniers et plus encore Jordaëns.

Mais en même temps certains partis pris se font sentir, par où se précise la physionomie littéraire de M. Huysmans. Ces détails, qu'il sait rendre avec intensité, il les choisit à plaisir bas, répugnants et misérables, et il apporte dans ce choix une espèce d'ironie cruelle et de mépris qui ne sont point, je crois, dans l'oeuvre de M. Émile Zola, sereine malgré tout.

L'impression de platitude et de tristesse est encore augmentée par l'absence volontaire de plan, de composition, d'intérêt dans le récit. Les sujets sont bas: mais au moins pourraient-ils devenir dramatiques (à la façon de l'*Assommoir* ou de *Nana*), si l'auteur y marquait par larges étapes le progrès de quelque vice, de quelque dégradation, ou le développement de quelque puissance malfaisante accumulant des ruines dans la boue. Mais point: nul mouvement ordonné vers un but et qui donne l'idée d'un drame; pas d'histoire construite en vue d'un effet d'ensemble et où toutes les parties apparaissent comme nécessaires. M. Huysmans va presque au hasard. Ses romans sont comme invertébrés; les diverses parties ne se tiennent pas, ne dépendent point les unes des autres. L'histoire de Marthe pourrait finir beaucoup plus tôt ou traîner indéfiniment, et ce serait toujours la même chose. De même la vie de Céline et celle de Désirée, découpées par morceaux, au petit bonheur, se déroulent parallèlement avec une parfaite monotonie. L'interminable série des rendez-vous de Désirée et d'Auguste, des tête-à-tête de Céline et de Cyprien, se prolonge, on ne sait pourquoi, et, quand elle finit, on se demande pourquoi c'est à ce moment-là plutôt qu'à un autre. Il y a vingt scènes toutes pareilles dans des milieux à peine différents. Évidemment l'écrivain s'applique à nous donner une énervante impression de piétinement sur place. On rapporte de là un sentiment accablant de l'insignifiance de la vie, et c'est sans doute ce qu'il a voulu.

La manière de M. Huysmans rappelle donc, à quelques égards, celle de Flaubert, dans l'*Éducation sentimentale*, ce prodigieux roman où il n'arrive rien, où tout est quelconque, événements et personnages. Et, par d'autres côtés, M. Huysmans se rattache évidemment à l'auteur de l'*Assommoir*. Il aime, comme Zola, à exprimer la laideur de la vie et, comme Flaubert, il en fait sentir «l'embêtement» en évitant tout ce qui ressemble à une composition dramatique. Ce qui est propre à M. Huysmans, c'est d'abord, si l'on veut, cette sorte de combinaison des deux manières; mais, de plus, M. Huysmans ne s'abstrait jamais de son oeuvre: il s'y met tout entier à chaque instant. Dans chacun de ses romans un personnage le représente, et l'on dirait que c'est ce personnage qui a écrit le roman. Léo, dans *Marthe*, et surtout Cyprien Tibaille, dans les *Soeurs Vatard*, sont déjà comme un premier crayon de des Esseintes.

M. Huysmans est une espèce de misanthrope impressionniste qui trouve tout idiot, plat et ridicule. Ce mépris est chez lui comme une maladie mentale, et il éprouve le besoin de l'exprimer continuellement. En moins de vingt pages (les *Soeurs Vatard*, pp. 128-sqq.), il souffre de la joie grossière des Parisiens le dimanche, il note «de sentimentalisme pleurnichant du peuple», il a des «écoeurements» à voir «des bandes imbéciles des étudiants qui braillent» et cette «tiolée de nigauds qui s'ébattent dans des habits neufs, de la place de la Concorde au Cirque d'été». Ces mépris, au reste, n'ont rien de bien original, ni de bien philosophique non plus. Mais voici qui est particulier: bien que personne ne supporte plus mal que lui la platitude de l'humanité moyenne, c'est cette platitude qu'il s'obstine à peindre. De même, il est extrêmement sensible à la saleté, à l'odeur, à la misère, aux spécimens d'art grotesque et lamentable des rues de faubourgs et aux lugubres paysages de la banlieue. Et cependant il les préfère à tout, il s'y confine avec délices. Il est, comme Cyprien, «à l'affût de sites disloqués et dartreux», et s'il nous mène, par exemple, «près de la place Pinel, derrière un abattoir», il nous vantera «la funèbre hideur de ces boulevards, la crapule délabrée de ces rues».

Comment cela? N'y a-t-il point là quelque contradiction? Nous touchons au fond même du «naturalisme». Ce que M. Huysmans méprise en tant que réalité, il l'apprécie d'autant plus comme matière d'art. D'ordinaire, ce qui intéresse dans l'oeuvre d'art, c'est à la fois l'objet exprimé et l'expression même, la traduction et l'interprétation de cet objet: mais quand l'objet est entièrement, absolument laid et plat, on est bien sûr alors que ce qu'on aime dans l'oeuvre d'art, c'est l'art tout seul. L'art pur, l'art suprême n'existe que s'il s'exerce sur des laideurs et des platitudes. Et voilà pourquoi le naturalisme, loin d'être, comme quelques-uns le croient, un art grossier, est un art aristocratique, un art de mandarins égoïstes, le comble de l'art,—ou de l'artificiel.

Il semble pourtant que le cas de M. Huysmans soit encore plus singulier, qu'il ait une espèce d'amour du laid, du plat, du bête, qu'il l'aime pour le plaisir de le sentir bête, plat et laid. Après tout, ce sentiment, continuel et outré chez M. Huysmans, ne nous est pas entièrement étranger. Qui ne s'est délecté parfois, dans quelque café-concert, à prendre un bain de bêtise et de crapule? C'est un plaisir d'orgueil et c'est aussi un plaisir d'encanaillement. Même à la fin, parmi cette volupté paradoxale, nous sentons naître en nous un imbécile et une brute, et ces trivialités et ces sottises flattent je ne sais quoi de bas et de mauvais que nous portons au fond de notre âme depuis la chute originelle.

Une affectation de mépris pour la réalité vulgaire, et, en même temps, une prédilection exclusive pour cette réalité même dès qu'il s'agit d'art: ces deux sentiments s'engendrent peut-être l'un l'autre et forment, en tout cas, le naturalisme de M. Huysmans, qui n'est pas un naturalisme très naturel.

Et, par exemple, il se monte vraiment un peu trop la tête sur la beauté particulière des rues de Paris. Hé! nous les connaissons, nous les aimons, nous savons qu'elles sont vivantes et pittoresques. Mais M. Huysmans fait de cela un grand mystère. Il nous enseigne à un endroit que chaque quartier de Paris a sa physionomie propre et il se vante d'avoir découvert la formule de la rue Cambacérès. Ce qui fait le caractère de cette rue, c'est qu'elle est habitée par une bourgeoisie riche et rechignée et par une valetaille surtout anglaise. «... Voyons, mettons un peu d'ordre dans nos idées: ce quartier est complexe, mais je le démêle. *Deux éléments dissemblables et découlant l'un de l'autre, pourtant, le marquent d'un cachet personnel* (M. Huysmans, j'ai hâte de le dire, n'écrit pas toujours comme cela). Sur la triste et banale opulence de la toile du fond se détache toute la joviale crapule des domestiques. Ah! c'est là la note vraie, etc.» Et là-dessus M. Huysmans s'excite et s'émerveille. Il n'y a peut-être pas de quoi.

II

En ménage et *À vau l'eau* marquent un nouveau progrès de la tristesse méprisante de M. Huysmans.

Là, d'abord, la personne du romancier s'étale, déborde. C'est lui qui est au premier plan. Il y a encore des «filles», naturellement; mais André, Cyprien et même, comme on verra, M. Folantin, c'est M. Huysmans. Du moins, il exprime par leur bouche tous ses sentiments sur la vie et ses idées sur l'art.

Puis ces deux oeuvres, d'importance et de valeur très inégales (car *En ménage* est par endroits un beau livre, tandis que le charme spécial d'*À vau l'eau*, très vanté par quelques-uns, m'échappe encore), se distinguent par une bassesse volontaire de conception où M. Huysmans n'avait pas encore atteint. Je dis «bassesse» en me conformant sans y songer à l'ancienne poétique qui établissait une hiérarchie des genres et des sujets; mais pour la nouvelle École comme pour les stoïciens, quoique dans un tout autre esprit, «rien n'est vil dans la maison de Jupiter».

Le sujet d'*En ménage*, c'est l'ennui et la difficulté qu'il y a, passé trente ans, à trouver des femmes et, d'autre part, l'impossibilité de s'en passer.—André, romancier naturaliste de son état, rentrant chez lui sans être attendu, trouve sa femme avec un amant. Il s'en va sans rien dire, recommence sa vie de garçon et, après une laborieuse série d'expériences, finit par reprendre sa femme. Son ami Cyprien Tibaille (déjà vu) finit de son côté par «se mettre» avec une roulure bonne fille, qui a la vocation de garde-malade.

Ne vous y trompez point: ce n'est pas un drame psychologique. André n'avait aucune passion pour Berthe: ce n'est point par ressouvenir, regret, tendresse, faiblesse de coeur ou pitié qu'il la reprend; ce qui lui pèse, ce n'est point la solitude morale, mais la solitude à table et au lit: le ressort de l'histoire est purement physiologique. Je ne dis point que la préoccupation qui remplit entièrement le temps que passe André loin de sa femme ne tienne pas en effet une grande place dans notre vie: je remarque que c'est peut-être la première fois qu'on cherche à nous intéresser sérieusement, sans grivoiserie comme sans vergogne, à un drame de cet ordre et à en faire le sujet d'un long roman où l'on ne rit pas—oh! non,—où même le héros s'ennuie tant que cet ennui gagne en maint endroit le lecteur.

La morale de l'histoire n'est pas gaie. Cyprien la donne à la fin du livre:

«C'est égal, dis donc, c'est cela qui dégotte toutes les morales connues. Bien qu'elles bifurquent, les deux routes conduisent au même rond-point. Au fond, le concubinage et le mariage se valent, puisqu'ils nous ont, l'un et l'autre, débarrassés des préoccupations artistiques et des tristesses charnelles. Plus de talent, et de la santé, quel rêve!»

L'oeuvre n'est point méprisable, il s'en faut. La monotonie de l'état d'esprit d'André, la série banale de ses recherches et de ses expériences finissent par produire une impression d'accablement telle que l'écrivain capable de la donner, d'ennuyer à ce point le lecteur tout en le retenant, a certainement une force en lui. Et le sentiment de la bêtise de la vie se relève ici d'une amertume de plus en plus féroce à l'égard des hommes et des choses. Lisez le passage où Cyprien et André remuent leurs souvenirs de collège: vous verrez à quel point l'imagination de M. Huysmans est bilieuse et noircissante. Les classiques? des idiots. Les pions? des brutes méchantes. La nourriture? infâme. Le collège? un bagne.—Eh! là là, nous y avons tous passé, et pourtant notre enfance ne nous apparaît pas si sombre… On avait de bons moments, l'heureuse gaieté absurde et irrésistible de cet âge. Le pion n'était pas toujours un misérable; le professeur était quelquefois un brave homme qui croyait à la beauté des vers de Virgile et nous y faisait croire. Le menu n'était pas succulent, mais il n'y avait pas toujours des cloportes dans la soupe,—et on redemandait des haricots! On avait si bon appétit!

Non que j'entende convertir sur ce point M. Huysmans: j'en serais bien fâché, car c'est justement cette imagination haineuse qui donne à ses livres leur saveur. Il aime mépriser, il aime haïr, il aime surtout être dégoûté. À un moment il conduit André dans une infâme gargote de marchand de vin. André a des meubles précieux, est presque riche, et pourrait aller ailleurs. Pourquoi M. Huysmans le conduit-il là? Uniquement pour le mystérieux plaisir de nous parler une fois de plus d'assiettes mal lavées, de viandes coriaces ou gâtées, de ratas infects et de l'odeur des cuisines inférieures. C'est un de ses sujets préférés; continuellement il y revient. Et en effet M. Huysmans est dans le monde comme André dans cette gargote. Il mange mal exprès, il crache dans sa soupe, il crache sur la vie et nous dit: Comme elle est sale!

Dans *À vau l'eau* le sujet est encore plus vil: c'est l'histoire d'un monsieur en quête d'un bifteck mangeable. M. Folantin, employé dans un ministère, cherche un restaurant, un bouillon, une pension, un établissement quelconque où l'on puisse manger convenablement. Il se fait apporter ses repas de chez un pâtissier, et c'est aussi mauvais. Quand M. Folantin a fait ainsi un certain nombre d'expériences inutiles, l'auteur met un point final.

La vision de M. Huysmans s'assombrit encore s'il se peut. Tout est laid, sale et nauséabond. Il nous mène du restaurant qui pue à la chambre garnie du célibataire, froide et misérable, où le feu ne prend pas, où l'on rentre le plus tard possible, le soir. Et toujours la même outrance morose: M. Folantin a trois mille francs d'appointements, il ne peut pas avec cela dîner tous les jours au café Riche; mais les gens simples auront peine à croire qu'il ne puisse manger, quelquefois, d'assez bonne viande. Seulement, voilà, même quand il demande des oeufs sur le plat, ils sont ignobles. On ne les fait pourtant pas exprès pour lui. C'est un sort.

Ce Folantin est bien extraordinaire. Ce petit employé, qui nous est présenté comme un bonhomme quelconque, a cependant, en littérature, les opinions de des Esseintes. Le Théâtre-Français dégoûte ce plumitif. Un ami l'ayant emmené à l'Opéra-Comique, il trouve *Richard* idiot et le *Pré-aux-Clercs* «nauséeux». «M. Folantin souffrait réellement.»

III

Deux histoires de filles; l'histoire d'un monsieur qui a la diarrhée; l'histoire d'un monsieur qui ne veut pas coucher seul et celle d'un autre monsieur qui veut de la viande propre: voilà en résumé l'oeuvre romanesque de M. Huysmans. Si j'ajoute que ces basses histoires sont contées dans un style à la fois violent et recherché, on avouera que cette littérature est bien déjà le comble de «l'artificiel». Désormais M. Huysmans est mûr pour son oeuvre maîtresse: *À rebours*. Et qu'a-t-il fait jusqu'ici que prendre l'art «à rebours»?

M. Zola est un écrivain suranné, une «perruque» à côté de M. Huysmans. M. Zola raconte les vastes drames de la vie animale; il peint des dégradations, des corruptions croissantes; il déroule des histoires qui «marchent», qui ont un commencement et une fin. Au reste il n'a pas de mépris aristocratiques pour les choses qu'il peint et les personnages qu'il fait mouvoir. Son pessimisme est plein de sérénité à côté de la misanthropie aigre de M. Huysmans. Et sa forme paraît purement classique auprès des procédés de composition et de style de l'auteur de *Marthe*.

À rebours! Des Esseintes peut venir: ses fantaisies ne pourront pas être beaucoup plus artificielles que celles de M. Huysmans, et les deux ne sont, au reste, qu'un seul et même personnage.

IV

Quelques-uns ont cru voir dans des Esseintes quelque chose comme le Werther ou le René de l'an de grâce 1885, le mal de René s'étant notablement aggravé et modifié dans l'espace de quatre-vingts années.

On connaît le cas de René et des romantiques. C'était en somme le sentiment d'une disproportion douloureuse entre la volonté et les aspirations, avec beaucoup de rêves, d'illusions, de vagues croyances et ce qu'on appelait la mélancolie. Aujourd'hui René n'est plus mélancolique, il est morne et il est âprement pessimiste. Il ne doute plus, il nie ou même ne se soucie plus de la vérité. Il ne sent plus d'inégalité entre son désir et son effort, car sa volonté est morte. Il ne se réfugie plus dans la rêverie ou dans quelque amour emphatique, mais dans les raffinements littéraires ou dans la recherche pédantesque des sensations rares. René avait du «vague à l'âme»; à présent «il s'embête à crever». René n'était malade que d'esprit: à présent il est névropathe. Son cas était surtout moral: il est aujourd'hui surtout pathologique.

Vous trouverez la plupart de ces traits chez des Esseintes. Il représente en plus d'un endroit «l'ennuyé» d'aujourd'hui. Par malheur beaucoup d'autres traits font de lui un simple maniaque, un fou d'une espèce particulière, une figure absolument spéciale et exceptionnelle, et dont la peinture a trop souvent l'air d'un jeu d'esprit un peu lourd, d'une gageure laborieuse. Jugez plutôt.

Des Esseintes, éreinté par des excès de toutes sortes et atteint d'une maladie nerveuse, se retire dans une solitude aux environs de Paris pour y goûter les douceurs d'une vie entièrement artificielle.

Cette vie, il l'a commencée déjà. Il a aimé une femme ventriloque pour le plaisir d'avoir peur quand elle parlait du ventre au milieu de leurs ébats. Une fois, s'étant procuré un sphinx en marbre noir et une chimère en terre polychrome, il a fait réciter par sa maîtresse le dialogue de la *Tentation de saint Antoine* entre la chimère et le sphinx. Un jour il a eu la fantaisie de mener dans une maison de joie, très chère, un petit vagabond et lui a payé un abonnement dans la maison,—et cela afin de former un assassin. Un autre jour, pour célébrer un de ces accidents qui regardent Ricord, il a offert à ses amis un souper noir, sur une nappe noire, dans une salle tendue de noir, avec des mets et des vins noirs.—Et il va sans dire qu'il a connu les amours d'Alcibiade.

Donc après tous ces exploits d'un néronisme un peu puéril, il se retire dans sa tour d'ivoire, où il dormira le jour et veillera la nuit. Il s'arrange un cabinet de travail orange avec des baguettes et des plinthes indigo; une petite salle à manger pareille à une cabine de navire et, derrière la vitre du hublot, un petit aquarium où nagent des poissons mécaniques; et une chambre à coucher où il imite avec des étoffes précieuses la nudité d'une cellule de chartreux.

Une nuit il passe en revue sa bibliothèque latine. Virgile est un cuistre et un raseur; Horace a des grâces éléphantines; Cicéron est un imbécile et César un constipé; Juvénal est médiocre malgré quelques vers «durement bottés». Mais Lucain, quel génie! Et Claudien! et Pétrone! «Celui-là était un observateur perspicace, un délicat analyste, un merveilleux peintre!» Pourtant rien ne vaut les écrivains de la pleine décadence, «leur déliquescence, leur faisandage incomplet et alenti, leur style blet et verdi». Prudence, Sidoine, Marius Victor, Paulin de Pella, Orientius, etc., voilà ceux qu'il faut lire!

Tout cela est amusant; mais, comme dit l'autre, j'ai de la méfiance. M. Huysmans a-t-il lu, vraiment lu, les auteurs dont il nous parle? Et, par exemple, prenons Virgile et laissons le poète pour ne retenir que le versificateur. Où diable M. Huysmans a-t-il vu «cette prosodie pédante et sèche, la contexture de ces vers râpeux et gourmés, dans leur tenue officielle, dans leur basse révérence à la grammaire, ces vers coupés, à la mécanique, par une imperturbable césure, tamponnés en queue, toujours de la même façon, par le choc d'un dactyle contre un spondée, etc.»? Des Esseintes, mon ami, vous êtes un nigaud. Par quoi voudriez-vous que Virgile terminât ses hexamètres sinon par un dactyle et un spondée? Et vous avez tort, tout de suite après, de tant vous émerveiller sur la versification de Lucain: car c'est justement celle de Lucain qui est monotone; et c'est la langue de Lucain qui est abstraite et sèche. Et quant à vos admirations pour les écrivains de l'extrême décadence, si elles sont sincères, grand bien vous fasse! Ils peuvent amuser un quart d'heure par leurs enfantillages séniles; mais ce sont eux qui sont des radoteurs et des crétins: lisez-les plutôt.

Là-dessus on apporte à des Esseintes une tortue dont il a fait glacer d'or et garnir de pierreries toute la carapace. Puis il ouvre une armoire à liqueurs et se compose une symphonie de saveurs, chaque liqueur correspondant à un instrument: le curaçao sec à la clarinette, le kummel au hautbois, l'anisette à la flûte, le kirsch à la trompette, le gin au trombone. Après quoi il regarde ses tableaux et ses estampes: deux *Salomés* de Gustave Moreau, des planches de Luyken, représentant des supplices de martyrs, des dessins d'Odilon Redon: «Une araignée logeant au milieu de son corps une face humaine, un énorme dé à jouer où cligne une paupière triste.» Puis il se rappelle son passé, son enfance chez les Jésuites. Il fait un peu de théologie et revient, en passant par l'*Imitation*, aux conclusions de Schopenhauer.

Un jour il se fait apporter une collection d'orchidées. Pourquoi? Parce que ce sont «des fleurs naturelles imitant des fleurs fausses». Et il est ravi: «Son but était atteint, aucune ne semblait réelle; l'étoffe, le papier, la porcelaine paraissaient avoir été prêtés par l'homme à la nature pour lui permettre de créer des monstres.» Beaucoup de ces plantes ont comme des plaies, semblent rongées par des syphilis. «Tout n'est que syphilis», songe des Esseintes. Sur quoi il a un cauchemar horrifique et très compliqué.

Il se donne alors un concert de parfums (comme tout à l'heure un concert de saveurs). Puis, comme il pleut, l'envie lui prend d'aller à Londres. Il part, achète un guide au *Galignani's Messenger*, entre dans une bodéga pleine d'Anglais, y boit du porto, dîne, en attendant le train, de mets anglais dans une taverne anglaise au milieu de têtes d'Anglais et, estimant qu'il a vu l'Angleterre, revient chez lui.

Là il revoit sa bibliothèque française. Baudelaire est son dieu: aussi l'a-t-il fait relier en peau de truie. Il méprise Rabelais et Molière, et se soucie fort peu de Voltaire, de Rousseau, «voire même de Diderot». Il parcourt sa bibliothèque catholique; il a quelque sympathie pour Lacordaire, Montalembert, M. de Falloux, Veuillot, Ernest Hello, et il goûte assez le mysticisme sadique de M. Barbey d'Aurevilly.

Après un intermède pessimiste pendant lequel il dit en passant son fait à saint Vincent de Paul (car «depuis que ce vieillard était décédé, on recueillait les enfants abandonnés au lieu de les laisser doucement périr sans qu'ils s'en aperçussent»), des Esseintes revient à ses livres. Balzac et «son art trop valide» le froissent. Il n'aime plus les livres «dont les sujets délimités se relèguent dans la vie moderne». De Flaubert, il aime la *Tentation*; d'Edmond de Goncourt, la *Faustin*; de Zola, la *Faute de l'abbé Mouret*. Poë lui plaît, et Villiers de l'Isle-Adam. Mais rien ne vaut Verlaine, ni surtout Stéphane Mallarmé! Le théâtre, étant en dehors de la littérature, n'est pas même mentionné. En fait de musique, des Esseintes ne goûte, avec «la musique monastique du moyen âge», que Schumann et Schubert.

Cependant des Esseintes est de plus en plus malade (oh! oui!). Il a des hallucinations de l'ouïe, de la vue et du goût. Le médecin appelé lui ordonne un lavement à la peptone: L'opération réussit et des Esseintes ne put s'empêcher de s'adresser de tacites félicitations à propos de cet événement qui couronnait, en quelque sorte, l'existence qu'il s'était créée; son penchant vers l'artificiel avait maintenant, et sans même qu'il l'eût voulu, atteint l'exaucement suprême (*sic*); «on n'irait pas plus loin; la nourriture ainsi absorbée était, à coup sûr, la dernière déviation qu'on pût commettre (*sic*)». Enfin, le médecin lui enjoint, sous peine de mort, de rentrer à Paris. Des Esseintes, à cet instant, a un léger accès de catholicisme tempéré par cette considération que «d'éhontés marchands fabriquent presque toutes les hosties avec de la fécule de pommes de terre» où Dieu ne peut descendre. «Cette perspective d'être constamment dupé, même à la sainte Table, n'est point faite, se dit des Esseintes, pour enraciner des croyances déjà débiles.» Et tout finit par une malédiction générale. L'aristocratie est idiote, le clergé déchu, la bourgeoisie ignoble. «Ah! croule donc, société! meurs donc, vieux monde!»

Et le lecteur n'est pas troublé le moins du monde, pas plus qu'il n'a été troublé auparavant. Car c'est là le malheur de ce livre, d'ailleurs divertissant: il ressemble trop à une gageure et on a peur d'être dupe en le prenant trop au sérieux.

L'impression totale est donc équivoque. On voit bien que des Esseintes est un maniaque, un fou, ou tout bonnement un imbécile très compliqué. Mais (et de là notre malaise) l'auteur a tout l'air de nous présenter cet abruti comme un homme très fort dont le raffinement a des mystères qui ne sont accessibles qu'aux hommes forts comme lui. Il a l'air de nous dire à l'oreille: «Savez-vous quel est le plus grand écrivain de la littérature latine? C'est Rutilius. Le plus grand artiste? C'est Odilon Redon. Le plus grand poète? C'est Stéphane Mallarmé. La décadence! oh! la décadence!... Et l'artificiel!... oh! l'artificiel! C'est le fin du fin!»

«L'artifice paraissait à des Esseintes la marque distinctive du génie de l'homme.

«Comme il le disait, la nature a fait son temps; elle a définitivement lassé, par la dégoûtante uniformité de ses paysages et de ses ciels, l'attentive patience des raffinés. Au fond, quelle platitude de spécialiste confiné dans sa partie! quelle petitesse de boutiquière, tenant tel article à l'exclusion de tout autre! quel monotone magasin de prairies et d'arbres! quelle banale agence de montagnes et de mers!»

Si ceci n'est pas une agréable plaisanterie, c'est une bonne naïveté, puisque nous ne pouvons rien concevoir qu'avec les données que nous fournit la nature. Nos imaginations les plus folles, c'est à la nature que nous en empruntons les éléments: comment donc serait-elle monotone?

Enfin, va pour l'«artificiel»! Mais le mot a plusieurs sens. L'artificiel, c'est le raffinement extrême de l'art. Si l'art est «l'homme ajouté à la nature» ou «la réalité vue à travers un tempérament», l'artificiel sera le dernier degré de cette transformation de la réalité. Ou bien l'artificiel, c'est le contraire du naturel entendu au sens ordinaire; c'est donc le désir maladif de ne pas ressembler aux autres, de ne rien faire comme eux, la recherche de la distinction à tout prix. Ou bien encore l'artificiel, c'est simplement l'illusion de la réalité produite par des procédés surtout mécaniques. Les automates, les musées de cire, voilà de l'artificiel. Dans ce dernier sens, l'artificiel est ce qu'il y a de plus opposé à l'art.

Eh bien! j'ai peur que des Esseintes, qui entend souvent l'artificiel dans les deux premiers sens que j'ai indiqués, ne l'entende aussi quelquefois dans le dernier. Sa salle à manger-cabine, avec son aquarium aux poissons mécaniques, ne dirait-on pas une fantaisie de bourgeois en délire? Il y a du Pécuchet dans des Esseintes. Pécuchet et Bouvard, eux aussi, aiment l'artificiel: qu'on se rappelle leur jardin.

Et avec tout cela cette figure falote de des Esseintes reste intéressante. Serait-elle plus vraie et plus générale que je ne l'avais cru? Après tout, des Esseintes, c'est peut-être en effet Werther éreinté, fourbu, névrosé, avec une maladie d'estomac et quatre-vingts années de littérature en plus. Et il y a dans son cas, quoique poussé jusqu'à la plus folle outrance, quelque chose que nous comprenons. Oui, parfois on est las de l'art et de la littérature, dégoûté des chefs-d'oeuvre, car les chefs-d'oeuvre sont les pères des rengaines et des livres méprisables. On trouve tout fade, même le roman naturaliste qui est pourtant le plus artificiel des genres, et l'on se demande si tout cela n'est pas ridicule et stupide? Et alors quel refuge? La sensation, la seule chose qui ne trompe pas. L'art nouveau, l'art suprême, négation de presque tout l'art antérieur, se réduit peut-être à cette recherche inventive de la sensation rare. Et si cette étude implique une indifférence absolue à l'égard de tout, morale, raison, science, du moins elle réserve et respecte, si je puis dire, le mystère des choses. Des Esseintes n'écrira jamais cette phrase étonnante de M. Berthelot: «Le monde n'a plus de mystères.» Aussi la folie sensationniste de des Esseintes s'allie-t-elle très aisément avec une espèce de catholicisme sadique.

Tout compte fait, M. Huysmans, en dépit des outrances puériles et des incohérences, a décrit une situation d'esprit exceptionnelle et bizarre, mais où nous entrons encore sans trop de peine et qui est, je crois, celle d'un certain nombre de jeunes gens. Il reste dans la mémoire, son des Esseintes, si bien pourri, faisandé et tacheté,—et qui devrait s'appeler des Helminthes: type quasi fantastique du décadent qui s'applique à être décadent, qui se décompose et se liquéfie avec une complaisance vaniteuse et se conjouit d'être pareil à un cadavre aux nuances changeantes et très fines qui se vide avec lenteur…

Le spectacle est complet, car la langue se putréfie comme le reste, est pleine de néologismes inutiles, d'impropriétés et de ce que les pédants appellent des solécismes et des barbarismes. Et de même que les écrivains latins du Ve siècle, tant aimés de des Esseintes, hésitaient sur la syntaxe et même sur les conjugaisons, M. Huysmans n'est pas très sûr de ses passés définis. Il écrit par exemple «requérirent» pour «requirent» et dit couramment: «Cette maladie qu'elle prétendait la *poigner*», et: «Une immense détresse le *poigna*».

Ai-je besoin de dire que, si je signale ces inadvertances, ce n'est point pour en triompher? Le style de M. Huysmans n'en est pas moins savoureux. Bien plus, je crois que l'ignorance de beaucoup de jeunes écrivains est une des causes de leur originalité, je le dis sans raillerie. Un lettré, un mandarin, a beaucoup plus de peine à être original. Il lui semble, à lui, que tout a été dit, ou du moins indiqué, et que cela suffit. Il a la mémoire trop pleine; les impressions ne lui arrivent plus qu'à travers une couche de souvenirs littéraires. Mais ces nouveaux venus ont fait de très médiocres humanités: il y paraît à la façon dont ils parlent des classiques. Ils n'ont rien qui les gêne; il leur semble, à eux, que rien n'a été dit. Ils sont amusants à regarder: ce sont en réalité des primitifs, des sauvages,—mais des sauvages à la fin d'une vieille civilisation et avec des nerfs très délicats. Et vraiment il leur arrive de voir, de sentir plus vivement que les mandarins. Parmi beaucoup de naïvetés, d'enfantillages, de sottises, et tout en inventant quelquefois des choses inventées déjà depuis deux mille ans, ils ont de remarquables trouvailles. Il faut assister avec sympathie à cette invasion de barbares précieux: car peut-être que c'est la dernière poussée originale d'une littérature finissante et qu'après eux il n'y aura rien,—plus rien.

GEORGES OHNET

J'ai coutume d'entretenir mes lecteurs de sujets littéraires: qu'ils veuillent bien m'excuser si je leur parle aujourd'hui des romans de M. Georges Ohnet. Je ferai plaisir à tant d'honnêtes gens et je soulagerai tant de bons esprits en disant tout haut ce qu'ils pensent! Et puis, si ces romans sont en dehors de la littérature, ils ne sont peut-être pas en dehors de l'histoire littéraire. Et s'ils ne s'imposent pas à l'attention par eux-mêmes, ils la sollicitent par l'étonnante fortune qu'ils ont eue, et qui est de deux sortes.

En quelques années le *Maître de forges* a eu deux cent cinquante éditions; *Serge Panine*, couronné par l'Académie française, en a eu cent cinquante; la *Comtesse Sarah*, tout autant; *Lise Fleuron*, une centaine, et la *Grande Marnière* en a déjà quatre-vingts. C'est là, comme on dit, le plus grand «succès de librairie» du siècle. M. Georges Ohnet est bien modeste s'il ne s'estime pas le premier écrivain de notre temps.

D'un autre côté, les romans de M. Georges Ohnet ont rencontré chez les lettrés, aussi bien chez ceux qui relèvent de la tradition classique que chez les autres, la plus complète indifférence ou même le dédain le moins dissimulé. Je ne dis pas qu'il n'y ait eu parfois quelque affectation dans ce dédain; je ne dis pas que tous ceux qui méprisent la *Grande Marnière* en aient bien le droit, mais je dis que parmi les artistes dignes de ce nom il n'en est pas un seul qui fasse cas de M. Georges Ohnet. Et vous ne trouveriez pas non plus un critique sérieux qui l'ait seulement nommé, à moins d'y être contraint par les nécessités d'un compte rendu bibliographique. Cet universel silence des lettrés autour des *Batailles de la vie* est aussi remarquable que la faveur dont jouissent ces rapsodies auprès du grand public.

On ne manquera pas de dire que cette attitude de certains «confrères» déguise une envie noire. Franchement, je ne le crois pas. Ils peuvent éprouver un peu de cet ennui que donne l'absurdité des choses humaines aux gens qui ne sont pas très philosophes; mais ce n'est point là de l'envie. Ils ne seraient point fâchés sans doute d'avoir autant de lecteurs que M. Georges Ohnet; mais j'affirme que pas un ne voudrait avoir écrit ses livres.

Or le sentiment des quelques centaines de dédaigneux qui veulent ignorer M. Ohnet et le sentiment contraire des quelques millions de bonnes gens qu'il comble de plaisir s'expliquent exactement par les mêmes raisons. Le cas de l'auteur des *Batailles de la vie* est clair, tranché, instructif, et c'est pour cela que nous nous y arrêtons.

Jamais, en effet, on n'a pu constater un départ plus net entre le «peuple» et les «habiles», au sens où La Bruyère employait ces deux mots. On voit avec une clarté qui ne laisse rien à désirer pourquoi ces romans exaspèrent les uns et ravissent les autres, et l'on est bien sûr que ceux-ci les aiment *à cause de ce qui est dedans*. Tous les fidèles de M. Georges Ohnet le comprennent et le goûtent tout entier. Le fait est plus rare qu'on croit et vaut qu'on le signale. On ne le retrouverait qu'à l'autre extrémité de la littérature, si je puis dire, avec Leconte de Lisle, Sully-Prudhomme et Anatole France: là encore le partage est net entre les délicats et les autres, mais à l'inverse. Les admirateurs de *Silvestre Bonnard* sont tout aussi sûrs de leur sentiment que ceux du *Maître de forges*: seulement ce ne sont pas les mêmes, et ceux-ci sont un million et ceux-là sont au plus un millier. Voyez maintenant, pour éclaircir tout ceci, un cas plus complexe et très différent. Prenez les romanciers les plus lus après M. Georges Ohnet, ce triomphateur unique: je veux dire Émile Zola et Alphonse Daudet. Pensez-vous que les neuf dixièmes de leurs lecteurs les aiment pour eux-mêmes et les comprennent entièrement? Point; mais les brutalités de M. Zola ont ému la curiosité des uns; la sensibilité et tout «de côté Dickens» de M. Daudet ont attiré les autres. Ajoutez la part de hasard qui entre dans ces grands succès, puis l'habitude et la mode qui les entretiennent et les grandissent. La fortune littéraire de M. Daudet et de M. Zola ne s'explique pas tout à fait par leur talent, dont l'essence échappe au plus grand nombre.

Mais le triomphe de M. Ohnet s'explique entièrement par l'espèce de son mérite. Son oeuvre est merveilleusement adaptée aux goûts, à l'éducation, à l'esprit de son public. Il n'y a rien chez lui qui dépasse ses lecteurs, qui les choque ou qui leur échappe. Ses romans sont à leur mesure exacte; M. Ohnet leur présente leur propre idéal. La coupe banale qu'il tend à leurs lèvres, ils peuvent la boire, la humer jusqu'à la dernière goutte. M. Ohnet a été créé «par un décret nominatif», dirait M. Renan, pour les illettrés qui aspirent à la littérature. S'il n'est pas un grand écrivain, ni même un bon écrivain, ni même un écrivain passable, il est à coup sûr un habile homme. Le rêve poncif qui fleurit dans un coin secret des cervelles bourgeoises (il va sans dire que je parle ici non d'une classe sociale, mais d'une classe d'esprits), personne ne l'a jamais traduit avec plus de sûreté, de maîtrise, ni de tranquille audace.

I

Son génie particulier éclate tout d'abord dans le choix même de ses sujets. Ils ont traîné partout et sont d'autant meilleurs pour le but qu'il se propose. L'effet de ces histoires est infaillible: ayant plu depuis si longtemps, elles plairont encore, au lieu qu'avec des sujets un peu nouveaux on ne sait jamais sur quoi compter. Le *Maître de forges*, c'est l'antique roman de la fille noble conquise par le beau roturier; seulement, ici, la conquête commence après le mariage: c'est, au fond, le *Gendre de M. Poirier*, les rôles étant retournés.—*Serge Panine*, c'est encore, par un côté, le *Gendre de M. Poirier*, et, par un autre côté, *Samuel Brohl et Cie.*—La *Comtesse Sarah*, c'est la vieille histoire du monsieur qui, avec d'horribles remords, trompe son bienfaiteur, et aussi de l'amoureux placé entre deux femmes, le démon et l'ange, la coquine et la vierge (Cf. les *Amours de Philippe*).—*Lise Fleuron*, c'est la vieille histoire de l'actrice vertueuse qui n'a qu'un amant et qui nourrit sa mère, de l'innocence méconnue et de la blonde naïve persécutée par la brune perverse.—La *Grande Marnière*, c'est la vieille histoire, deux fois vieille, des jeunes gens qui s'aiment malgré l'inimitié des parents et du beau plébéien aimé de la belle aristocrate: c'est *Mlle de la Seiglière*, c'est *Par droit de conquête*, c'est l'*Idée de Jean Téterol*; et c'est aussi le *Fils Maugars*, et c'est par surcroît la *Recherche de l'absolu*.

L'inspiration est double: bourgeoise et romanesque. Nous assistons à la victoire du tiers état sur la noblesse et de la vertu sur le vice. Le travail, l'industrie et le commerce triomphent particulièrement dans *Serge Panine*, le *Maître de forges* et la *Grande Marnière*; la vertu, dans la *Comtesse Sarah* et dans *Lise Fleuron*.

Presque tous les bourgeois sont riches démesurément, et presque tous sont partis de rien: ce qui prouve l'utilité du travail. Presque tous les nobles sont plus ou moins ruinés: ce qui démontre les inconvénients de l'oisiveté et du désordre. Pourtant M. Ohnet ressent à l'endroit de l'aristocratie une sympathie secrète et lui témoigne, malgré quelques honnêtes libertés de langage, un très profond respect: c'est qu'il sait bien quel prestige elle exerce encore sur ses lecteurs. Presque tous ses ingénieurs s'éprennent de filles qui portent les plus grands noms de France, et c'est là une façon d'hommage au faubourg Saint-Germain.

La vertu, ai-je dit, n'est pas moins glorifiée dans ces histoires que l'École polytechnique. Des héroïsmes incroyables terrassent dans le même coeur des passions exorbitantes; et en même temps les personnages vertueux ne manquent pas de l'emporter à la fin sur les coquins. Notez que, par un raffinement de conscience morale, dans ces drames où la vertu est si souvent millionnaire, M. Ohnet ne nous laisse pas ignorer le mépris qu'il a pour l'argent: quelques-uns de ses héros ont à ce sujet des apostrophes bien éloquentes. Il ose marquer de traits flétrissants les usuriers, les banquiers malhonnêtes. De cette manière, la vertu a beau être riche au dénouement, nous sommes sûrs que c'est bien au triomphe de la vertu toute seule que nous applaudissons.

M. Georges Ohnet est bien trop intelligent en effet pour ne pas s'en tenir aux dénouements agréables, aux dénouements optimistes, à ceux qu'exigent ses clients. Ceux-ci ne sauraient supporter une histoire où la vertu ne serait pas enfin récompensée. Sentiment bien naturel. Ils ont leur façon naïve d'entendre l'art; ils tiennent à ce qu'il soit consolant; ils veulent des fables où tout aille mieux que dans la réalité. Au contraire, les artistes, surtout dans ces derniers temps, ont un singulier penchant à peindre la vie plus triste qu'elle n'est. C'est que, pour eux, l'intérêt de l'oeuvre d'art ne réside point dans le mensonge facile d'un meilleur arrangement des choses ni dans le mariage final de l'amoureux et de l'amoureuse. Ce qui est vraiment intéressant, c'est la vision du monde particulière à l'écrivain, la déformation que subit la réalité en traversant ses yeux. Ils auraient donc grande honte de séduire les foules par un vulgaire et plat embellissement de la vie humaine. Par suite, ils seraient plutôt tentés de l'enlaidir afin de s'assurer qu'ils sont bien des artistes. Si d'aventure ils content des historiettes qui finissent bien, ils auront au moins un demi-sourire et nous les donneront franchement pour des berquinades, comme a fait M. Halévy dans l'*Abbé Constantin*. Mais ce ne sera qu'un jeu passager. Ils auraient peur, en accueillant les dénouements agréables, de sortir de l'art, de plaire à trop bon compte, par des moyens qui ne relèvent pas de la littérature, par autre chose que par une traduction personnelle de la réalité. Joignez que l'observation un peu poussée devient nécessairement morose. Enfin ils ne sont pas fâchés de se distinguer de la foule: leur pessimisme, absolu ou mitigé, leur donne une sorte d'orgueil, comme s'il était l'effet d'une clairvoyance supérieure. Ce sont là scrupules et faiblesses d'artistes: c'est dire que M. Ohnet ne les a point.

II

Je ne lui ferai pas un reproche de n'avoir point inventé ses sujets. Tous les romans se ramènent à un petit nombre de drames typiques, et ces éternelles histoires ne se peuvent guère renouveler que par l'invention des personnages, par l'étude des moeurs ou par la forme. Mais je ne pense pas qu'on trouve grand'chose de tout cela dans les romans de M. Georges Ohnet.

Ses figures sont de pure convention, et de la plus usée et souvent de la plus odieuse.

Voici le jeune premier, le roturier génial et héroïque: un beau brun, teint ambré, cheveux courts, barbe drue, longs yeux, larges épaules, voix de cuivre. Il est sorti premier de l'École polytechnique et «il s'est fait tout seul». Il est fier, il est vertueux, il est désintéressé, il est fort. La passion, chez lui, est brûlante et contenue; il flambe en dedans, ce qui est le comble de la distinction. S'il est avocat par-dessus le marché, ses phrases «se balancent comme des fumées d'encens». Philippe Derblay, Pierre Delarue, Séverac, Pascal Carvajan sont taillés sur ce patron. C'est l'idéal du héros bourgeois, c'est-à-dire l'ancien héros romantique pourvu de diplômes, muni de mathématiques et de chimie et ne rêvant plus tout haut: un paladin ingénieur, un Amadis des ponts et chaussées, l'archange de la démocratie laborieuse. D'innombrables petites bourgeoises, à Paris comme en province, l'ont vu passer dans leurs songes, et peut-être l'aiment-elles d'autant plus que c'est presque toujours aux grandes dames que le gaillard en veut. «Voyez-vous, dit le père Moulinet à deux reprises, nous autres bourgeois nous ne serons jamais les égaux des nobles.» Et toujours ces Bénédicts de l'École centrale finissent par dompter les duchesses, ce dont le tiers état est considérablement flatté et dans son orgueil et dans sa superstition.

Et voici la jeune fille noble, généralement blonde, «da taille admirablement développée», «d'une incomparable beauté», fière, hautaine, dédaigneuse. Elle commence régulièrement par haïr celui qu'elle aimera. Plus distinguée encore que le polytechnicien qui la trouble, elle brûle encore plus en dedans, avec une éruption finale de volcan sous la neige. M. Ohnet insiste beaucoup sur la finesse de ses attaches et, même quand elle est à pied, il la voit toujours en amazone, souple, onduleuse et nerveuse, une cravache dans sa petite main. Pour lui, une fille noble est plus ou moins une blonde équestre qui a la moue de Marie-Antoinette et qui épouse un industriel.

Au roturier puissant et beau s'oppose le gentilhomme viveur, plus mince et plus frêle, séduisant et impertinent, tout pénétré de «corruption slave», ce qui est aussi très distingué. Tels sont le duc de Bligny et Serge Panine. Et, de même, à la blonde fille de l'aristocratie s'oppose, bonne ou méchante, la fille de la bourgeoisie riche (Athénaïs Moulinet ou Madeleine Merlot), brune et généralement plus grasse, avec des mains et des pieds moins délicats. Et nous avons aussi, pour les imaginations exaltées, pour les fascinés de Sarah Bernhardt, la femme-sphinx, la femme-démon, la femme troublante et fatale, la comtesse Sarah, une fille de bohémiens, une gypsie élevée par une lady. Elle est complète, celle-là! Et comment résister à une invention aussi «distinguée»?

Et tous les autres personnages sont de cette force et de cette nouveauté. Pas un qui ne soit prévu, pas un qui ne soit construit selon les inévitables formules. Ce sont des Grandets affaiblis, des Nucingen dilués, des Poirier de pacotille. Si on nous présente un notaire, il sera cérémonieux ou plaisantin; si un homme de chicane, il aura le regard faux et les lèvres minces; si un cabaretier, il aura un gros ventre et une face apoplectique; si un vieux colonel, ce sera un ours, un sanglier avec un coeur d'or. On les connaît d'avance, on les voit venir, on a le plaisir de les retrouver, on n'est jamais surpris ni dérouté par la moindre trace d'observation personnelle. Si vous avez un vieux gentilhomme possédé de la manie des inventions et qui passe sa vie dans son laboratoire, quel fils lui donnerez-vous? Un hobereau, grand chasseur, grand buveur et grand coureur de filles, cela ne fait pas un pli; et tel est bien Robert de Clairefond. Et si ce gentilhomme a une soeur qui soit une vieille fille, que sera-t-elle? Si elle n'est pas la chanoinesse rêche, austère et dévote, elle sera évidemment la vieille demoiselle à moustaches, bonne, brusque et gaillarde en propos; et telle est, en effet, Mlle de Saint-Maurice.

Dans ce monde convenu, d'où l'observation directe et sincère est absente, trouve-t-on du moins toujours la vérité relative des sentiments et la conformité des actes aux caractères? Je n'oserais en jurer. Les personnages «sympathiques» sont d'une extrême noblesse morale, et leurs erreurs mêmes sont celles de grandes âmes. C'est égal, leur conduite est parfois bien singulière. Claire de Beaulieu nous est donnée pour une créature merveilleusement fière et loyale: or, le jour où elle apprend que l'homme qu'elle aimait doit épouser une autre femme, subitement, dans un féroce mouvement de dépit vaniteux, elle offre sa main à un bourgeois qu'elle n'aime pas, qu'elle a jusque-là dédaigné et à qui elle a résolu de ne point appartenir: tout cela n'est assurément ni loyal ni fier. Et lui, l'homme intelligent et fort, lui qui s'est vu méprisé la veille, ne voit rien, ne se doute de rien, s'étonne à peine de ce changement incroyable, accepte bonnement ce qu'on lui offre. Et plus tard, quand son jeune beau-frère lui fait demander la main de sa soeur, lui si bon et si juste, lui qui sait que les deux jeunes gens s'adorent, il refuse impitoyablement. Et pourquoi? Pour rien, pour amener une phrase d'Octave qui apprenne à Claire qu'elle est ruinée et que Philippe l'a prise sans fortune. Vous voyez comme ici la vérité des sentiments paraît subordonnée à l'intérêt de la fable. Je sais bien que la logique des actes et leur rapport avec les caractères sont assez difficiles à établir rigoureusement, que la vraisemblance morale est chose un peu indéterminée et variable et qu'il lui faut laisser du jeu. Je crains seulement que les héros de M. Ohnet ne soient pas toujours aussi admirables qu'il le croit; j'ai peur qu'il ne se laisse tromper lui-même par la belle attitude qu'il leur a prêtée. Cela est surtout sensible dans le *Maître de forges*. Mais on est tenté d'abandonner tout de suite cette querelle: que ces gens agissent ou non comme ils doivent, ce qu'ils font nous est si indifférent! Plus souvent, d'ailleurs, l'invraisemblance n'est que dans l'héroïsme démesuré des actes; mais cela est du romanesque le plus légitime, sinon du plus rare.

III

Si nous passons à l'exécution, nous y voyons appliquées consciencieusement, courageusement, toutes les règles de la vieille rhétorique du roman.

Lisez le début de la *Grande Marnière*: «Dans un de ces charmants chemins creux de Normandie…, par une belle matinée d'été, une amazone… s'avançait au pas…, rêveuse…» Le cheval fait un écart; un étranger apparaît qui demande son chemin. Extase et réflexions de l'étranger: cette belle personne lui paraît «vivre sous l'empire d'une habituelle tristesse…» «La destinée injuste lui avait-elle donné le malheur, à elle faite pour la joie? Elle semblait riche: sa peine devait donc être toute morale. Arrivé à ce point de ses inductions, l'étranger se demanda si sa compagne était une jeune femme ou une jeune fille…» Voilà du moins un tour, un style, une élégance que les enfants mêmes peuvent apprécier! On écrit comme cela à quinze ans, en seconde, quand on est un élève «fort» sans être très intelligent, et on enlève le prix de narration française!

Toutes les héroïnes sont belles et de la même façon. Des phrases se répondent d'un roman à l'autre: «Elle avait une taille admirablement développée, d'une élégance sans pareille.»—«Sa taille élevée avait une élégance exquise.»—Quelquefois «l'harmonieuse ampleur des épaules» est «accentuée par la finesse de la ceinture».—Il y a aussi pour le jeune premier une phrase qui revient dans chaque roman nouveau, imperturbablement: «Après de brillantes études, il était sorti le premier de l'École polytechnique et avait choisi le service des mines.»—«Pierre Delarue venait d'entrer le premier à l'École polytechnique et semblait promis à la plus belle carrière.»—Nous sommes dans un pays où l'on aime instantanément, dès le premier regard: c'est le régime du coup de foudre. Et là encore la même phrase se répercute comme un écho, à travers les banales histoires: «Ce fut un coup de foudre. Il garda pendant deux ans son secret profondément enfermé au fond de son coeur.»—«Elle eut comme un pressentiment que cet étranger aurait une influence sur sa vie.»—«Le comte s'était retourné. Il resta immobile, muet, saisi par la merveilleuse beauté de la jeune fille.»—«Instinctivement, comme si les regards de Sarah eussent pesé sur lui, Pierre se retourna. Ses yeux rencontrèrent ceux de la belle Anglaise: ce fut l'espace d'une seconde (*sic*).»

Tout y est: l'arrangement mélodramatique où s'entrevoit le doigt de Dieu (si, dans la *Grande Marnière*, l'idiot tombe du clocher, c'est sur la fosse de sa victime qu'il viendra s'écraser);—les mots de théâtre («Chercherai-je à obtenir cette adorable jeune fille à force d'infamie? Non! Ce sera à force de dévouement!»—«J'en appelle au monde!—Quel monde? Celui où je suis montée, ou celui où vous êtes descendue?»);—l'artifice des pendants, les figures qui s'opposent jusque par la couleur des cheveux: Claire et Athénaïs, Jeanne de Cygne et la comtesse Sarah, le général comte de Canalheilles et le colonel Merlot, Serge Panine et Pierre Delarue, Micheline et Jeanne, Lise Fleuron et Clémence Villa, Carvajan père et Carvajan fils. Procédé commode, qui flatte par de faciles effets de symétrie grossière: on comprend que M. Ohnet y sacrifie sans douleur une chose dont il ne paraît pas se douter: la variété, la complexité de la vie.

Il offre à son public d'autres régals encore, car il n'a rien à lui refuser.

Quand on n'est pas du grand monde, on aime bien savoir tout de même ce qui s'y passe. M. Ohnet, qui le sait, nous renseigne abondamment sur la haute vie et nous révèle les mystères de l'élégance mondaine. Les trois quarts de ses personnages appartiennent à la meilleure société, sont ducs, marquis ou comtes: dans chacun de ses romans vous trouverez la description consciencieuse d'un vieux château de famille et d'un hôtel aristocratique avec tout le détail de l'ameublement. Et vous verrez des gentilshommes monter à cheval, et vous assisterez à des *rally-papers*.—On n'aime pas beaucoup les romans de M. Zola ni même ceux de M. Alphonse Daudet; mais enfin on ne veut pas rester trop en arrière du mouvement, on n'est pas un imbécile et on accepterait un naturalisme mitigé: M. Ohnet nous en cuisinera. Il n'a pas plus peur qu'un autre des détails vrais et familiers: «Le sucre, adroitement soulevé avec la pince, sonnait au fond de la tasse, d'où s'échappait une vapeur brûlante et parfumée.» Et il n'hésitera pas à nous parler des aphtes du greffier Fleury et de «ses bobos recouverts de leur taie blanche».—On a des principes et on veut être respecté; mais enfin on n'est pas de bois; un roman n'est pas un livre d'heures, et on permet à l'écrivain de nous suggérer certaines idées agréables, pourvu qu'il n'insiste pas trop: M. Ohnet a deviné ce besoin discret. Il a, ma foi, des scènes d'amour assez vives et d'agréables chutes sur les canapés. Et quel trait de génie d'avoir, dans le *Maître de forges*, donné pour centre à un roman vertueux une scène scabreuse et d'avoir fait planer sur un drame si riche en beaux sentiments une image d'alcôve!—Mais le sérieux continu ennuie; on veut être égayé çà et là. Et voici venir le comique de M. Ohnet. Il est d'une remarquable simplicité et sait se passer d'esprit. Mlle de Saint-Maurice parlera comme la dame aux sept petites chaises: «C'est un ange que cet enfant-là! un ange immatriculé!» Et le notaire Malézeau répétera après chaque membre de phrase: *Mademoiselle* ou *Monsieur le marquis*. «Choses et gens, mademoiselle... Tout à votre service, mademoiselle... Croyez-le bien, mademoiselle.» C'est irrésistible, n'est-ce pas?

Maintenant voulez-vous de la couleur? «Debout, tout noir, les doigts crochus comme des griffes, ses yeux jaunes étincelant comme de l'or, on l'eût pris pour le génie du mal.»—«Ma vie intime est triste, sombre, humiliée; elle est la noire chrysalide du papillon que vous connaissez.»—Voulez-vous du pathétique? Pierre Delarue vient d'apprendre que sa fiancée l'a trahi: il s'agit de peindre sa tristesse de façon à émouvoir fortement le lecteur. Pierre se rappelle qu'un jour, quand il était aimé de Micheline, il a failli être tué dans la rue par accident: «Il pensait que, s'il était mort ce jour-là, Micheline l'aurait pleuré; puis, comme dans un cauchemar, il lui sembla que l'hypothèse (*sic*) était réalisée. Il voyait l'église tendue de noir; il percevait nettement les chants funèbres...» Et en avant le catafalque et tout l'enterrement! (On me dispensera, après toutes ces citations que je n'ai presque pas choisies, de m'arrêter sur le style de M. Georges Ohnet).—Voulez-vous enfin de hautes considérations de philosophie sociale?

> Est-ce que vous trouvez mauvaise, dit le marquis, cette confraternité de M. Derblay et de Préfont? Votre mari, ma chère amie, descendant des preux, incarne dans sa personne dix siècles de grandeur guerrière; M. Derblay, fils d'industriels, représente un siècle unique, celui qui a produit la vapeur, le gaz et l'électricité. Et je vous avoue que, pour ma part, j'admire beaucoup le bon accord soudain de ces deux hommes qui confondent, dans une intimité née d'une mutuelle estime, ce

qui fait un pays grand entre tous: la gloire dans le passé et le progrès dans le présent.

Cette vision de l'ingénieur et du gentilhomme enlacés, c'est une bonne moitié de l'oeuvre de M. Georges Ohnet. Elle est faite pour réjouir M. Poirier, M. Maréchal et M. Perrichon. Et l'autre moitié séduira particulièrement leurs épouses.

IV

Après cela, que M. Ohnet compose assez bien ses récits, qu'il en dispose habilement les différentes parties et que les principales scènes y soient bien en vue, cela nous devient presque égal. Que ces romans, débarrassés des interminables et plats développements qui les encombrent et transportés à la scène, y fassent meilleure figure; que la vulgarité en devienne moins choquante; que l'ordre et le mouvement en deviennent plus appréciables,— je n'ai pas à m'en occuper ici: les quelques qualités de ces romans, étant purement scéniques, échappent à la lecture.

On y trouve, en revanche, l'élégance des chromo-lithographies, la noblesse des sujets de pendule, les effets de cuisse des cabotins, l'optimisme des nigauds, le sentimentalisme des romances, la distinction comme la conçoivent les filles de concierge, la haute vie comme la rêve Emma Bovary, le beau style comme le comprend M. Homais. C'est du Feuillet sans grâce ni délicatesse, du Cherbuliez sans esprit ni philosophie, du Theuriet sans poésie ni franchise: de la triple essence de banalité.

Mais ces romans sont venus à leur heure et répondaient à un besoin. Les romanciers qui sont artistes se soucient de moins en moins des goûts de la foule ou même affectent de les mépriser; la littérature nouvelle tend à devenir un divertissement mystérieux de mandarins; on dirait qu'elle s'applique à effaroucher les bonnes âmes par ses audaces et à les déconcerter par ses raffinements: or il y a toute une classe de lecteurs qui n'a pas le loisir ni peut-être le moyen de pénétrer ces arcanes, qui veut avant tout des «histoires», comme les fidèles du *Petit journal,* mais qui pourtant les veut plus soignées et désire qu'elles lui donnent cette impression que «c'est de la littérature». M. Ohnet est au premier rang de ceux qui tiennent cet article-là; il est incomparable dans sa partie; il sait ce qui plaît au client, il le lui sert; il le lui garantit. Tout cela n'est certes pas le fait du premier venu; mais qu'il soit bien entendu que c'est en effet de marchandises qu'il s'agit ici, de quelque chose comme les «bronzes de commerce», et non pas d'oeuvres d'art. Il ne faut pas qu'on s'y trompe. Je n'ai voulu que prévenir une confusion possible.

FIN

Milton Keynes UK
Ingram Content Group UK Ltd.
UKHW010758260424
441811UK00004B/353

9 789357 969376